知ってる?

エイドリアン・ファーナム
松本剛史［翻訳］

人生に必要な心理

Psychology
50 IDEAS
You really need to know

近代科学社

読者の皆さまへ

小社の出版物をご愛読くださいまして、まことに有り難うございます。おかげさまで、(株)近代科学社は1959年の創立以来、2009年をもって50周年を迎えることができました。これも、ひとえに皆さまの温かいご支援の賜物と存じ、衷心より御礼申し上げます。この機に小社では、全出版物に対してUD(ユニバーサル・デザイン)を基本コンセプトに掲げ、そのユーザビリティ性の追究を徹底してまいる所存でおります。本書を通じまして何かお気づきの事柄がございましたら、ぜひ以下の「お問合せ先」までご一報くださいますようお願いいたします。

お問合せ先：*reader@kindaikagaku.co.jp*

心理学の世界へようこそ

心理学は、これを擁護する声もあれば、非難する声もあります。心理学は本質的に「社会科学の女王」であり、その進歩や洞察や応用は、人々の健康や幸福、進歩の鍵になると考える人たちもいます。一方で、心理学者たちは欺かれている、ただの常識か、あるいは誤った考えや手続きを実践する危険な存在だ、という意見もあります。

心理学が公式に誕生したのは、1870年代のことです。以来、心理学者は、国際的に影響力をもつ人物たちとして、高く評価されてきました。フロイトは、ダーウィン、マルクスとともに、19世紀で最も影響力のある思想家と言っていいかもしれません。ワトソン、スキナー、ミルグラムらは、子育てや子どもの教育から職場の経営まで、人々のあらゆる行動の仕方に大きな影響を与えました。そして21世紀に心理学者は、二度目となるノーベル経済学賞を授与されたのです。

今日の社会では、犯罪小説やドキュメンタリー、トーク番組、医療コンサルタントなど、心理学的な切り口をもたずに成り立っているものはひとつとしてありません。自動車のデザイン、家、服選び、消耗品、パートナー、子どものしつけ方 —— すべてが心理学的調査の主題となり、その影響を受けてきました。経営、スポーツ、消費者マーケティングにおいても、心理学者はその役割を認められています。

心理学は純粋科学であると同時に、応用科学でもあります。行動、思考、感情、思考に影響を及ぼす基本の仕組みと過程を解き明かそうとするものです。また、人間的な問題を解決することも目指しています。きわめて総合的な学問であり、他の多くの分野、例えば解剖学、医学、精神医学、社会学のみならず、経済学、数学、動物学とも密接な関連をもっています。

心理学の入門者は、心理学者が研究する対象の幅広さに驚きます――夢から華々しい妄想、コンピュータ恐怖症からがんの原因、記憶から社会的流動性、態度形成からアルコール依存まで、あらゆるものが含まれるのです。心理学の重要性と有用性は、行動を描写、説明することで、その豊かな語彙を人々に教えることにあります。

心理学の理論には、直観とは相容れないものもあれば、まったく常識的なものもあります。本書の中で、前者の意味を解き明かし、後者を明らかにすることができれば、幸いに思います。

目次

学習

脳と心

＊本書では、よりわかりやすくするために、
ところどころ訳を変更した部分がございます。
また、各章のタイトルやまとめの一言、図版の一部は、
読者の皆さまにより興味を持っていただくことを意図して、
日本語版独自の構成となっております。（編集部）

人生に必要な
心理

50 Psychology IDEAS You really need to know

CHAPTER 01 異常行動

「正常な」行動とは何か？

臨床心理学とも呼ばれる異常心理学は、
異常行動を研究する学問です。混乱した習慣や思考、
衝動などの根源、徴候、治療について考察します。
こうした異常行動は、環境的、認知的、遺伝的、
神経的要因によって引き起こされます。

timeline

1600年頃
魔法の実践に初めて異議が唱えられる

1773
アメリカのウィリアムズバーグに、
最初の精神病院が設立される

異常心理学者は心理学的な諸問題の評価、診断、管理にたずさわります。彼らは科学者であると同時に専門医でもあり、さまざまな障害、例えば不安障害(不安、パニック、恐怖症、心的外傷後ストレス障害)、気分障害(うつ、双極性障害、自殺)、薬物障害(アルコール、興奮剤、幻覚剤など)、統合失調症など、非常に複雑な問題の治療を専門としています。臨床心理学は、心理学の一部ではあっても、決して中心ではありません。しかし一般の人たちから、応用心理学の中で最も興味深く重要な専門分野として受けとめられているのもたしかです。

アインシュタインやミケランジェロは異常なの?

苦しんでいる人々や、変わった行動をとる人々を見きわめることは比較的やさしくても、厳密に異常とは何かを定義することは難しい問題です。「異常」とは平均的な規準からの逸脱を意味します。つまりきわめて背の高い人やきわめて背の低い人は異常であり、きわめて知的でない人やきわめて高い知能をもつ人も異常となります。厳密にいえば、アインシュタインやミケランジェロのような優れた科学者や芸術家は異常であり、バッハやシェイクスピアもまた異常なのです。

臨床心理学では、その行動が異常であるかどうかより、**不適応**かどうかを問題とします。ある人の行動が非合理的であったり、自分や他者に害を及ぼす危険がある場合、私たちはその行動を異常だと考えがちです。心理学者はこれを精神病理学と呼び、一般の人たちは、狂気、あるいは精神異常と呼びます。

私たちはしばしば、正常と異常を、明瞭かつ正確に区別しようとします。しかし何が異常とされるかが、歴史や文化によって決められてきたのも周知のことです。精神医学の教科書にもそのことは示されています。同性愛が精神疾患だと考えられていたのは、そう遠い昔のことではありません。自慰行為は19世紀には異常だと考えられていました。

1890年代
催眠術、精神分析が始まる

1940年代
行動療法が用いられる

1952
最初の良質な診断用マニュアルが印刷される

社会経済的な地位、性別、人種といったすべてのものが、異常と結びついています。女性は男性よりも不食、大食、不安障害にかかることが多く、男性は物質乱用に陥りやすいのです。貧困層は富裕層よりも統合失調症と診断される人が多くいます。アメリカの子どもたちは、抑制が強すぎるタイプの障害よりも抑制が弱すぎるタイプの障害の発生率が高いのに対して、西インド諸島ではそれが逆になります。

異常に対する初期のアプローチでは、異様な行動は憑依《ひょうい》とみなされていました。多くの人がアニマリズム――人間は動物と同じだという説――を信じ、狂気は抑制できない退行の結果だと考えました。古代ギリシャでは、異常や全身の倦怠は「体液」によって引き起こされると見られていました。したがって狂気の初期の治療は、彼らを隔離し、罰することでした。人道的な治療が実際に行われるようになったのは、19世紀になってからのことです。

おおむね合意を見た基準

今日では、異常の心理学的定義は、おおむね合意を見た4つの基準（4つのD）、つまり苦痛(distress)、逸脱(deviance)、機能不全(dysfunction)、危険(danger)として分類されています。異常は概して痛みと苦しみを伴うもので、そのひとつの段階が急性および慢性の苦痛です。基準のひとつは**適応不足**――日常生活に必要なこと、例えばきちんと仕事をする、良好な対人関係を維持する、将来の計画を立てるといったことができないことです。

さらにごく一般的な基準が、**不合理**――物理的な世界や実社会だけでなく、精神的な世界についてもきわめて多くの、異様で非論理的な思い込みをもつことです。

異常な人々の行動は、他者には理解不能であることが多く、予想不可能になります。気分がひどく不安定で、一方の極からもう一方の極へと揺れ動き、自分の行動をあまり抑制することができません。そしてしばしばきわめて不適切な行動をとります。

定義によれば、異常とは、通常まれな、型にはまらず望ましくない行動によって特徴づけられるものです。その上にまた、異常には道徳

賢人の言葉

長い年月の間にこの用語〝異常〟には、あまりに多くの価値判断が積み重なってきた。だからどのような同義語であろうと――不適応、不調和、逸脱など――そちらのほうがましだといえる。

――A・リーバー（1985年）

的な側面もあります。それはルールを破る、道徳的基準に違反する、社会的規範を無視するといったことと結びつけられます。違法で不道徳で、望ましくない行動が異常とされるのです。

ひとつの基準として興味深いのは、異常な行動が周囲の人々の中に生み出す不快な感情です。異常の明らかな証拠を見せられると、人々は不快に感じることが多いのです。

概念の問題

異常の定義に関する問題は、はっきりしています。第1に、不健全な社会の中に健全な人がいる場合、異常のレッテルを貼られてしまうことがあります。社会がその偏狭な（不健全な、適応性の低い）信念や行動の規範に従わない人たちに対して著しく寛容でない例は数多く見られます。第2に、当然のことながら、正常と異常というカテゴリー分けに関して、専門的な観察者たちの意見は一致しません。異常を示す基準が記述されたとしても、ある人物がなんらかの意味で異常だと考えられるかどうかについては、根本的な意見の相違が残ります。第3に、行為者と観察者の差異があります。誰が判断を下すのか？ 行為者は自分が異常だとはめったに考えません。私たちは自分に対しては当然肯定的だし、他人にはわからない情報を多くもっているのもたしかです。それでも自分に診断を下すことには、落とし穴や危険があります。他の人たちを観察し、特に自分とちがう人たちや、脅威になる人たちに異常のレッテルを貼るほうが簡単なのです。

自己診断

カウンセリング、訓練、セラピーの主な目標は、より自分を意識できるようにすることにあります。精神的に病んでいる一部の人たちも、正常とされる人たちも、自分たちの問題についての洞察をほとんど行っていません。臨床心理学の学生たちも教科書を読むと、自分にある種の精神疾患があることに気づかされると言います。これは、私たちの多くが、人には打ち明けていない、場合によっては「禁じられて」いるか認められていない思考や行動の特性について誇大な意識をもっているからです。人は誰でも自分の中にいくつかの側面を隠し

賢人の言葉

彼女はいつも、異常な人は嫌い、異常なのがすぐにわかるから、と言う。正常な人のほうがずっと複雑で、興味深いわ、と言うのだ。

——G・スタイン（1935年）

もっていて、あらゆる異常行動が列挙されている教科書を見たとき、自分にも当てはまるものがあることをいきなり知らされるのです。

正常と異常

「正常」「異常」を定義することはかんたんではないが、ひとつの基準とされるものを、以下にいくつか紹介する。ただし、どれも普遍的なものとはいえない。

主観的

これは自分自身や自分の行動、自分の評価を正常かどうかの基準に用いるという、おそらく最も原始的な考え方であって、慣用句やことわざにもある(「泥棒は一度やったらやめられない」「普通の人ほどおかしなものはない」)。つまり、私たちと同じ人間は正常で、私たちとはちがった人間は正常でない、と考える。このアプローチはまた、単純なカテゴリーや、重複することのないタイプ分け――正常―異常―きわめて異常――に基づいて考える傾向がある。

規範的

理想、つまり人がそう考えたり、行動したりすべき望ましい状態が存在するという考え方である。こうした完全な世界を前提とする見方は、しばしば宗教的、政治的な思想家によってつくりだされる。正常であるとは、完全であるということ。つまり、ある人が正常から遠ざかるほど、異常の度合は増していく。「ほどほどに可能な」状況ではなく、「あるべき」状況を強調するのだが、完全な人間は存在しないので、誰も正常ではないということになる。

臨床的

社会科学者や臨床医は、ある人の機能的な有効性、組織力、適応性を評価しようとする。これはどの側面が評価されるかによって、大きく左右される。臨床医も、異常－正常の区別が不明瞭で、いくぶん主観的であることは認めつつも、信頼しうる診断を下そうと努めている。異常は通常、適応性の不足、苦痛、もしくは異様な行動と関連づけられる。

文化的

文化は服装から態度、言葉から愛にいたるまで、あらゆるものの流行を規定する。文化はさまざまな行動を命じ、また禁じる。ある事柄は禁忌となり、ある事柄は違法とされる。ある人物が、文化的規範から遠ざかっているように見えれば、その人物は異常だと判断される。しかし文化的な信念や習慣は変化するため、それによって正常の定義も変わる。同性愛行動は、その問題を端的に示す例である。

統計的

統計学者なら誰でも、つり鐘形曲線や正規分布といった概念を知っていて、これにはある特性があり、知能情報の世界ではよく知られている。ある平均の点数が100点とすると、全体の66パーセントは85点から115点までの間、約97パーセントは70点から135点までの間に入ることになる。もし70点より下か130点より上であれば、普通ではないということになるが、「異常」という言葉は適用されない。このモデルの弱みは、ひんぱんに起こる行動が必ずしも健全もしくは望ましいものにならないという点である。比較的単純な能力を扱うときには有効であるが、パーソナリティや精神疾患といった微妙で多面的な問題に対しては相性があまりよくない。

まとめの一言

「異常」を定義することはかんたんではない

CHAPTER 02 プラシーボ効果

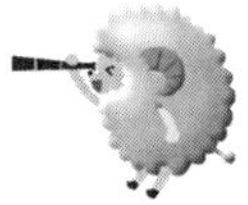

プラシーボは ほんとうに効く？

医者はよくこういった指示をします――
「この錠剤を2錠飲んでください。そして、明日の朝、
あなたの体調の変化を聞かせてください」
すべての（身体的）治療は、患者に身体的変化をもたらす
即効性の薬剤もしくは処置が軸になることを、医者たちも
よく認識しています。しかし同時に、心理学的要素が
あらゆるものを治す力を持っていることも知っているのです。
健康の世界において、心が物質を支配することは、
何世紀も前から知られています。

timeline

1500～1900
治療上の効力はさまざまな
物質によるものとされていた

20世紀以前
過去から現代にいたるまで、あらゆる
薬剤はプラシーボの歴史である

賢人の言葉

フルートの調べは、てんかんや座骨の痛みを治す。
——テオフラストス（BC300年）

どういうことなのか？

「プラシーボ（偽薬）」は「喜ばせる」という意味のラテン語からきています。単純に定義するなら、治療的価値および薬理的効果をもたない薬剤のことです。即効性のあるプラシーボは、開発中の薬の副作用に似ていますが、当然あると考えられる特定の治療上の効果は得られません。プラシーボ効果は、身体的な病気よりも心理的な病気のほうに多く見られると、一部では考えられています。最近のある重要な研究では、プラシーボ治療を受けた患者は、治療を受けていない平均的な患者と比較して、その約60パーセントに症状の改善が見られ、プラシーボの効果を実証しています。

歴史

この分野における現代の研究で必ず触れられるのが、50年以上前の『アメリカ歯学会ジャーナル』に掲載されたある記事です。ヘンリー・ビーチャーは、糖分の錠剤を投与する、あるいはただ親身に身体検診をするといったプラシーボ処置だけで、患者全体の30パーセントに症状の改善が見られたと発表し、医学界に衝撃を与えました。現在この数字は2分の1ないし4分の3まで増大しており、ぜんそくからパーキンソン病まであらゆる問題を抱える患者たちに、継続的な改善が見られています。

さまざまなプラシーボ

それでは、どのようなタイプのプラシーボが最もよく効くのでしょうか？ カプセルや錠剤の色および大きさについて実験がくり返されてきましたが、信頼に足る結果はほとんど得られていません。実際にはあまり違いはないようです。最も効果をあげるプラシーボは、非常に大きくて茶色もしくは紫色か、非常に小さくて明るい赤もしくは黄色でなくてはならないと報告する科学者も中にはいます。

1950年代
プラシーボに関する最初の研究

1960年代
プラシーボ対照試験が行われる

1980年代
依然として、医師の80パーセントがプラシーボの使用を認めているより深刻で、「重く」、体内に侵襲する処置のほうが、より大きなプラシーボ効果をもたらすようです。錠剤よりも注射のほうがよりはっきりとした効果が見られ、偽の外科手術（患者を切開し、ほとんど何もしないかまったく何もせずに傷を縫合する）でもよい反応がもたらされる可能性は高まります。

セラピストの対応のしかたやその他の特性も、治療そのものの影響を大きく左右するようです。患者に強い関心を寄せ、治療に対して自信をもち、地位のあるセラピストは、患者に対してより大きなプラシーボ効果をもたらすのです。

どうして効くのか？

プラシーボ効果への注目から、どうして実際に効くのかという説や理論が数多く生み出されてきました。オペラント条件づけ、古典的条件づけ、罪悪感の低減、転移、暗示、説得、役割要求、信念、希望、標識化、選択的な症状のモニタリング、誤帰属、認知的不協和の低減、制御理論、不安の低減、期待効果、エンドルフィンの放出など、ありとあらゆる概念が持ち出されています。

無作為化二重盲検対照試験

プラシーボ効果は恵みであり、呪いでもあります。つまり、セラピストにとっては、どのような施療を行っても恵みとなり、医療行為の真の効果を評価しようとする科学者にとっては呪いとなるということです。プラシーボ効果を統制し無作為に行う、無作為化二重盲検プラシーボ対照試験は、セラピーを評価し、あらゆるプラシーボ効果を「割り引く」ための、科学的研究の黄金基準となっています。

まず、多くの人間をランダムに別々のグループに分けます。そのうちのいくつかは対照群として、通常の治療は行わず、代替治療やプラシーボ治療を施します。そしてさらに、医師／科学者／セラピストの側にも、クライエント／患者の側にも、彼らがどの治療を受けているかは知らされません。

最初の無作為化対照試験は、第二次世界大戦直後の時期に行われ

賢人の言葉

家族こそが癒しだ。私たちはおたがいにとって医師なのだ。
――オリヴァー・サックス（1973年）

賢人の言葉

我々に罪の許しを
与えるのは、司祭ではなく告白だ。
——オスカー・ワイルド（1890年）

ました。しかし「盲検」試験が導入されたのは、ようやく20年前のことでした。治療への反応に心理的要因が影響を及ぼす可能性があるため、患者には自分たちの受ける治療の性質を「見せない」ようにするべきだと認識されたのです。患者と臨床医のどちらにも、治療の性質（例えば、薬剤かプラシーボか）を知らせない場合、この試験を二重盲検といいます。臨床医は知っているが、患者は知らないという場合は単純盲検です。

問題

しかし無作為化二重盲検プラシーボ対照試験には、いくつか難点があります。

1　完全な無作為化

無作為に別々の治療グループに振り分けられた被験者たちが顔を合わせて、自分たちの治療について話し合うと、そのために問題が起こりかねないということです。自然なグループの振り分け（例えば2つの学校同士や、2つの地域同士を比較する）ほうが、無作為化よりも望ましい可能性があります。

2　盲検が不向きな治療の存在

盲検は一部の治療には向かないかもしれません。医師も患者も、プラシーボである糖分の粒と本物の錠剤の区別がつけられないとすると、一部の治療では明確にプラシーボに相当するものがなくなるからです。

3　試験自体の影響

試験に参加することで、被験者たちの行動に影響が及ぶかもしれません。定期的に監視され、評価されるだけでも、有益な効果を生じる可能性があります。

4　被験者の適正

試験に参加する被験者たちは、ある特定の問題を抱えた患者たちの一般的な集団を代表するものではないかもしれません。試験への参加基準は厳密でなくてはならず、グループ同士での比較が可能で、治療の効果が最もよく表れるようにしなくてはなりません。

5　プラシーボ治療であることの影響

プラシーボ治療を施される可能性が、治療に従う姿勢を損なう恐れがあります。プラシーボを投与されるかもしれないと知らされれば、患者たちが直接の効果はないと思いこみ、治療をあきらめてしまうことがあるのです。

6　実際の治療との差異

試験で標準的な治療法を用いるのは不自然なことで、柔軟な、患者中心の治療法が禁じられる恐れがあります。したがってその試験は、臨床で使われるようなセラピーの本当の試験にはならないかもしれません。

7　反応における個人差

反応における個人差はしばしば無視されます。治療によって症状が悪化した場合は、特に明らかな副作用がないかぎり、報告ではあまり注意を向けられないのです。

8　倫理的な問題

さまざまな状況で倫理的な問題が起こりかねません。プラシーボ治療がからんでいたり、患者や臨床医がある治療よりも別の治療を明らかに好んでいたりする場合は、特にその可能性があります。

9　判定基準の適正

臨床的評価や客観的試験に基づく主な結果の判定基準は、患者自身が考える重要で有益な変化の内容を反映していないかもしれません。患者は自らの生の尊厳のほうにより関心があるかもしれず、それは生化学的な条件やその他の疾患の指標とは密接に関連していない可能性があります。

10　プラシーボ効果以外の変数の存在

比較可能なプラシーボに関連する治療を評価するとき、プラシーボ効果を除けば、重要な心理学的変数を無視することになるという懸念があります。セラピストの特徴や治療に対する患者の姿勢は、医療の事情ではめったに調べられなくても、患者の治療や病気に対する姿勢を決定する重要な要素であるかもしれません。

賢人の言葉

最高の癒しは、上機嫌でいることだ。
——ピンダロス（BC500年）

賢人の言葉

薬は死なない運命にある者を癒す。
——ことわざ

万能の薬？

伝統的な医療の場で投与されるプラシーボは、驚くほど広範な疾患の症状をやわらげることが示されてきた。アレルギー、狭心症、ぜんそく、がん、脳梗塞、うつ、糖尿病、遺尿症、てんかん、メニエール病、偏頭痛、多発性硬化症、神経症、眼病、パーキンソン病、前立腺肥大、統合失調症、皮膚病、潰瘍、いぼなどがその例だ。

memo

まとめの一言

感受性は治療の結果に影響を及ぼす

CHAPTER 03 悪習を断つ

なぜ中毒になるのか?

アルコールであれモルヒネであれ理想主義であれ、
対象がどのようなものであっても、中毒は悪いものだ。

—— カール・ユング 1960年

timeline

1875
サンフランシスコでアヘンが禁止される

1919〜33
アメリカ合衆国で禁酒法施行

1935
アルコール症者自主治療協会創設

賢人の言葉

我々はおたがいの健康を祝し、おのれの健康を損なうために杯を干す。
——ジェローム・K・ジェローム（1920年）

中毒と聞けば、たいていの人はまず薬物を考えるでしょう。人が中毒に陥る可能性のある物質を挙げていくと、長いリストになりますが、そこにはアルコール、興奮剤（コカインなど）、アヘン、幻覚剤、大麻、タバコ、バルビツール剤などが含まれます。

中毒とは、何かを経験したあと、その経験をごくひんぱんにくり返そうとする行動のことです。時間がたつと、中毒は定着するようになります。消費が定期的になり、量も増えます。当人もその習慣が高くつくこと、不健全で違法の可能性もあることはわかっているのに、どうしてもやめられません。生物学的、心理学的、社会的要因を伴う複雑な過程なのです。

中毒を研究する一部の科学者たちは、特定の薬物や活動に中毒を引き起こしやすい傾向があるのはなぜか、という点に興味を抱いています。また、ある人たちが他の人たちと比べて中毒になりやすい理由を調べる研究者もいます。中毒が引き起こされやすい環境的、社会的条件や特徴に関心を寄せる科学者も、中毒からの回復の試み、および再発に注目する科学者もいます。

依存症と乱用

薬物に関しては、精神医学の文献に従えば、薬物依存と薬物乱用は区別され、どちらにも専門的な意味があります。**依存**には、耐性（どんどん摂取しても限られた効果しか得られない）、離脱症状（薬物を摂取していないときに起こる）、薬物を手に入れようとする強迫観念、社会的活動や職業的活動、レクリエーション活動など、すべての活動の質の低下、どんな害がもたらされるかが十分わかっていながら使用を続ける、といった特性があります。

乱用は、学校や家庭、職場でのさまざまな義務を顧みずに、薬物を使用することです。危険な状況で使用する（運転中、仕事中）、違法

1960年代
反体制文化で向精神薬が支持される

2000年代
公共の場での喫煙禁止が広がる

行動であるにもかかわらず使用する、危険な副作用が持続しても使用する、などの例があります。

中毒に陥りやすい性格

人にはその人を特徴づける性質や欠点があり、そのために特定の中毒、あるいはすべての中毒に陥りやすくなる、というのが当初の考え方でした。しかしそれではうまく説明がつけられません。一部の精神医学者たちは、中毒はうつや反社会性人格障害といった精神疾患がもたらす結果だと見ています。リスクを冒す人や精神疾患のある人たちは、心の支えとして薬物を使用するため、依存しやすくなるという考え方です。そして彼らは実験を行っても、不都合になりそうな結果が出ると、無視したり軽んじたりする傾向があります。

セラピストも、中毒者や依存症の人間は何かを補うため、あるいはうまく対処するために薬物を使うと指摘しています。薬物は感情を麻痺させたり、不快な感情や葛藤を軽減するために使用され、孤独感をまぎらわせたり、他者との心地よい関係が失われるときにそれを埋め合わせるのに役立つと考えられています。薬物使用者は、薬物の影響下にあるときにはうまくものが言える、あるいは行動できると感じ、そのために特定の薬物に頼るようになるのです。

弱さは遺伝する

中毒は家系で受け継がれます。アルコール依存症者の子どもは、通常の子どもより4倍もアルコール依存症になりやすいのです。双生児研究では、薬物乱用の遺伝的な決定要因があることがはっきり示されています。複雑な遺伝的要因が薬物に対する特定の個人的な反応を示すものと考えられ、それはおそらく、神経伝達物質系によるものだと考えられるでしょう。そうであるならば、その人の受け継いだ脳の生化学的な不均衡を「是正する」薬物を使えば、治療することも可能かもしれません。

対抗過程理論

これは、身体は刺激を受けると、その最初の効果に対抗することで反応、適応するという理論です。薬物への欲求や渇望は、薬物を体験する前には存在しなかったものです。この欲求は、薬物の体験に応じて増大します。多くの現象が、中毒や依存に関連しています。第1の現象は**情動的快感**、つまり薬物を使用したあとの心身ともに快い状態のことで、リラックスした状態、ストレスの解消、エネルギーが急に湧き出す、などです。第2の現象は、**情動的耐性**、つまり同じ効果をもたらす薬物がどんどん必要になること。第3の現象は**情動的離脱**、つまり薬物が摂取できないときに起こるものです。

薬物が引き起こす対抗反応は、薬物の摂取がくり返されるほど強まります。これが**情動的対比**です。しかしさらに使用を続けると、反応は逆に弱くなります。つまり必要な薬物を摂取しても、何も変化のない状態、あるいはごくわずかな快感しか得られなくなるのです。

正の強化

薬物は人の気持ちを高め、幸せな気分すらもたらします。1960年代に心理学者たちが、サルがモルヒネを「自分に投与」するよう仕向ける実験をしたところ、すべてのサルが中毒の徴候を示しました。心理学者たちは次第に、脳内の薬物の報酬回路に関心をもつようになっています。中でも特に注目されているのは、食物やセックスといった「自然の報酬」と、薬物や脳の電気的刺激といった人工的な刺激に関わっている脳の部位と神経伝達物質です。コカインやアンフェタミンなどの薬物が、脳の側坐核《そくざかく》という場所でドーパミンを増やすことは知られています。つまり薬物の多くは、私たちがくり返し経験したくなるような高揚感を与えるのです。

> 「コカインは癖にならないのよ。知っていればよかったわ
> 何年も前から吸っていたんだけど」
> ——タルーラ・バンクヘッド（1960年）

学習理論

薬物摂取やそこから得られる快感は、きわめて特定的な状況や光景、音などと結びつけられるようになります。そのために人々は、ア

ルコールからアンフェタミンなどの薬物を、ある刺激や暗示と関係づけます。つまりアルコール依存症者にとってはパブのドアが、ニコチン依存者にとってはタバコの匂いが、たまらなく強烈な欲求をかきたてるのです。まもなく薬物が与えられるという刺激が、強い欲求をかきたて、それを満たさずにはいられなくなります。これは多くの点で、昔ながらの行動主義や条件づけの理論そのものです。

賢人の言葉

酒びたりになるのは、自ら狂気を求めるのと同じだ。
——セネカ（BC60年）

喫煙

最も物議をかもす中毒といえば、喫煙と飲酒である。ほとんどの欧米諸国では、4分の1から3分の1の国民がまだタバコを吸っているが、喫煙はすべてのがんのうちの3分の1の原因になると考えられている。今や多くの問題を引き起こすという「烙印を押された習慣」なのだ。人がタバコを吸いはじめる要因は、ずっと吸いつづける要因とは同じにはならないようだ。ニコチンは強力な刺激剤で、心拍数と血圧を上昇させ、体温を下げ、脳下垂体から出るホルモンを変化させ、アドレナリンを放出させる。そのとき脳内ではドーパミンが放出され、依存性を高める。さらに重要なのは、不快な離脱症状——不安、頭痛、イライラ、不眠——が起こるために、タバコを吸いつづけてしまうということである。

タバコを減らそう、あるいはやめようとしている人は少なくない。政府は健康や教育のキャンペーンを行うほか、広告の禁止、販売や喫煙場所の制限、値上げといった手段によって、ある程度の効果をあげている。人々はタバコをやめようと、ニコチン代替薬のパッチやガムに始まって、心理療法や催眠術まで試してみたり、最後には自らの自制力に頼ったりもする。しかし喫煙の欲求は、多くの要因——視覚的、嗅覚的、生理学的、社会的要因——によって誘発されるため、多くはなかなかこの習慣をやめられないのが現状だ。

薬物依存の精神医学的基準

薬物使用によって障害や苦痛を引き起こす不適応のパターンは、以下のうちどれかで表されることが多く、1年を通じていつでも起こりうる。

1 耐性、陶酔などの望ましい効果を得るために必要な薬物の量が著しく増加する、あるいは同量の薬物を使用しつづけてきたせいで効果が著しく減じる。

2 ある特定の薬物の離脱症候群が表れる、あるいは離脱症候群を緩和、回避するために同じ(あるいはほぼ同種の)薬物を摂取する。

3 薬物をひんぱんに、予定より大量に、あるいは長期にわたって摂取する。

4 薬物の使用を減らしたい、抑えたいという欲求がつねにある、あるいはそのように努力しても失敗する。

5 薬物を入手するのに必要な行動や、その影響から回復するために、多くの時間がとられる。

6 薬物の使用のために、社会、家庭、職業、余暇の活動ができなくなる。

7 薬物によって持続的もしくは再発性のある身体的、心理的問題が引き起こされる可能性を十分知っていながら、その使用を続ける。

まとめの一言

心が中毒をもたらし、心が中毒を治す

CHAPTER 04 現実との接点を失う

統合失調症は恐ろしいもの？

たいていの人は、統合失調症者に会うと、怖がります。
統合失調症者は不安定で行動の予測や制御ができないだけでなく、恐ろしく危険だという思い込みがあるためです。
映画や本もおそらく、この異常を説明するというよりも、症状におけるさまざまな逸話を広めさせるほうに働いてきたことでしょう。統合失調症とは、思考と知覚の障害、行動と気分の障害といった特徴をもつ精神疾患です。

timeline

1893
クレペリンが統合失調症について記述する

1908
ブロイラーが初めて「統合失調症」の用語を使う

賢人の言葉

絶望を理解することなしに、
統合失調症を理解することはできない。
——R・D・レイン（1955年）

発生率

統合失調症は100人に1人の割合で起こる、きわめて深刻な精神障害です。およそ3分の1が長期にわたって施設での生活を余儀なくされます。3分の1は症状が軽くなり、治ったとされ、残りの3分の1は、症状を示す時期が見られたあとに「正常な」状態に戻ります。彼らは、ある種の症状を示したり（陽性）、示さなかったりする（陰性）点で、ほかの人と異なっています。思考障害（まとまりのない、不合理な思考）や妄想、幻覚など、さまざまな徴候があり、活動性や自発性、社会との接触に欠ける傾向もあります。感情的にはきわめて変化に乏しく、喜びを感じることはまれで、ひきこもりがちです。

統合失調症は、社会生活や職業生活に大きな影響を及ぼします。「発症（エピソード）」が長期間続いたり、再発したりする場合もあり、すべてではなくても多くの人たちを衰弱させる問題となります。

歴史と誤解

統合失調症には、多くの誤解があります。ひとつ目は、危険で行動の制御や予測ができないとするものです。しかし現実には、ほとんどの統合失調症者はむしろ内気で、ひきこもりがちで、自分の問題にばかり関心を向けています。2つ目は、ジキルとハイドのように分裂した人格をもつというものですが、実際に分裂しているのは、情緒的（情動的）な面と認知的（思考的）な面です。3つ目は、多くの人たちが、統合失調症は治らない、統合失調症者は統合失調症者のままだと思いこんでいることです。

20世紀に入って初めて、ドイツの精神医学者エミール・クレペリンが精神医学的な分類法を考案しました。そこで早発性認知症と名づけられた障害は、予測の衰退という意味ですが、彼が記述しているさまざまな行動上の手がかりは、私たちが現在、統合失調症と呼ぶ

1933
T・S・エリオットが「分裂したパーソナリティ」について語る

1946
精神衛生慈善団体の「マインド」が創設される

1950年代
各種の抗精神病薬が開発される

ものと一致します。

クレペリンは、この疾患の原因は生物医学的なものであり、したがって「治療法」も生物医学的なものになると考え、大きな影響を及ぼしました。また、ドイツのアドルフ・マイヤーは20世紀初頭、この疾患には生理学的な根拠はなく、初期の学習上の問題や人間関係を形成する能力が未成熟であるからだと主張しました。

分類

統合失調症の分類がいまだに複雑なのは、症状が多様なためです。症状に含まれるものには、妄想、幻覚、支離滅裂な発話（一貫しない、つながりがない、意味のない言葉を使う）、支離滅裂な行動（服装、体の姿勢、衛生の意識）、否定的で平坦な感情、問題に対する洞察の乏しさ、うつなどがあります。

診断の複雑さから、さまざまな名称（亜型）がつけられてきました。**妄想型統合失調症**、**緊張型統合失調症**がその例です。緊張型《カタトニック》（「引き伸ばす、きつく引っ張る」を意味するギリシャ語が語源）はしばしば、長時間にわたって奇妙な不動の姿勢をとることがあります。妄想型統合失調症は、被支配妄想、誇大妄想、被害妄想を伴い、つねに周囲に対して疑念を抱きます。**解体型統合失調症**は、奇異な思考や言葉を外に表し、唐突にそぐわない感情を爆発させます。**単純型**と**鑑別不能型**を区別する精神医学者もいます。**急性**（突然、激しく始まる）と**慢性**（持続的、ゆるやかに始まる）の区別をつける場合もあります。Ⅰ型（ほとんどが正の症状）とⅡ型（ほとんどが負の症状）という区別もあります。

亜型や、機能の厳密な「欠陥」については、いまだに完全な合意はできていませんが、通常は認知あるいは思考、知覚あるいは視覚、運動、情緒あるいは感情の4つに分けられます。研究者たちは、統合失調症を引き起こす「脆弱性」の部分についての原因や由来を探しつづけています。先端的な遺伝子研究が進められるほか、とりわけ妊娠時の合併症や幼少期の心的外傷の経験、脳の機能、家庭と文化の影響などにも注目が集まっているのです。

賢人の言葉

統合失調症：偽の社会的現実に適応しまいとする試みが成功した例である。

――R・D・レイン（1958年）

賢人の言葉

二重拘束《ダブルバインド》に陥った
人間は統合失調症の症状を示す可能性がある、
という仮説が立てられる。
——G・ベイトソン（1956年）

研究者のみならず、医療関係者や素人も、統合失調症の原因や治療法を説明する様々なアプローチを信じ、それに従ったりします。その方法は、遺伝あるいは生化学、脳の構造を重視する生物学的モデルと、幼少期のコミュニケーションおよび罰の問題に焦点を当てる社会心理学的モデルに基本的に分けられます。行動遺伝学と脳科学の発達が、原因と治療法を追求する生物学的方法への関心を高めていることはまちがいありません。

医学的モデル

統合失調症者はたいていの場合「患者」と呼ばれ、「病院」で暮らし、「診断」を受け、「治療後の状態（病状の回復の見込みや時期）」を教えられ、そして「治療」されます。医学的モデルは、統合失調症の患者に見られるような精神の不調を、身体的、化学的変化——主に脳の変化——の結果であると考えます。双生児研究から、ほとんどの研究者は、遺伝的要因が関与していると確信しています。一方で、脳の生化学的な要因に焦点を当てる研究者たちもいます。統合失調症者の脳には異常があり、原因はウィルスだとする説もあります。治療はおおむね医学的処置、場合によっては外科的処置も行われますが、基本的には神経安定薬（抗精神病薬）を使用します。

規範—行動モデル

統合失調症者は、過去の「罪深い」、もしくは問題のある行動のために苦しんでいるとされます。統合失調症者の行動は、道徳的あるいは法的な原則に抵触するため、そのことが障害の理解および治療の鍵となるのです。これまでは、規範—行動モデルに沿った治療が最も重要な取り組みでしたが、最近の先進国ではめったに行われません。行動が罪深いものとみなされようと、無責任で不適応な行動であろうと、社会的に逸脱しているとみなされようと、重要なのは、社会的に受け入れられるようにその行動を変えることなのです。そこで使われる方法には、単に悪いことを教え、さとすことから、複雑な行動のしかたを教えることまで、さまざまなものがあります。例えば、*トークンエコノミーは、行動変容、言葉による行動抑制、社会的

＊トークンエコノミー法

一定の課題を正しく遂行できたときに、あらかじめ約束した条件に従ってトークン（代用貨幣）を報酬として与え、目標とする行動を強化する技法（訳注）

技能の訓練をひとつの形にしたものです。

精神分析モデル

精神分析モデルが他のモデルとちがう点は、これが解釈的なモデルで、患者を意味ある行動をすることができる人たちとして取り扱うことです。精神分析モデルは、統合失調症の人々がさまざまな（生物学的、環境的な）力の「作用を受け」、そのためにある種の行動をとる、という見方よりも、若い頃の異常な、あるいは心的外傷をもたらす経験や、感情の発達上重要な段階をうまく乗り切れなかったことが、統合失調症の主な原因であるとしています。統合失調症者の行動は、象徴的に解釈され、その解読がセラピストの仕事なのです。訓練を積んだ精神分析医との長期的な一対一のセラピーが、このモデルによって提唱される初期段階の治療となります。

社会的モデル

精神疾患はある意味で、「病んだ」社会の一症状と見なされます（ほかには、高い離婚率、仕事の重圧、年少者の犯罪、薬物依存の増加などがあります）。現代社会の重圧は、貧しい人々や恵まれない人々にいっそう重くのしかかり、「病気」とされるもののせいでますます苦しめられています。しかし、社会的モデルでは、個々の治療は存在しません。かわりに、個々人にかかる重圧を減らし、精神疾患の発生率を下げるような大規模な社会的変化が必要であるとしています。

陰謀モデル

陰謀論はおそらく、統合失調症の概念モデルとしては、最も極端なものでしょう。これは精神疾患（身体的障害としての）の存在を否定するという、医学的モデルにまっこうから対立するものです。精神疾患とは「誰かがもっている何か」のではなく、「誰かがする何か、あるいはそのものである何か」なので、このモデルに従えば、精神医学上の診断とは、他者を怒らせるか悩ませる行動をする人たちにレッテルを張って貶《おとし》めることにすぎなくなります。そして風変わりな活動や極端な活動、あるいは政治的に有害な活動の規制に利用されるのです。

＊統合失調症型

何を基準に統合失調症であるかを判断するのは実は極めて難しい問題だ。(人格障害の場合もあるので)なので、最近では、統合失調症までいかない型を「統合失調症型」として、統合失調症とそれに類する精神疾患を連続的なものとして捉えている(訳注)

概念をめぐる論争

「統合失調症」という診断名そのものが、精神医学者や患者グループ、一般大衆の間に議論や論争を引き起こす大きな原因となっている。最も一般的な反論は、この診断名は、さまざまな症状と原因を伴う幅広い障害をひとつにまとめた包括的用語で、そう診断されても信頼できない、というものだ。代わりに、「*統合失調症型」という概念を提唱する声がある。この用語は、さまざまな精神障害、特に統合失調症に関連する人格特性と経験の連続体を指すもので、障害をもっているか、いないかといった明確な見方とは異なる。

memo

まとめの一言

統合失調症の概念は進化している

CHAPTER 05 神経症ではなく、ただ違うだけ

知ってる?

精神医学への批判とは?

我々は自分個人の安全に対する不安や、
生きるための準備に汲々とするあまり、
決して本当の意味で人生を生きることがない。

—— レオ・トルストイ 1900年

timeline

1960
サス『精神医学の神話』
(河合洋訳、岩崎学術出版社)

1961
ゴフマン『アサイラム』
(石黒毅訳、誠信書房)

精神科医の持つ力や業務、資格に異を唱える人たちは、古くから存在します。さまざまな時期にさまざまな国で、批判者や反対者、改革論者たちが、学問的、生物学的な精神医学に痛烈な攻撃をくわえてきました。

政治と精神医学

精神医学が医療行為として確立し、制度化されるようになると、精神医学者の持つ力やその肩書きを好まない者たちが攻撃を始めました。特定の治療（薬物、電気ショック、手術）に強く反対する患者グループだけでなく、芸術家や作家たちからも批判が向けられたのです。ナチスドイツやソ連で見られた有名な事例は、精神医学がどのように政治的な抑圧の道具として使われたかを示しています。精神医学者はときとして、国家による弾圧にひと役買うこともあるのです。

精神医学を批判する者たちは3つの異を唱えています。狂気を医学の対象とみなすこと。精神疾患の存在。そして精神科医が個々の人間を強制的に診断、治療できる権限です。精神医学に反対する人たちは、反管理主義だけにとどまりません。しばしば反国家的、無政府主義的ですらあります。そして多くの国家施設、とりわけ精神病院を、人間の精神や潜在能力をねじ曲げ、押しつぶすものと見ています。

「反精神医学」という言葉が使われるようになったのは、1960年代に入ってからのことです。この包括的な用語の下に、多くの人々が集まり、さまざまなグループが形成されました。皮肉だったのは、そうした中で最大の批判者が、精神医学者たち当人だったことでしょう。

運動の歴史

この運動が始まったきっかけは3つあります。ひとつは1950年代初

1967
クーパー『反精神医学』
（野口正也・橋本雅雄訳、岩崎学術出版社）

1980年代以降
精神病院の閉鎖が進む

2000
製薬会社への批判が広まる

頭に始まったもので、フロイト主義の精神分析医たちと、新しい生物物理学的な精神医学者たちとの間で起こった争いでした。前者は長期間にわたる力動的なカウンセリングによる治療を重視する一派ですが、次第に力を失い、後者に押されつつありました。後者はそうした方法はコストがかかるうえに効果がなく、まったく非科学的だと見ていたのです。生物学的・心理学的治療は外科手術と薬剤によるもので、初期にはいくつか重要な成功例も見られました。守旧勢力が新興勢力の挑戦を受けた格好でした。

2つ目の動きは、1960年代でした。デイヴィッド・クーパー、R・D・レイン、トマス・サスといった各国の人物たちが、社会規範から逸脱した人々を制御するために精神医学を利用することに、反対の声をあげたのです。性的、政治的、道徳的に逸脱している、あるいは異なっているとみなされた人々は、精神医学的な処置および制御を受けていました。サスの有名な著作『精神医学の神話』(河合洋訳、岩崎学術出版社)には、こうした事情がくわしく描かれています。

第3の勢力は、欧米の社会学者たちです。とりわけアーヴィング・ゴッフマンとミシェル・フーコーは、精神医学の狡猾な権力と、人々にレッテルを貼り、汚名を着せ、入院させるというその影響力に注目しました。

こうした運動が最高潮に達したのは、1960年代、対抗文化と反骨精神にあふれた時代でした。映画(『カッコーの巣の上で』など)やラジカルな雑誌が現れ、生物学的精神医学者や国の政策に意を唱えたのです。

反精神医学の運動はつねに、各社会活動グループとゆるやかに結びつき、統合失調症や性的障害といった問題に焦点を当てる傾向がありました。薬剤による介入よりも、ことの真偽や解放、権利の拡大や個人の管理を話題にしたのです。そして多くの人が製薬業界や、ヴィクトリア朝時代の精神病院を思わせる既存の施設を攻撃しはじめました。

賢人の言葉

神経症はつねに、本当の苦痛の代用品とされる。
——カール・ユング(1951年)

基本的な信念

これらの運動は、いくつかの基本的な信念および関心を共有していました。ひとつは、ある個人の生物学的機能や遺伝子構造だけではなく、家族や制度、国家なども病気の原因になりうるということ。2つ目は、病気と治療に関する医学なモデルに反対すること。彼らは、異なる行動規範に従って生きている人たちは、妄想性という誤ったレッテルを貼られる危険があると信じていました。3つ目は、ある宗教グループや人種グループが、いくつかの点で異常に見えるために迫害されている。つまり病気であるとされ、治療が必要だと信じこまされているということです。

この運動は診断名のもつ力に強く関心を持っていました。運動に関わっている人たちの目には、こうしたレッテルは正確で不変であるという誤った印象を与えるものでした。診断のレッテルや手引き書といったものは、複数の基準を満たしてしまう人がいたり（あるいはひとつも満たさない）、専門家同士でも診断結果が一致しない、といった理由から拒絶されました*。

＊昔は精神疾患の基準があいまいだったため、様々な診断基準が普及し、一症状であっても基準によっては異なる別の症状と診断されたり、専門家間でも一致した診断基準が出されなかった（訳注）

セラピーへの攻撃

この運動はまた、特定のセラピーへの攻撃にも力を注いでいました。特に攻撃の的となったのは、少年期に起こる問題（ADHD）やうつの治療のための薬剤です。その理由は費用や副作用のほか、患者がそうした薬にまつわる事実を教えられないという点にもありました。反精神医学の活動家たちは、製薬会社のあらゆる面に焦点を当て、データを偽り、法外に高い値段を薬につけていると主張しました。その結果、製薬業界は法的措置によってきびしく監視・規制されることになったのです。

ほかに標的になったものは、脳外科手術（前頭葉ロボトミー）といった処置のほか、電気ショック療法などがありました。ある程度の成功を示す証拠はあっても、何も知らない患者たちは「強制され」、大きく持続的な副作用を受けるものだと、批判者たちは主張しています。

患者を収容したり、当人の意思に反して入院させたりする精神科医の権限も、この運動の攻撃対象となります。批判者の多くは、職業的な精神科医が国家の力そのものであり、警察官、判事、陪審などと肩を並べる存在だと言っています。

反精神医学は、より人間的な精神医学を要求しました。今も、精神医学の用語や、生物学的、遺伝的説明を求める生体臨床医学的、科学的精神医学を批判しています。例えば、うつの主な原因は貧困であり、神経伝達物質の機能不全ではないといった見解です。

こうしたもともとの運動は、根底にイデオロギーがあり、政治色が濃く、反還元主義的でした。批判者たちは精神医学を浄化し、再建しようとしました。彼らが反対したのは「システム」で、多くの点で成功をおさめたのです。多くの治療が中止され、多くの精神病院が閉鎖されました。精神医学のレッテルは変更され、はるかに配慮の行き届いた用語が使われるようになっています。

反精神医学の運動は、患者に基礎をおく消費者運動へと形を変えました。そして焦点は、組織としての精神医学を解体することよりも、患者の権利と力に焦点が当てられることへ移っています。

新しい精神医学

精神医学者の多くが、反精神医学からの批判に対し、具体的な原則やガイドラインを採用することで応えようとしてきた。そして以下の内容を定着させようと努めているようだ。
第1に、治療の目標は、ただ洞察や自己認識を強めるのではなく、よくすることにある。第2に、治療は科学的根拠に基づくべきであり、実証された治療だけを使うべきだ。第3に、患者は自分のファイルを見て自分の診断を知り、どのような治療が可能か、どんなリスクを伴うかを教えられる権利をもつ。患者と精神科医は、どのような治療やセラピーが可能か、可能でないかをたしかな見込みとして知るべきである。精神疾患を抱える患者はすべて、気遣いと思いやりと敬意をもって扱われなければならない。

正気でない場所で、正気であること

1970年代初頭、最も有名な反精神医学的な研究のひとつが行われた。「正常」で精神的に健康な8人の研究者が、診断を介してアメリカの精神病院に入院しようとしたのだ。彼らが報告した症状は、声が聞こえるということだけだった。すると7人が統合失調症と診断され、入院する結果となった。病院に入ったあと、彼らは正常に振る舞ったが、丁重に情報を求めても、病院側からは無視された。彼らは後に、統合失調症という診断のレッテルは彼らの病院内での地位や力の低さを示していた、と報告している。

その後、彼らは事情を「告白し」、症状は何もない、気分もいいと伝えた。それでも退院までには3週間近くを要し、「統合失調症の回復がみられた」という診断が下された。正常で健康な人間でも、たやすく「異常」の診断を下されるのだ。しかしその逆は起こりうるのだろうか？　同じ研究者たちが病院の職員に、偽の患者が統合失調症のふりをして病院に入ろうとする可能性があることを伝えると、19人の本物の患者が、精神科医を含む2人以上の職員から、偽者ではないかと疑われたことがわかった。

結論は、精神病院で正気と狂気を区別するのは不可能だというものである。この有名な研究は、倫理的、試験的な理由から少なからぬ批判を浴びたものの、反精神医学の運動には大きな勢いを与えた。

まとめの一言

ただの差異が神経症とみなされることもある

CHAPTER 06 一見、正常だけれど

サイコパスとはどんな人たち?

サイコパスは良心をもたず、思いやりや
罪悪感がなく、自分以外の誰に対しても忠誠心をもたない。

―― ポール・バビアクとロバート・ヘア 2006年

timeline

1900年代
ただ悪いだけでない、正気でなく
悪い人間という概念が最初に現れる

1941
クレックリー『正気の仮面』

微妙な差異

サイコパス（ソシオパス、社会病質パーソナリティと同じ意味で使われることも）の概念をめぐっては、さまざまな論争があります。サイコパスは、良心をもたない、思いやりや罪悪感がない、自分以外の誰にも忠誠心をもたない、などの特徴のある人格障害です。ソシオパシーは精神医学とはちがい、反社会的、犯罪的で、ある下位文化の規範に従う人たちを指します。この両者の状態を含む広いカテゴリーが「反社会性人格障害」です。

ある人物をサイコパスと診断したり、そう呼んだりすることは、あいまいで矛盾をはらんでいるという指摘があります。精神科医がなんらかの診断を下すのが難しく危険である場合、そうした人たちを総称する広範囲なカテゴリーとして、用いるものだというのです。しかしこうした状態は、H・クレックリー（1941）の『正気の仮面』が発表されて以来、よく知られるようになりました。

自己中心性（エゴイズム）と嘘

サイコパスであることは、その人物の生活のあらゆる面に影響を及ぼします。サイコパスは総じて、衝動的で無責任な傾向があり、ほとんどの場合、人生の目標などをもっていません。彼らは過去に、権威に対する問題を起こしたり、行動が十分にコントロールされなかったという出来事を起こしています。思いやりや良心の呵責に欠け、自分の行為の責任を受け入れようとしません。

サイコパスは、空虚な存在だといわれます――人間関係は表面的で、自分以外の誰にも忠誠を感じません。自分は何者かという意識が希薄で、価値観や長期的な目標ももっていません。とりわけ「時機を待つ」ことができず、今ここで何かをすることを好み、刹那的です。安定や決まりきった物事を嫌い、さらに社会的な不安や身体的

1960年代
最初の診断基準／チェックリストが考案される

1964
マッコード『サイコパス―犯罪的精神をめぐるエッセイ』

2006
バビアクとヘア『社内の「知的確信犯」を探し出せ』（真喜志順子訳、ファーストプレス）

な不安を避けようとすることが多いのです。

サイコパスは必ずといっていいほど、法律や権威を有する人物とトラブルを起こします。彼らがトラブルに陥る原因は衝動性にあります。無計画で、自分の犯す犯罪の被害者のことや、自分にもたらされる結果をほとんど考えません。彼らの犯罪は主に、ささいな騙しによる窃盗ですが、特に目立つのは詐欺、文書偽造、借金の踏み倒しなどです。

罪が発覚したとき、彼らが示す最初の反応は、同僚や家族や借り主を置いて逃げ出すことです。そうすることに良心の痛みを感じず、そしていかにも正直で誠実な様子で嘘をつくのです。親や愛する人に対してだろうとかまわず、まるで自分には社会のルールや規則は適用されないというように行動します。権威や制度、家族や伝統といったものには敬意を払いません。

サイコパスは自分の衝動のなすがままになります。神経症者は過剰に自分を抑える傾向があるのに対し、サイコパスは自分を十分に抑えることができません。すぐに完全な満足感を求めるところは子どもと同じです。またスリルを求め、しばしばアルコールや薬物、ギャンブルやセックスに手を出します。

浅薄さ

利口で容姿のすぐれたサイコパスはすばらしく魅力的ですが、その実態は浅薄です。特定のコミュニティの中では有名になってしまうため、つねに移動を続けざるをえません。住居や職業を転々とすることは、その異質さを示す指標となります。自分の過去については話をつくる必要に迫られます。

興味深いことに、抽象的な正義や道徳について聞かれると、彼らは「穏当な」世間並みの答えを返します。ただし、その善悪の知識を自分自身に当てはめようとはしません。目の前の満足を得ようとする個人的欲求とぶつかると、特にそうした傾向が見られます。

賢人の言葉

サイコパスは他人の感情や社会のルールに関心がもてない。他の人たちが建設しようと努めているとき、彼らは破壊しようとする。
——オールダムとモリス（1995年）

賢人の言葉

サイコパス同士は通常、おたがいにうまく付き合うことができない。自己中心的で身勝手で、要求が多く冷淡な人間が何より望まないのは、自分と同じような人間だ。
——ロバート・ヘア（1999年）

共感の欠如

サイコパスはすべからく、人との関係に問題を抱えています。いくつかの理由から、愛情や深い友情をもつことができないのです。思いやりや感謝の念、愛他心などをほぼ完全に欠いています。利己的で、自己犠牲を知りません。最も重要なのは、他者の感情を理解しないことです。他の人たちの助けや愛情にも、まったく感謝の気持ちをもとうとしません。他者は自分が利益や満足感を得るための源にすぎず、相手が失望や苦痛を感じようと関係がない。他者が求めることはどうでもいいのです。

サイコパスはうぬぼれ屋で、思いやりが欠如しているために、他者がどのように行動するか、自分の行動のうちどれが処罰につながるかを、なかなか予想できません。本質的に、道徳観念とは無縁の存在です。自分がやったことの責任を認めず、責任感、罪悪感、羞恥心、良心の呵責もありません。陳腐な言い訳や、他者のためを装った正当化された理屈を口にすることはできます。実際には、いかにも有能で立派な外見を装っていることも多いので、一見すると、気がきいていて魅力的であり、頼りになるように見えます。けれども、そうした外見を保つのは簡単ではありません。仕事についたり、結婚したりするまではなんとかなりますが、その後はもう続けられなくなります。

仕事中のサイコパス

まず疑問に感じられるのは、彼らがある種の仕事に引き寄せられる理由です。彼らは新規の事業や、経営陣の一掃など急激な変革期にある企業にひきつけられます。彼らが本領を発揮するのは、しばしば事業が混沌としている時期です。

仕事中のサイコパスは、「正常」、勤勉、あるいは「やり手」とすらいわれます。仕事をしているときは比較的正常で、やり手らしく見えるからです。成功する理由はさまざまですが、自分がうまく対応できる戦略をとる傾向があります。有力で、利用価値や影響力のある人々との、一対一の関係のネットワークを築きあげます。そして彼らがどのように役に立つかを見出し、利用したあげく、どんな約束をしていようとおかまいなしに見捨てるのです。

サイコパスは、グループ／委員会の会合を避けようとします。さまざまな人に向かってちがうことを言うため、ひとつだけの見せかけを保ったり、首尾一貫した発言ができないのです。職場の仲間や同僚、報告書などは、利用価値がなくなると、往々にして捨てられます。意図的に人々の間に不和をつくりだし、彼らがたがいに情報を共有しあうことを妨げようとします。自分をけなす相手は、暴力や脅しよりも、むしろその人たちの能力だけでなく誠実さや忠誠心への疑念をもたせることで「抹殺」しようとします。サイコパスは自分が脅かされたり問題視されたりしないように、監視システムの貧弱な組織や、変化のさなかにある組織を探すのです。

治療

サイコパスにどのような治療をするべきなのか、また思いやりや、計画を立てたり、誠実さを教えることで効果があるのか、そうした点について、専門家の意見は分かれています。治療よりも管理を主張する声もあれば、認知行動療法（CBT）が効果的だとする声もあります。特に危険なサイコパスは安全な病院に監禁するべきだという声もあります。

サイコパスの多くのペテンについて注意を促し、問題を列挙し、彼らが用いる多くの罠を意識させる本もいろいろあります。明らかに最も危険なのは、魅力的で頭がよく、教養もあるサイコパスです。映画監督がスリラーを撮る場合、他の何よりもこの精神障害を取り上げることが多いのも当然でしょう。

診断基準

1　他者の権利を軽視、侵害しようとする。面倒を起こす、非行に走る、危険行為を犯す、などの前歴をもつ。

2　合法的な行動を尊重せず、社会規範に従おうとしない（逮捕、収監、拘置の対象となるような行為をくり返す）。そこには虚言、盗み、欺瞞なども含まれる。

3　嘘をくり返す、偽名を使う、自分の利益や楽しみのために人を欺くといった行為に示されるように、つねに不正直である。意地が悪い、攻撃的、詐欺を働く――ビジネス犯罪の説明書に載るような種類の人間である。

4　きわめて衝動的で、先の計画を立てようとしない。ただ現在だけを見て 現在のために生きる。

5　暴力的なけんかや襲撃をくり返すなど、かんしゃくや攻撃性を示す。いっこうにおとなしくしていられない。

6　他者の身体的、心理的な安全を顧みず、無視しようとする。

7　一貫して無責任である。一貫した勤務態度を維持できない、財務上の義務を尊重できないといったことがくり返される。

8　良心の呵責を示さない。他者を傷つける、虐待する、盗むといった行為に無頓着であるか、正当化しようとする。自分のミスから学ぶことをしない。反社会的という呼び方では控えめすぎる場合もある。

まとめの一言

サイコパスは一見正常だが、それは仮面なのだ

CHAPTER 07 ストレス

ストレスとひと口にいうけれど…

「ストレス」という言葉は、「きつく引っ張る」という意味のラテン語stringereからきたものですが、数多くの定義が存在します。主観的に定義される（自分がどう感じているか）べきだという意見もあれば、客観的な定義（例えば唾液、血液、心拍の測定値）が必要だという考えもあります。包括的な定義（全体をひっくるめてストレスと呼ばれるものが存在する）が適切だと考え、ストレスが多面的なもの（多くのさまざまな特徴からなる）であることを強調する声もあります。

timeline

1946
ハンス・セリエが初めてストレスという言葉を用いる

1964
A型、ストレスと心臓疾患

ストレスの定義を考えるときは、ストレスを引き起こす外部の刺激によって定義づけるべきでしょうか？ それとも人が実際にどう反応するかによって定義づけるべきでしょうか？ ある人がストレスを感じていなかったとしたら、それをストレスの要因と呼ぶことはできるのでしょうか？

要求度とコントロール

ストレスを説明し、理解するためのさまざまなモデルや理論がありますが、最も単純なものが「要求度とコントロール」理論です。この理論は、特定のやり方を人に課す心理的、物理的な要求度と、自分で決定したりコントロールすることのできる範囲に注目しました。要求度が高くコントロールが低いのが、最悪の状態といえます。これを別の形で説明したものが、チャレンジと支援です。

3つの要素

ひとつ目に、個人の性質、とりわけそのパーソナリティ、能力、経歴との相関的要素があります。2つ目に、環境（仕事、家族、組織）があります。通常は仕事環境の意味として考えられますが、それだけとは限りません。3つ目に、どのように個人がストレスを感じ、環境が定義されるかですが、さらに重要なのは、ストレス、緊張、圧力にどう対処しようとするかです。

個人のタイプ

第1のタイプは、不安に悩む人です（神経症者とも呼ばれる）。「否定的な感情状態」、不安、苛立ち、神経症的傾向、自己卑下が入り混じり、生産性が低くて仕事に満足せず、常習的に欠勤する傾向があります。

1980
「燃え尽き症候群」の概念が導入される

1990
心的外傷後ストレス障害（PTSD）が広く研究される

2000年代
仕事中のストレスが広く裁判で言及されるようになる

第2のタイプが、運命論者です。自分の人生で起きることが、自分の行動や能力、性質、努力の結果だと信じる人たちは、自分の人生で起きることが運、チャンス、宿命、神、他者の力など、自分の手の届かない力がもたらす結果だと信じる人たちと比べ、ストレスは小さくなります。

第3のタイプが、競争心の強い人です。この人たちは競争の衝動に駆られ、時間に追われるという強い感覚をもっています。強烈な達成欲求をもちつづけながら、競争を熱心に求め、つねに認められたいという衝動に駆られています。期限の決まった活動にたえず深入りし、精神的、身体的な機能を加速させようとする傾向があり、警戒を怠りません。

仕事（組織）あるいは社会的環境

ある種の仕事には、強いストレスをともなうものがあります。決断を下す、機械や材料をたえずチェックする、他者とくり返し情報をやりとりする、身体的に不快な状態を強いられる、手順の決まっていない課題をこなす、などの度合が大きくなるほど、ストレスは強まります。

役割の両立を求められる人々もいます。つまり、ある役割やあるタイプの活動から、素早く別の役割や別の活動に（上司から友人へ、教師から妻や夫へ、法執行官から聴罪司祭へ）切り替えなければならない人々です。役割のあいまい性は、やるべき仕事についての責任や期待される範囲、どのように時間を配分するかといったことが不明確である場合に起こりえます。

やることが多すぎる、少なすぎるという状態からは、過剰負荷、過小負荷のストレスが生じます。多くの人たちは、部下に対して責任を負い（もしくは負うべき立場にあり）、部下にやる気を出させ、賞罰を与え、連絡をとり、話を聞くなどしなければなりません。社会的に孤立する、無視される、などはまた別のストレスの源になります。経営者が困難なストレスのかかる状況にあるとき、友人や味方がついていれば、支援がほぼまったく得られない状態のときよりも、あまり脅威

賢人の言葉

ストレスは、はっきりした身体症状をもたない、矮小《わいしょう》な概念になってしまった。
——R・ブライナー（2001年）

を感じず、事態を制御できるようです。また、決定に関われずにいることは、無力感や疎外感を生み出します。

対処法(コーピング)

対処法には、**問題焦点型コーピング**(問題解決をめざす、あるいはストレスの源を変化させるために何かをする)と**情動焦点型コーピング**(ある一定の状況と関連づけられる、もしくはそうした状況がきっかけとなる感情的苦痛を減らしたり処理したりする)の2つに分けられます。情動焦点型の反応には、否認も含まれ、その他には、事象を肯定的に考えなおすこと、社会的な支援を求めることなどもあります。同様に、問題焦点型コーピングには、明確な行動を伴う場合があります。例えば計画を立てる、直接行動をする、援助を求める、特定の活動を選び除く、ときにはある期間にわたって行動をやめる、などです。

楽観主義:ストレスの緩衝装置

楽観主義者たちは、人生に希望を抱き、さまざまな状況の肯定的な側面をみて、自分が望む結果を期待します。楽観主義者は問題焦点型コーピングを行い、ストレスの源を除くために具体的な計画を立て、社会的な支援——友人その他の人々のアドバイスや協力——を求め、問題が解決されてストレスが減るまでは、その他の活動を控えるようにします。

たくましさ:ストレスをチャレンジとして見る

たくましさをもつ人々には、3つの面で他の人々との違いが見られます。まず、彼らは高レベルのコミットメント、つまり仕事やその他の生活活動に深く関わります。またコントロール、つまり人生で起きる重要な出来事やその結果に自分がたしかな影響を及ぼすことができると考える傾向が強く、変化をチャレンジととらえ、自分に対する脅威ではなく成長する機会ととらえます。

ストレスがもたらす結果

ストレスがもたらす結果には以下のような症状があります。

身体的な症状

・外見の著しい衰え
・慢性的な疲労、倦怠感
・感染症、特に呼吸器系の感染症にかかりやすくなる
・頭痛、背痛、胃や皮膚の疾患といった健康上の問題
・うつの徴候
・体重や食習慣の変化

感情的な症状

・退屈や無関心、絶望感
・冷笑や憤慨
・不安、欲求不満
・憂うつな様子、悲しげな表情、ぐったりした態度、涙もろさの表出

行動的な症状

・常習的な欠勤、事故
・アルコールやカフェイン消費の増加、喫煙本数の増加
・過度な運動
・不尽なことですぐにかっとなる
・生産性の低下、集中できない、仕事を達成できない

職場でのチャレンジと支援

支援が多く、チャレンジが少ない

この状況にある人々は、技術的、社会的な支援が得られるという恵まれた立場にいるが、チャレンジが少ないために、おそらく生産性は低くなるだろう。退屈や単調さのせいでストレスがかかっている可能性がある。

支援が多く、チャレンジも多い

この組み合わせは、最も生産性が高くなりやすい。こうした状況では、上司や部下、株主や顧客から「より賢く働け」というチャレンジをつきつけられるが、適切な支援も受けられるからである。

支援が少なく、挑戦が多い

この恵まれない、しかし非常によくある状況は、どんな経営者にもストレスをもたらす大きな原因となる。つねにきびしい労働を強いられるばかりか、感情的にも情報的（フィードバック）にも物理的（設備）にも、最低限の支援しか得られないためである。

支援が少なく、チャレンジも少ない

ある種の官僚制の中にいる人々は、ストレスのかからない穏やかな人生を送る。挑戦も支援もなく、たいていは自分自身にも組織にもなんらかの利益をもたらすことはない。

まとめの一言

ストレスは人によってさまざまである

CHAPTER 08 錯視

知ってる?

目はなぜ いたずらをするのか?

芸術家たちはつねに錯視、幻視に関心を抱いてきました。エッシャーのような画家たちは、あいまいで現実にはありえない画像を好んだことで知られています。「オプ・アート」のように美術界全体が、錯視 ──「静止している」と同時に、動くアートでもある ── の性質を探究したこともありました。

timeline

1637
デカルトが「大きさの恒常性」について記す

1704
ニュートンが「虹の錯視」について記す

賢人の言葉

格言にもあるとおり、誰の目にも物事はあるがままには見えないし、どうあるべきかもわからない。
――ジョナサン・リチャードソン（1715年）

形や輪郭の錯視のほかに、明るさや色の錯視もあります。物理的な理由から「混乱」が起きるという生理学的な錯覚もありますが、ほとんどは認知的な錯覚です。その多くは非常に有名で、ネッカーの立方体やポッゲンドルフの錯視のように、発見者にちなんだ名で呼ばれています。特に有名な錯覚の例は20ほどあり、その一部を専門的に紹介しているウェブサイトもあります。

現在の理論によれば、すべての錯覚は、あいまい性、歪み、矛盾、分割の4グループに分けられます。錯視は、視覚科学者や認知心理学者にとって、知覚過程に重要な見識を与えてくれるため、特に関心の対象となっています。

仕組み

知覚とは、私たちの感覚器官を通じてもたらされる情報を認識する過程です。この過程は素早く、自動的で、無意識的なものです。視覚的な知覚の認識は通常、それが完了してから初めて起こり、過程の細かな点ではなく、最終的につくられたものだけを受け取るのです。

では、その仕組みはどのようなものでしょう？ 情報が私たちの感覚器官に入ってきて、私たちがそこにあるものを知覚するとき、実際には何が起きているのでしょうか？ この過程を理解し説明するのは容易ではありませんが、心理学者が見つけた最良の方法のひとつは、錯視を研究してその意味を見つけ出すことでした。

図と地

私たちの目に見えるものは、実際に見ているもの（図）とその周り（地）に分けられます。ある対象が像か背景かという区分は、その対象にもともと備わっている属性ではなく、観察者によって決まります。何が図で何が地かについて、私たちはたいてい区別することが

1860
ヘルムホルツが「知的な目」について記す

1884
ミュラー - リヤー錯視が発表される

1973
グレゴリーとゴンブリッチ『自然と美術の錯覚』

できますが、ときにはその手がかりがあいまいになることもあります。図1を見てください——これは花瓶でしょうか、2つの顔でしょうか？ この像と背景は入れ替え可能で、それによって2つの異なる絵が表れます。図2では、サックスを吹く人が見えますか？ それとも女性の顔ですか？ どちらが先に見えるでしょう？ またそれはなぜでしょうか？

図1

図2

境界

形の知覚の中でも最も重要な側面のひとつは、境界の存在です。視野の中に明るさ、色、質感が明らかに変化する箇所が含まれていれば、私たちは境界を知覚します。図3と図4には、実際には存在しない線（輪郭）が私たちの目にどのようにして「見える」かが示されています。どちらの絵の中央にも、他のところよりも明るい三角形の図形が見える。これは閉合のゲシュタルト原理によるものです。つまり、人には不完全な形を完成して隙間を埋めようとする傾向があるということです。

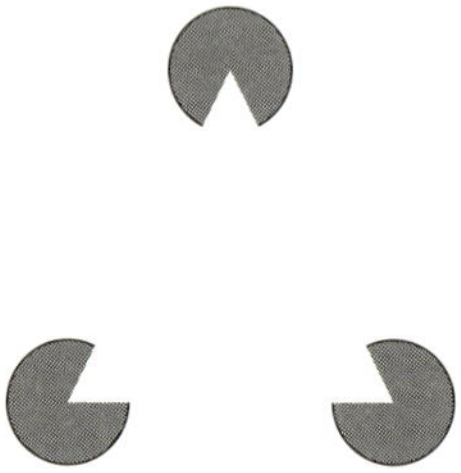

図3

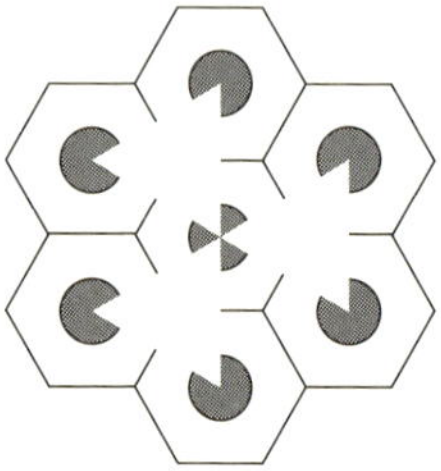

図4

ゲシュタルト原理

心理学者たちは当然ながら、世界が私たちの目にどう見えるかについて、あらゆる面から関心を寄せます——色はどう見えるか、動きや奥行きはどう見えるか、物体や人はどう認識されるか。そして、サブリミナルな知覚が起こるかどうかについては、多くの議論があります。最も抽象的なレベルでは、3つの過程に区分することができます。角膜と虹彩による光の**受容**。その物理エネルギー（光）が神経化学的メッセージに信号化されて脳に送られる過程、つまり**翻訳**。そして、それらが翻訳されること、つまり**解読**です。

研究の大きな目的のひとつは、人が得たばらばらの情報からどのようにして対象の完全な像を「組み立てる」か、つまりつくりあげるかという点です。第一次大戦と第二次大戦の間の時期に、ゲシュタルト心理学者たちは、知覚の体制化の研究を行いました。さまざまな「法則」――近接とよい連続の法則――を明記し、抽象的な形のパターンがどう見えるかを説明しようとしたのです。それらはまとめて群化の法則と呼ばれ、人の目がどのように見えるかの正確な記述でありつづけています。

ゲシュタルト心理学者たちはまた、とりわけ人の目に見えるものが正確であるかどうかに関心をもつようになりました。19世紀末、ドイツの心理学者グループによって、ゲシュタルト心理学は考案されました。ゲシュタルト心理学は形の知覚の理論で、プレグナンツ(「よい図」という意味)の法則によって人の知覚の仕組みを説明するものです。**類同**(図5)は、ある形の似通った部分はグループをなしているように知覚されやすいということで、これは形や色、大きさ、明るさの関係に左右されます。**近接**(図6)の原理は、たがいの近くにある面や境界は、離れているものよりも、同じ対象の一部であるように見えやすいということで、ほかにも、連続性、共通運命、対称性などの原理があります。

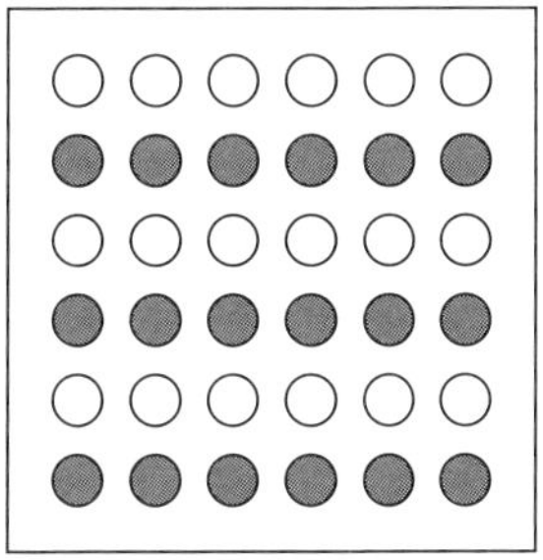

図5

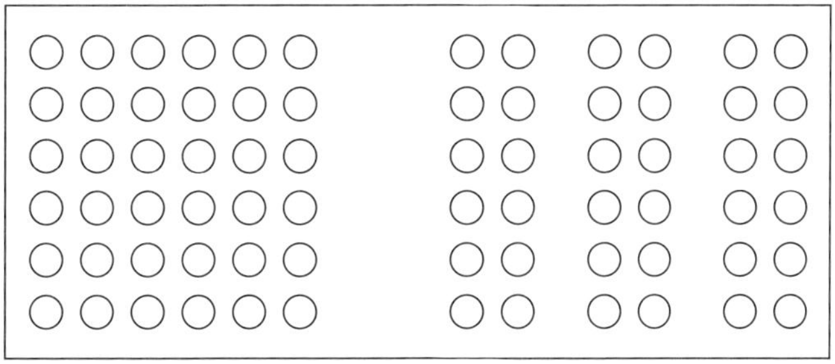

図6

ポンゾ錯視とミュラー=リヤー錯視

これらの錯視は、すでに備わっている3次元の物体についての知識が、2次元のパターンに誤って適用されるという仮定によって説明できると考えられます。

ポンゾ錯視（図7）では、2つの水平な線がまったく同じ長さであるにもかかわらず、下のほうの線がずっと短く見えます。これは、線路のレールを表す線がつくりだす線遠近法によって、上のほうの線が遠くにあるように感じるためです。網膜に映る長さが同じでも、遠くにあるのならそちらのほうが大きいにちがいない――私たちの知覚系が誤って、距離を考慮に入れているのです。

ミュラー=リヤー錯視（図8）も同様の説明がつけられます。左の線は建物の外部の隅を示しているように見え、右の線は内部の隅を示しているように見える。こうした内部の隅は、外部の隅よりも遠くに存在するために、ポンゾ錯視と同じ理屈によって、右図の線は遠くにあるように知覚されます。こうした錯視は、知覚が刺激とは別の要因に影響されることを示しています――この場合、その要因とは、知覚された距離と過去の経験です。

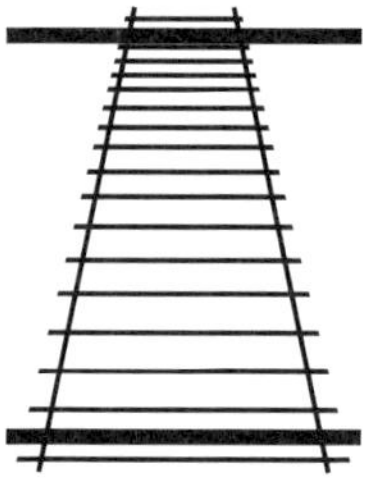

図7

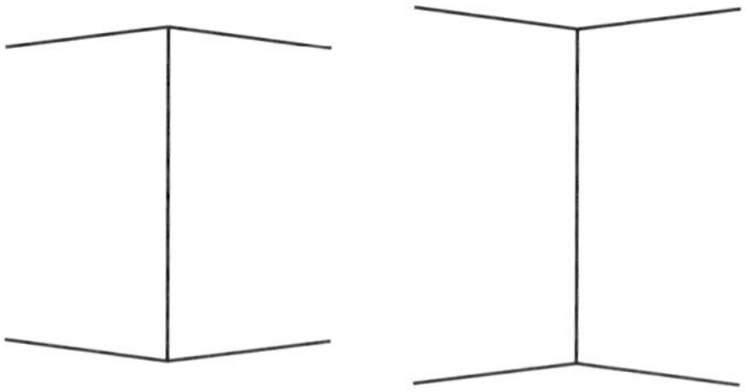

図8

賢人の言葉

知覚されたある線の長さは、その線を取り囲む別の線の形や位置に左右される。
――A・リーバー（1985年）

恒常性

物体が近づいてくる、遠ざかっていく、別の光が当てられる、向きを変えられるというとき、私たちはそれが別のものであるとか、変化しているとは考えず、同じ物体とみなします。さまざまなタイプの恒常性の過程――形、大きさ、色、明るさ――があり、そこから錯視を説明することができます。

この本を手にとってみましょう。まっすぐ上に上げ、顔の正面に持ちます。このとき本は長方形です。つぎに本を垂直に傾け、さらに水平に傾ける。するともう同じ形ではなくなりますが、本は本として同じ

賢人の言葉

形の知覚はすべて経験の問題である。
——ジョン・ラスキン（1890年）

ままに見える。これが形の恒常性です。同様に、遠ざかっていくゾウを見るとき、網膜に映る像はたしかに小さくなっていきますが、実際には小さくなっていくようには見えません。

文化、そして組み立てられた世界

直線のない環境で育ったと想像してみてください。四角い家も、まっすぐな道路も、長い柱も、細長いテーブルもありません。家は丸く、土地も丸い。道はカーブし、曲がりくねっている。そんなところでも、あなたは錯視に「だまされる」でしょうか？ まっすぐな道路や線路を見たことがなくても、ポンゾ錯視を経験するでしょうか？ 部屋や家の隅を見たことがなくても、ミュラー=リヤー錯視を経験するでしょうか？

辺境のアフリカ人やオーストラリアのアボリジニのグループを対象に、さまざまな研究が行われ、学習と経験が人の錯視にどのような影響を与えるかということが検証されてきました。ある研究では、都市部のアフリカ人と辺境のアフリカ人の比較のために、エイムズの窓と呼ばれる、360度回転する台形を片目だけで見るようにさせました。すると予想どおり、辺境のグループには、その台形が180度の間で振れ動いているように見えたのです。また別の研究では、南アフリカのズールー族は、南アフリカの白人よりもポンゾ錯視の程度が大きいことがわかりました。これは、ズールー族は広く開けた空間を見る経験が非常に多いからではないかと考えられます。人の個人的、文化的な経験は、錯視が起こりやすいかどうかに多少なりとも影響するのかもしれません。

まとめの一言

錯視は知覚の仕組みを解き明かす

CHAPTER 09 心理物理学

錯覚と現実

知ってる?

主観のちがいを客観的に表す?

心理物理学(心の物理学)とは、
刺激の物理的特性とそれがつくりだす感覚との
関係を系統立てて研究する分野です。この説明は
機能的、つまりプロセス指向なもので、
感覚系の興味深さは、その構造(生理学)
よりむしろ過程にあります。

timeline

1834
ヴェーバーの法則

1860
フェヒナーの法則

1870年代
心理物理学が科学的研究の始まりを告げる

賢人の言葉

感覚の大きさは、それを引き起こす刺激の強さの対数に比例する。
——フェヒナーの法則（1860年）

感覚の物理学

心理物理学が発する単純な疑問は、「刺激を受けてから、"あざやかな赤"、"大きな音"といった伝達につながる事象の連鎖とは何か？」ということです。細かな部分は当然、それぞれの感覚によって異なりますが、つねに3つの基本段階があります。感覚受容器官に刺激が入る。その刺激によって引き起こされた神経の事象連鎖が、電気信号に変換され、神経インパルスに変換される。そのメッセージに対して、心理学的な反応が起こる（感覚）。

閾値

初期の心理学者たちは、知覚現象の研究のために、人の感覚を測定する有効な方法を見つけなければなりませんでした。心理物理学の中心的な概念のひとつは、**閾値**です。閾値とは、反応をつくりだすのに必要な刺激の強さのレベルのことです。絶対閾値は、反応を得るのに要する最小限のエネルギーのことをいい、人が音や光を感じるのに必要とされる、最も小さな音や最も弱い光のことです。弁別閾とは、ある人が刺激そのものの変化を感じ取るのに必要な最小限の変化のことをいいます。

丁度可知差異（jnd）

jnd、つまり弁別閾は、たがいに区別できる2つの同様の刺激の最小の差異として定義されます。これは、反応の大きさと強さの両方に左右されます。

グスタフ・フェヒナーは、初めてjndを使って人の感覚を測定した人物です。1850年代のある有名な実験で、フェヒナーは明るさに対する人間の反応に注目しました。すべての被験者に、明るさの調節できる光の円盤を2つ見せます。そして片方の円盤の明るさを、被験者が差異を感じとることができる瞬間まで強めていきます。その値が

1961
スティーヴンの法則

1966
信号検出理論が発展する

1 jndです。それから円盤をリセットし、ふたたび1 jndが感じとれる瞬間まで強めます。これをくり返すことで、明るさの刺激に対するその人の感覚の幅が得られます。

フェヒナーは、感覚は刺激の強さに応じて対数関数的に増大する、という心理物理学の基本法則のひとつを発見しました。これはつまり、感覚の強さはその感覚を引き起こす刺激の強さと比べ、はるかにゆるやかに増大するということです。例えばある人が、ある光がもとの光の2倍明るいと報告したとすれば、その光の明るさはもとの光の2倍より、はるかに強くなければならないのです。

エルンスト・ハインリヒ・ヴェーバーは、もうひとつの有名な心理学的法則を発見しました。ある刺激の強さと別の刺激の強さの割合には、弁別閾が関係しているということです。例えば、ある人に50デシベルの音を聞かせたとして、それより大きな音だと感じるのは、55デシベルからになります(54ではだめ)。最初の音が70デシベルだとすれば、違いを聞きとるには、77でなければならない。30デシベルなら33。100なら110。どんな場合でも両者の割合は1:10となります。1940年代の研究で、こうした数値が特定されました。明るさの場合、この差異は1.2パーセント、塩味では、20パーセントになります。

方法

初期の心理物理学者たちも現在の研究者たちも、この分野のトピックを研究するためにさまざまな方法を考案、吟味し、その信頼度を高めようとしています。ひとつに、調整法(平均誤差)があります。被験者に音、光、においを、自分の感覚で、以前に経験したものとまったく同じになるよう調整させるのです。極限法では、被験者にある刺激を、以前に経験した刺激と比較して大きいか、小さいか、同じであるかを判定させます。恒常法では、一連の刺激のセットをランダムに被験者に提示して、判断を求めます。

尺度

測定は、心理物理学の精密な世界の中では、きわめて重要なもので

賢人の言葉

心理物理学の法則とは、物理的刺激と感覚過程の関係を定式化したものすべてである。
――J・ドリーヴァー(1966年)

賢人の言葉

目：見るものは選べなくとも、目はものを見る。
耳に音を聞かないように命じることはできない。
そして体は感じとる――私たちの意志に
沿っていようと、反していようと。
――W・ワーズワース（1847年）

す。したがって現象を測定するには、正確な尺度が欠かせません。

尺度には4つの基本特性があります。

1　差異を示すこと
雄か雌か、暑いか寒いか。

2　大きさ
犬のグレートデーンはジャックラッセルテリアより大きい。

3　等しい隔たり
尺度の差異が同じである。
つまり5kgと8kgの差は22kgと25kgの差に等しい。

4　真のゼロを示す点があること
つまり、測定されるものが存在しないことを示す点。

心理物理学者は、4タイプに尺度を区別しています。

・名義尺度――差異を示す
・順序尺度――差異と大きさを示す
・間隔尺度――差異、大きさ、等しい隔たりを示す
・比尺度――他の3要素に加え、比を示す

つまりテストの点数は、間隔尺度のように見えても、実は順序尺度です。そして気温、体重、視力は比尺度で測定されます。

心理物理学者は、4タイプに尺度を区別しています。**名義尺度**（差異を示す）、**順序尺度**（差異と大きさを示す）、**間隔尺度**（差異、大きさ、等しい隔たりを示す）、**比尺度**（他の3要素に加え、比を示す）。つまりテストの点数は、間隔尺度のように見えても、実は順序尺度です。そして気温、体重、視力は比尺度で測定されます。

信号検出理論

信号検出理論（SDT）は、私たちが不確かな条件下でどのように判定を下すかを測定したいときに使われるものです。人が刺激を感知

しているかどうかを判定する場合、それは感覚器官と、刺激がくるという期待、そして正確であろうとする動機づけにも左右されます。

SDTは現在、広く研究に用いられており、後世まで残る心理物理学の最大の遺産となるかもしれません。閾値は固定値ではなく、その検出には2つの人間的な要因が大きな役割を果たします。ひとつは**感受性**、つまり被験者がどのように刺激を見たり聞いたりするか。もうひとつは**反応バイアス**、つまり感覚があるかどうかが定かでないとき、被験者がどれだけ進んで「はい」(刺激があった) というかです。SDTは、被験者が情報の消極的な受容者ではなく、不確かな条件の下でも難しい判定を積極的に下そうとすると仮定することで、信号検出をより系統立ったものにします。

そのために調査者は、「ひっかけの試験」を行います。わざと刺激の変化を起こさずノイズ、どんな反応があるかを調べるものです(下の表を参照)。ヒットは刺激が「ある」、ミスは刺激が「ない」ということ。誤答は、刺激に変化がないときに「ある」と応えることで、正棄却は、刺激に変化がないときに「ない」と応えることです。ある人があらゆる刺激の変化を必ず指摘したいと思えば、誤答になる危険を冒して、刺激が「ある」と多く応えるでしょう。逆に誤答を恐れる人は、刺激が「ない」と多く応えるでしょう。被験者の反応バイアスは、調査者の検出閾値の見積もりに明らかに影響を与えます。これを補正するために、被験者の反応バイアスを意図的に操作して、被験者の判定にその操作が及ぼす結果を観察します。こうした効果は、受

		刺激	
		信号	ノイズ
反応	ある	ヒット	誤答
	ない	ミス	正棄却

信者動作特性曲線に描かれます。

SDTは、知覚の変化が起こったときのある人の感受性を判定する最良の方法です。刺激が起こるかどうかを判定するのは人であり、したがって動機づけや以前の経験といった別の要因が関わってくるのです。

鍼治療のSDT研究

鍼治療に対する大きな疑問は、鍼は本当に痛みを減らすのか、それとも患者がただ暗示にかけられるだけなのか、ということだろう。批判者たちは、鍼の鎮痛作用に疑いをもち、患者自身の痛みに対する閾値が高まっているだけだと考えている。つまり、治療において痛みの閾値が増大するために、気持ちよく感じられるだけだというのである。この痛み閾値の仮説に注目したある初期の研究がある。被験者たちは額に熱の刺激を与えられ、その強度を1から12まで(何も感じない――耐えがたい)の度数で示すよう指示された。この手順は鍼治療の最中と後に行われた。すると、鍼治療はたしかに痛みを減らすものの、データには治療の結果として患者の閾値が高まったことが示されていた。

まとめの一言

主観的な感覚と知覚は、測定することができる

CHAPTER 10 幻覚

幻覚の正体とは?

恐ろしい幻の短剣よ、おまえは目には見えるが、
手に取ることはできないのか? それとも熱に浮かされた
頭が生み出した、まやかしにすぎないのか?

―― シェイクスピア『マクベス』 1606年

timeline

1950年代
ペンフィールドによる脳への
電気刺激が幻覚を引き起こす

1960年代
LSDの実験で幻覚が多く
起こることが報告される

定義

hallucination（幻覚）という言葉の語源には「夢を見る」「取り乱す」の2つの特徴があります。これは「心の中をさまよう」という意味のラテン語alucinariに由来すると言われています。普通の人たちは、自分の周囲で起きていることに気をとられていたり、あるいは引きこまれているとき、幻覚とは言わず、想像力が「いたずらをした」と言うかもしれません。

幻覚とは、ごく簡単にいうなら、そこにはない何か——音、におい、光景——を知覚することです。本人が覚醒していて、実際に物理的には存在しないとわかっているのに何かを感じとるのも、そのひとつといえます。幻覚とは刺激のない感覚です。ずっと以前に死んだ人や伝説上の人の声を聞いたりすることも、虫が皮膚の上や下を這いまわっているように感じることもあります。明るい光の中で天使や妖精が踊っているという幻覚もあるかもしれません。中にはきわめて特異なものもあり、多くは一時的、非現実的で、周囲を当惑させるものです。

幻覚、錯覚、妄想については、さまざまな区別をつけることが重要になります。錯覚は誤った現実の知覚に対する現実の反応です。そのために、芸術的な錯覚や錯視は魅力的で、人をのこぎりで2つに切ってみせるような「イリュージョンアーティスト」も現れたりします。妄想も現実の感覚に対する現実反応ですが、非現実的で、ありえない、異様な、あるいは非常に意味深な要因によって引き起こされます。

異なるタイプ

幻覚は多くの事象と関係があることが知られています。睡眠（特に睡眠不足）、薬物の使用（これは当然、幻覚剤と呼ばれる）、精神疾

1980年代
幻覚症が記述される
よい抗精神病薬が開発される

2000年代
幻覚によって引き起こされる障害と、
幻覚に関連する障害とが区別される

患(とりわけ精神障害)、ごく特定的な神経学的疾患などです。幻覚は統合失調症の出現時にしばしば起こり、*精神医学の手引きでは「自分自身についてありえない批判をしたり、2つもしくはそれ以上の声とたがいに会話をかわすこと」と表現されます。

よく見られる穏やかな幻覚もあります。例えば、眠ろうとするときに起きる入眠時幻覚、またその逆で、目覚めるときに起きる出眠時幻覚。ある薬物を使用したときに、ひどく奇妙な幻覚が生じることがあります。色視は、あらゆる人やものが同じ色に見えるという幻覚です。小人国幻覚は、実在しない小型の人々が見えるもので、しばしば愉快な感情が伴います。逆に、巨人国幻覚は、あらゆる人が巨人に見えるものです。

偽性幻覚という、興味深く珍しい幻覚もあります。これは、幻覚だと認識している−すなわち、現実には根拠がないとわかっているにもかかわらず、生々しい幻覚を経験してしまうことです。幻覚のエピソードは、一定の経過をたどる場合があります。最初に、ある特定の記憶もしくは音といったものが、幻覚として突然はっきり現れます。そして当人は、それが本物であるかどうか確認したあと、現実のものだと信じはじめるのです。すると、幻想、歪曲、非現実感がどんどんふくらみ、実際の知覚と入り混じってしまうのです。

幻聴

「声が聞こえる」のは、最もよく知られた「狂気の徴候」のひとつかもしれません。特に統合失調症のような精神障害と関連づけられます。その場にいる他の人には何も聞こえないのに、ある特定の声、もしくは誰か特定できない人の声が聞こえるのです。幻聴を経験する人たちの中には、そうした声を一心に聞こうとしているように見える人がいます。自分に向かって語りかけ、会話をしているようにときどき間をおいたりする人もいます。ときにはその場に存在しない人たちに向かって叫んだりもするのです。

声が聞こえるという症状は、当人が目の前にいる本物の人間と会話をしているときには、あまり起こりません。声が聞こえるのは、たい

＊精神医学の手引き

国際的にスタンダードなものとして、「精神障害の診断と統計の手引き」DSM(Diagnostic and Manual of Mental Disorders)と「疾患及び関連保険問題の国際統計分類」ICD(International Statistical Classification of Diseases and Related Health Problem)が知られている(訳注)

賢人の言葉

幻覚。まったくたしかな感覚的印象を示す、あらゆる自覚的な特性を備えた知覚体験であるが、そうした感覚の変動をもたらす通常の身体刺激は存在しない。
——A・リーバー（1985年）

ていひとりのときです。他には、音楽——しばしば感情的に強く結びついた、よく聞きなれた音楽——が聞こえるものもあります。これはその音楽を長期にわたって、大きな音で聞いている場合に起こりやすいものです。

幻視

いるはずのない動物を見た、心にしか存在しない物や人を見たという報告は、枚挙にいとまがありません。「幽霊」や「天使」を見たり、じつに複雑な場面や異様な状況に巻きこまれたりすることもあります。幻視には音のないものもありますが、中には人がしゃべるものもあって、幻視を経験している本人に直接話しかけたり、具体的な命令を与えたりもするものもあります。適切な診断名のついたきわめて具体的な幻視が数多く存在します。例えば、**ディスメガロプシア**は形の崩れた物体や、奇妙な／異様な形の物体が見えるというものです。小視症と大視症はそれぞれ、実際よりもずっと小さい、あるいは大きな物体が見えるというもの、異所感覚は物体が実際にある場所を変化させるもの、反復視は視覚的に存在するはずの物体が視界から消えてしまうというものです。

診断と管理

診断医は、構造化し、体系だった病歴の聞き取りを通じて、幻覚の主な原因を特定しようとします。最初にたずねるのは、幻覚のごく具体的な性質——どのような幻覚か、最初に起きたのはいつか、通常いつ起きるか、どれだけの時間続くか、などです。つぎには、アルコールや薬物、ほかに受けている治療のことを聞きます。さらに、幻覚に伴う感情面での事象のほか、興奮、混乱、熱、頭痛、嘔吐などの身体的症状についてもたずねます。

臨床的な管理は、医学的、神経学的な原因を特定し、「文化的に許容される文脈の範囲内」（例えば宗教的な祭祀やコンサートなど）での特定の薬物の反応から原因を特定しようとすることから始めます。正式な精神医学上の診断は必ず、幻覚の性質とそこから生じる「症状」をごく丹念に調べたあとで下さなければなりません。

原因

苦痛を伴う幻覚をひんぱんに、長い間経験することには、多くの理由がある。実のところ、人に幻覚を「起こさせる」ことは可能である。砂漠で知覚を奪われたり、がらんとした部屋に閉じこめられると、「洗脳」によって幻覚を見たり聞いたりすることがある。また同じように、睡眠を奪われたり、非常に長い間単調な仕事をしていたりしても、幻覚は起こりうる。

第1の原因は薬物で、これにはアルコール、大麻、コカイン、クラック、ヘロイン、LSDなども含まれる。第2の原因は高熱で、特に年少の人たちや高齢の人たちに多い。第3に、盲(視覚)や聾(聴覚)といった特定の感覚上の問題を抱える人たちにも、幻覚は起こる。聴覚を奪われた人たちは、しばしば声が聞こえると言う。同じように、手脚を切断した人たちは幻肢という感覚を経験し、手脚のあらゆる動きや痛みさえ感じるのである。

第4に、幻覚は脳腫瘍、腎不全や肝不全などの重度の身体的疾患のある人々にも起こる。第5に、アルコール関連の振戦せん妄や高齢になってから認知症にかかっても、幻覚は起こりうる。第6に、心的外傷後ストレス障害や統合失調症など、重い精神障害とも密接な関連がある。心的外傷後ストレス障害になった人は、しばしばフラッシュバックを経験する。つまり、ある種の音を聞いたりある種のにおいを嗅いだりすると、瞬時に心的外傷を受けた時(戦争や事故など)にひきもどされ、特定の事象の強烈なフラッシュバック(幻覚の再発)が起こるのである。また大きなストレスがかかっている人たちや、死者を悼んでいる人たちの中には、気持ちを和らげてくれる励ましの声を聞くことがある。

50年前から脳科学者たちは、脳の特定の部位に刺激を与えると、麻痺感やチクチクする感覚、熱さや冷たさ、水が流れる感覚といった幻覚が引き起こされることを知っていた。脳の損傷や組織の変性のある患者は、幻嗅(ほぼ決まって不快なもの)や幻味(心地よいものも、不快なものもある)を経験しやすい。同様に、比較的よくあるてんかんから珍しい*メニエール病まで、ある種の神経学的な問題はしばしば、特有で奇妙な幻覚をもたらす。

＊メニエール病

耳の内耳に内リンパ水腫ができ、これが神経を圧迫して、めまい、耳鳴り、難聴などを引き起こす(訳注)

説明

幻覚が起こることに対する、多くの心理学的な説明があります。フロイト派は幻覚を、無意識の願望あるいは欲求の投影と見ていました。これは、人はその経験を「たしかな」ものとして感じているが、無意識のものであるために伝えることができないという考え方です。

認知心理学者たちは、認知処理、とりわけ他者がさまざまな事象をどう解釈するかという理解に関連するメタ認知に問題があることを指摘します。つまり幻覚とは、他者の行動の誤った解釈であるということです。

しかし、こうした原因に最も明確に焦点を当てているのは、生物学的心理学者です。彼らは幻覚を、主として損傷や化学的不均衡から生じる脳の状態の不調と見ています。幻覚をもたらす脳の部位をつきとめ、その薬理学的過程を特定することもできています。

にもかかわらず、ある個人が特定的な幻覚を経験する理由を説明できるかというと、それはまだ謎のままなのです。

まとめの一言

幻覚には多くのタイプと原因が存在する

妄想は なぜ起こるのか?

「タレント発掘番組に出てくる人は、
明らかに自分の歌唱力に妄想を抱いている」
「あの政治家は、誇大妄想を抱いているようだ」
「昇進するという望みに関して、彼女は妄想を
抱いているのではないだろうか」

timeline

B.C.300
古代ギリシャ人が偏執性妄想について記す

1880
クレペリンが妄想型統合失調症について記述する

妄想とは何か？

妄想とは現実的な根拠をもたない、持続的で変えることのできない誤った信念です。個人でも集団でも起こりうるもので、明らかな嘘であったり、完全に架空のものであったり、あるいはただの自己欺瞞であったりします。妄想を抱いている人は自分の信念を、たいてい絶対的な確信をもって口にします。そうした信念はまったくゆらぐことがなく、絶対的にまちがっているという明らかな反論や証拠があっても影響されません。

宗教的な妄想の場合、その真偽を証明することは不可能です。同じように一部の妄想には、自己実現的な要素があります。例えば嫉妬深い人は、なんの落ち度もないパートナーを非難し、やがてそのために相手は離れていきます。そうした意味で、妄想が現実になる原因を自らつくりだしているのです。

さまざまなタイプ

におい（嗅覚）、味（味覚）、温度（熱感覚）、手ざわり（触覚）に関する妄想を抱く人たちがいます。例えば、特定の人物に会うと、不快なにおいや心地よいにおい、普通でないにおいを感じる。普通の食べ物（オレンジ、チョコレート、ミルク）が、通常食べたときとまったくちがう味がするように感じる。冷たい物体が燃えるように熱いと感じたり、温かい物体が凍ったように冷たく感じる。なめらかな物体（風船や猫の毛）が急にざらざらと粗く感じられる、などです。

妄想に関連して最もよく記述されてきた、パラノイアと呼ばれるものには、さまざまな段階があることがわかっています。漠然とした不信感、他者に対する選択的知覚、敵意、あらゆる物事がわかってしまうという偏執的な妄想、そして最終的には影響力や迫害についての矛盾した妄想などです。

1911
フロイトが、被害妄想は抑圧と投影によるものだと主張する

1942
「フォリアドゥ」が妄想障害として記述される

1980年代
パラノイアが妄想障害に再分類される

妄想は多くの場合、完全にその人の心を占領してしまい、かなりの苦痛をもたらします。ここで注意しておくべきなのは、妄想は錯覚とはちがうということでしょう。例えば、太陽が地球のまわりを回っているのは錯視であり、あるいは腹話術師の人形が実際にしゃべっていると感じるのは錯聴です。

精神医学と妄想障害

精神医学者は、多くの特有な状況の中で、ある人が妄想障害であるという診断を下します。第1の状況としては、少なくともひと月に一度以上、とっぴなものではなくとも妄想の徴候が表れること。第2は、統合失調症者と診断されるような行動基準に合致しないこと。第3は、幻聴や幻視は顕著でないけれど、幻触や幻臭が顕著であること。第4は、妄想や行動がもたらす結果にかかわらず、その人の心理社会的な機能は基本的に損なわれておらず、特に奇妙である、とっぴであるとは考えられないこと。第5は、特定の妄想がその人の気分に影響を及ぼすとしても、そうした気分の変化があまり長く続かないこと。第6に、障害が心理学的、生理学な条件(どんな投薬治療を受けているか、など)の結果でないこと、が挙げられます。

精神医学者によれば、妄想とその他の障害、例えば、心気症(特に、自己意識をほとんどもたない人たち)、身体醜形障害(架空の身体の欠陥のことで頭がいっぱいになる)強迫性障害、妄想性人格障害などは、区別するのが難しい場合があります。

統合失調症の人たちの妄想は、明らかにとっぴなものが多く見られます。例えば、自分の脳が別の人の脳と入れ替わったといったものや、自分の身長が1メートル縮んでしまったと信じてしまうようなものです。その一方で、とっぴでない妄想というものもありえます。例えば、自分が尾行されている、写真を撮られたり録音されたりしている、誰かに少しずつ毒を飲まされている、パートナーにいつも騙されている、上司や近所の人が自分に恋している、といったものです。

原因

本質的には、妄想が起こる原因はわかっていません。現在の神経心

賢人の言葉

去れ、空しい妄想のごとき喜びよ、不毛なる愚かさの子どもよ。
——ジョン・ミルトン(1631年)

理学的な関心から、脳の機能不全によって問題を引き起こしたり悪化させたりするときに、何らかの生物学的な特性があるという推測がなされています。他には、大脳基底核などの脳構造が関係しているとする声、大脳辺縁系だとする声、新皮質だとする声もあります。また、妄想障害をもつ人は、その血縁者も同じ障害や関連する障害をもっていることがきわめて多いため、遺伝学的な説明が最も適切だとする意見もあります。

しかし他の研究者たちは、この障害をもつ多くの人たちは、不安定、荒れた、愛情が薄い、冷淡といった言葉で表される「困難な」子ども時代を過ごしていたことを指摘しています。精神分析に関心をもつ一部の心理学者たちは、妄想は、自我を守り支えるための防衛機制の欠陥であると見ています。つまりパラノイアや被害妄想とは、ある人物が自分の内にあると認めたくないものを他者に投影しようとする試みだということです。治療には、カウンセリングや心理療法のほか、抗精神病薬の使用も含まれます。

賢人の言葉

お気をつけください、閣下、
あそこにあるのは巨人ではない、ただの風車です。
――ミゲル・デ・セルバンテス（1605年）

疾患隠蔽《しっかんいんぺい》と妄想

面接や問診で嘘をついたり騙したり、事実を言わなかったりする人たちがいる。これは心理学では「疾患隠蔽《しっかんいんぺい》」と呼ばれるが、最近では異なる2つのタイプに区別されるようになっている。ひとつ目が**印象操作**で、自分自身をいかにも正しいように見せ、ある事柄を都合よく忘れたり、他の人たちについて「たわいない嘘」を言ったりもする。2つ目は**自己欺瞞**で、これは厳密にいえば嘘ではなく、妄想に近いものだ。例えば、自分にはユーモアの感覚があると言うにもかかわらず、その人を知る全員がそんなことはないと言う場合、それは自分自身を騙しているのである。同じように、自分は醜い、あるいは痛みがあると感じているのに、他の全員がそうでないと考えている場合、それは否的な自己欺瞞といえる。本物の妄想はなかなか変えられないが、ある種の自己欺瞞は面接をするうちに妄想に近づきはじめる。一貫したフィードバックに直面させれば、自己欺瞞的な傾向は「治癒する」か、少なくとも減少することがある。

妄想のタイプ

精神医学者によれば、妄想には5つのタイプがある。

恋愛妄想

ハリウッドのロマンス映画のように、性的な意味よりも、むしろ精神的な意味で、他の誰かが自分に恋愛感情を抱いていると真剣に思いこむこと。相手は主に有名人(映画スターやスポーツ界のヒーロー)だが、職場の有力な上司ということもある。多くは、そのことを秘密にしてほとんど行動には示さないが、妄想上の恋人に夢中になり、Eメールを送ったり、直接訪ねたり、ストーカー行為を行う人もいる。この妄想を抱くのはほとんどが女性だが、男性の場合は、特に自分の「恋人」がトラブルに陥っている、危険にさらされいると信じこんだりすると、より大胆な行動を起こし、法的に処罰されることがある。

誇大妄想

自分が特別な存在だと――すぐれた能力や洞察をもっている、あるいはきわめて重要な発見をした、などと証拠もなく思いこむ。宗教的な妄想が多く、自分ひとりが「全能の神」と特別な関係で結ばれていると信じこんだりする。自分が傑出した人間で、他の有名人たちと特別な関係にあると思いこむこともある。

嫉妬妄想

パートナーが不実である、自分を騙しているという、まったく根拠はないが強い確信をもつ。そうした主張の裏づけとして、いささか奇妙な「証拠」を差し出すこともある。私立探偵を雇い、パートナーを縛りつけようとするほか、言葉や暴力で攻撃したりもする。

被害妄想

個人やグループが自分に対して陰謀をめぐらしているという思い込み。自分が騙されている、スパイされている、攻撃されている、うわさされている、毒や薬を飲まされていると信じこむ。そしてしばしば、不当だという強い感情を抱き、怒ったりする。多くは法的手段や、当局に訴えるなどして、その迫害をやめさせようとする。最もよく見られるタイプの妄想障害で、自分を標的にしていると考える相手に対し、暴力的、攻撃的になる場合もある。

身体的妄想

自分の体のどこかが奇妙だ、あるいは適切に機能していない、という妄想。自分自身に変なにおいがする、特定の部分（鼻、乳房、足）が特に奇妙で形が悪く、醜いと思い込むことがある。こうした妄想をもった人々はよく、自分の中に虫や寄生動物がいて、体をこわしたり侵したりしていると感じるのである。

まとめの一言

妄想は多種多様だが、原因はさだかではない

CHAPTER 12 意識

錯覚と現実

知ってる?

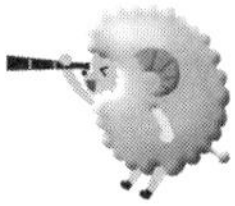

あなたに意識はあるか？

私たちはほとんどつねに、自分自身を、自分の体を、自分の感覚を、自分の考えを意識しています。意識をもつとは、ある程度まで制御された思考や観察によって知覚する、気づくという意味です。つまり起きている、目覚めているということです。

timeline

B.C.500
キケロが初めてこの言葉を用いる

1688
ロックが現代的な意味を導入する

賢人の言葉

意識とは……それによって世界が存在することを知らされる現象である。
——ロジャー・ペンローズ（1989年）

どんな生き物であれ、周囲の世界に対して反応できている——覚醒し、警戒している——のであれば、その生き物は意識をもつと考えられるでしょう。その意味で、彼らは自己意識(self-consciousness、self-awareness)をもっていると言えます。批評家の中には、**アクセス意識**（考えることについて考える、あるいは知覚を知覚する）と**現象意識**（考えをもつ、あるいは物事の質をイメージする）は区別されうると言う人もいます。心や脳で起こる事象のうち、私たちがアクセスできないものは、無意識の事象と呼ばれます。しかし、意識は言語に依存してはいないし、ただの自己認識でもありません。例えば、音楽に深く没頭するとき、私たちは自己認識を失っていますが、これは身体が失神する状態とはちがいます。

睡眠や薬物、病気によって一時的に意識のない状態を経験すると、意識がどんなものであるかが理解しやすくなるでしょう。私たちはよく、人が「気絶する」「ぼうっとする」といった話をします。多くの脳科学者たちは、「意識の座」のある場所をつきとめることに関心があります。彼らにとっての難題は、人は脳に大きな損傷を負っても全体的な意識を失わずにいられるということです。脳の損傷はたしかに、意識のある特定の内容を失いますが、意識そのものは失われません。そもそもなぜ人に意識があるのかを理解しようとするより、意識そのものの神経心理学をつきつめるほうが簡単だという主張もあります。

意識をもつという体験

意識という体験には、さまざまな特性があります。それは個人的なもので、多くの異なる感覚（触覚、味覚、聴覚、視覚）から物事を体験することです。私たちがどう考えるかというよりも、考えた結果生み出されたもので、それはつねに流動して変化する状態にあります。私たちは「意識の流れ」について話します。なんらかの経験をした

1960年代以降
認知神経科学が
この主題に接近する

1991
デネット『解明される意識』
（山口泰司訳、青土社）

1994
ピンカー『言語を生みだす本能』
（椋田直子訳、日本放送出版協会）

ことを意識し、以前に見たと意識することができます。

心理学者が特に関心をもっているのは、脳に損傷があるせいで、周囲のあらゆる現象を意識していながら、以前に同じような経験をした記憶にアクセスすることができない人たちです。心理学者の多くは、意識は脳の活動から生じると考えています。脳の損傷や脳の化学作用が意識に影響を及ぼすという理由から、身体的な説明を唱える科学者もいます。

歴史的な考察

古代ギリシャ人は心理学的な主題について多くの文書を記していますが、意識が扱われたことはありませんでした。意識が思考および個人の同一性に不可欠であると考えたのは、ルネ・デカルト(1640)(「我思う、故に我あり」)とジョン・ロック(1690)です。「意識(conscious)」と「良心(conscience)」という語源的に同じ2つの言葉は、長い間たがいに結びついていました。意味の区別はずっとありませんでしたが、17世紀になって、「意識」は個人の同一性に、「良心」は道徳的判断の問題に関連づけられるようになりました。

ドイツの科学的心理学が確立されたころ、心理学者たちは「精神」と「意識」という言葉を置き換え可能な用語として用い、意識を研究するために内観法を使っていました。行動主義は、意識には科学的研究の価値はないと決めつけました。言語理解や記憶などに関心をもつ認知心理学者さえ、このテーマにはほとんど興味を示さなかったのです。それでもここ20数年の間に、ふたたび重要なテーマとして浮かび上がってきています。

新しい科学

意識の新しい科学とは、神経作用から主観的な経験がどのようにして生じるかを説明しようとするものです。脳の血流のパターンに注目することで、人が何を考えているかを推定できるかもしれません。さらに特定の領野に対し、外科的処置のほかに電気刺激や薬物刺激を与えることで、現実とまったく区別のつかないにおいや光景、音を経験させられます。科学者たちは、感覚器から入ってくるデータがど

賢人の言葉

そして意識とは、我々が外部の世界を対象と行動に分解するやり方である。
——J・ブロノフスキー(1970年)

のように処理されるか、なぜある情報にはアクセス可能で、その他の情報は隠されたままなのかを理解しようとしています。意識に関連する神経的基盤を特定することは可能で、比較的容易にできると考える科学者たちもいます。彼らにとってもっと難しいのは、脳の活動を個人的な内的経験に関連づけることです。

機能

意識の機能について、心理学者は必然的にそれぞれ別の見方をとります。アリストテレス学派は、意識とは事実上、脳の状態であると主張しました。急進的な行動心理学者は、意識はほとんど意図をもたない随伴現象（大した重要性はない）だと考え、無視することを好みました。

心理学者たちは主に、情報処理の観点から意識を考えようとします。私たちは情報に注意を向け、処理します。周囲の環境のあらゆる情報を探知し、処理することにかけてはきわめて効率的です。新しかったり、難しかったり、複雑な情報に対し、どのように効果的に処理を行うかについて注意を向けることが意識です。そしてまた、同じ事象に対しても、他の人たちが自分とはまったく異なる意識体験をもつことに私たちは気づいているし、そう予測しています。機能主義者たちにとっての問題は、その定義に従うならば、機械も意識をもっているといえることです。

進化心理学者は機能主義者です。彼らは大脳皮質の発達を、言語や社会的発展のみならず計画を立てることもできる、生存のための機能と見なします。意識についての興味深い行動学的な基準は、自己認識（self-recognition）です。これは鏡に映る自分自身を認識する能力です。つまり意識とは、知能をもつ社会的動物にかかる選択圧力への反応として進化してきたものなのです。意識は知覚したものを表象し、蓄え、明晰にするといった働きをもち、新しいあいまいな状況の意味を理解して、よりよい決定を下します。意識とは高等生物のサバイバルキットであり、それが思慮深く計画的な決定や反応を可能にするのです。

意識的無意識：催眠術の場合

催眠状態の人には、意識はどの程度あるのでしょうか？ 催眠術に完全にかかっている人は、明らかに「異なる状態」で、つまり深くリラックスしていて、暗示を受けやすい状態にあります。催眠術に比較的かかりやすい人、かかりにくい人がいることは知られています。催眠状態にある人は、暗示を受けやすく、説得しやすいのです。特にその効果が劇的に感じられるのは、催眠術師が催眠後健忘症（催眠のことを何も覚えていない）を引き起こすとともに暗示をかけて、具体的な指示に従うようにさせるときです。

一部からは安っぽい見世物とほとんど変わらないといわれるこの現象も、脳のスキャニングによってその理解は確実に進んでいます。最近の研究で、催眠はたしかに意識の変容状態であることが示されました。意識に作用するとされる脳の領野が、催眠による影響を明らかに受けていたのです。催眠健忘で、人はしばしば重要な事柄を忘れ、ある条件下でのみ思い出すよう指示されます。催眠による鎮痛作用は、医師や歯科医の注目を集めています。

しかし、一見成功したように見える催眠術に、現実的な解釈を施す観察者たちもいます。例えば、暖かさやしびれの感覚を痛みとして人に感じさせるということは、効率的な対処法かもしれません。あるいは、彼らはただ、一部の経験にはあまり注意を払わず、別の経験にはより注意を払うよう促されただけなのかもしれません。新・分離説は、人は思考の主要な制御を催眠術師にゆだねるものとします。非状態説では、催眠術はただの芝居で、想像の産物、演技であり、意識の変容状態などではないとされます。つまり催眠術をかけられ、暗示を受けやすくなった人たちは、特別なトランスに似た状態に入っているのではなく、ただ期待されたとおりのことをして催眠術師を喜ばせているにすぎないということになるのです。

フロイト的無意識

精神医学者はずっと以前から、意識にではなく、その反対の物に深い関心を寄せてきた。一部の学者は前意識と無意識を区別している。前意識の考え、欲求、願望は、比較的容易に意識へと移すことができる。セラピーの目的は、暗くて理解を超えた無意識にあるものを前意識に、それから意識にまで移すことにある。実際に自己意識は治療の大きな部分を占める。これはつまり、人がなぜある特定の行動を示すかを知り、意識するということである。精神分析医たちは、夢分析、言いまちがい、自由連想を通じて、患者が自分の無意識を垣間見られるようにできると信じている。

memo

まとめの一言

意識とは気づいていること、目覚めていることである

CHAPTER 13 ポジティブ心理学

知ってる?

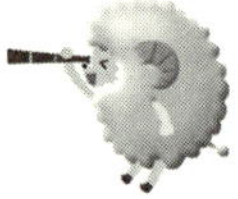

ポジティブな心理学とは?

あなたは幸福になる方法を人に教えられますか?
お金は幸せをもたらすのでしょうか?
なぜ一部の人たちは、他の人たちと比較して、いつも見たところ幸福でいられるのでしょうか? こうしたありふれてはいても根本的な疑問は、心理学では比較的最近まで、決まって無視されてきました。

timeline

1969
ブラッドバーン
『心理的健康の構造』

1987
アーガイル『幸福の心理学』
(石田梅男訳、誠信書房)

ポジティブ心理学

ポジティブ心理学とは、個人やグループのポジティブな感情、道徳的な行動、最高の成果につながる要因や過程を研究するものです。一部の人たち、特に「自己心理学者」たちは、健康や適応力、最高のパフォーマンスに関心を寄せていますが、幸福の研究は重要ではなく、むしろ取るに足らないものと考えていました。それは今でもいえることでしょう。心理学の本が100冊あるとすれば、そのうちの90冊がうつについての本です。幸福について書かれた本は1冊しかありません。しかし私たちは50年も前から、幸福は不幸の反対でないことを知っています。両者はたがいに関連しあってはいないのです。

幸福の心理学を扱った本は、1980年代に現れはじめ、やがて専門の学術雑誌も少しずつ出るようになりました。けれども、ポジティブ心理学の運動がそれなりの資金を得て大きく動きだすのは、21世紀になってからのことです。そしてポジティブ心理学は、多くの著名な心理学者が注目する研究領域のひとつになりました。現在では、幸福の研究という以上のものを含むようになっています。

根本的な関心

幸福の心理学は、はるか以前から哲学者や神学者、政治家が追究してきた、きわめて根本的ないくつかの問題に答えようとするものです。最初の一連の問題は、幸福の定義と測定に関わるものです。第2の問題は、なぜ現実に幸福な人たちのグループや不幸な人たちのグループが存在するのかということ。第3の問題は、幸福感を増すためは何をすればいいか（あるいは何をしてはならないか）ということです。

科学は定義から始まります。そもそも幸せとは何でしょうか？ それは、心身が健康である、満ち足りている、安心である、達成感があ

1998
ポジティブ心理学が
公式に創始される

1999
バッキンガムとクリフトン『まず、ルールを破れ』
（宮本喜一訳、日本経済新聞社）

2002
セリグマン『世界でひとつだけの幸せ』
（小林裕子、アスペクト）

る、などの状態として表現されることがあり、人生への満足感や、同様に心理的な苦痛がないことに関わるものです。それはまた、喜び、楽しみといった言葉で表されることもあります。自分の能力が発揮されてすべてがうまく進んでいると感じられる、精神的に高揚した状態にいることが幸福なのです。

研究者が最もよく使う用語は、「主観的幸福感」というものです。これは、個々の人たちが自分自身の人生と一般的な満足感についてどういった総合的で個人的な判断を下すかという意味です。つまり、ある個人の幸福感を判断するのは、指導者やカウンセラーや聴罪司祭(告解師)、教師やセラピストや神学者ではなく、その人自身なのです。

こうした自己評価は、2つの要素があります。それは、仕事での満足感と家庭での満足感、そして自分への満足感と他者への満足感です。どちらか一方が高くもう一方が低い、ということも起こりえますが、これらは高い相関関係にあります。自分の人生すべての面を通じた自己評価において、人は比較的安定した傾向にあります。特定の状況——例えば大金を手にする(宝くじに当たる)、恐ろしい事故に巻きこまれる(体が麻痺する)——によっては不安定になりえますが、比較的短期間でその人本来の特性にもどる傾向があります。

幸福を測定する

幸福を測定する方法の大半は、質問紙や面接スケジュールによるものです。測定には事情に通じた観察者、つまりその個人をよく知っていて、定期的に会っている人たちが当たります。また、経験抽出法によるものもあり、これは、1日に何回、1週間に何回、ひと月に何回、幸福だと感じたかを、ポケットベルが鳴るたびに報告させ、それぞれの値を集計するというものです。また、人の記憶を調査し、自分の過去について、それが特に幸福だったと感じるか、不幸だったと感じるかを調べるという測定もあります。そしてまた、まだ開発途中ですが、脳スキャニングから唾液のコルチゾル値まで、あらゆるものに注目する身体的な測定をする方法もあります。幸福感を確実に、かつ有効に測定することは、それほど困難ではありません。

賢人の言葉

幸福とは宗教のようにひとつの謎であり、決して合理化するべきではない。
——G・K・チェスタトン(1920年)

賢人の言葉

人は幸せであろうとするかぎり、幸せでいられる。
——A・ソルジェニーツィン（1968年）

幸福は重要なのか？

当然でしょう！ 研究の結果によれば、幸福な人たちは強力な免疫システムをもっているため、不幸な人たちよりも健康で長生きします。幸福な人は仕事で成功し、人間関係も良好であることが多く、魅力的なのです。不幸な人よりも自分のことが好きで、あらゆる挫折にもうまく対処できるように見えます。幸福な人たちはよい決断を下すし、創造的です。不幸な人たちは時間をむだに費やし、危険や失敗の徴候はないかと警戒することに努めているように見えます。これはエネルギーの消耗でしょう。

主観的幸福感は遺伝する、という証拠があります。双生児研究によって、うつの傾向や素質が遺伝するのと同様に、幸福も遺伝することが示されました。しかし環境要因、特に幼い頃の家庭環境も、当然影響を及ぼします。また、人はきわめて強い幸福感や悲しみを引き起こす出来事を経験しても、比較的早く元の状態にもどる傾向があることがわかっています。

一部の社会や個人は、他に比べて幸福だという知見があります。例えば、ラテン民族は環太平洋の国民よりも幸福そうに見えるといわれます。国民全体の幸福には2つのことが関連しているようです。それは、その地域の人々が暮らす社会の豊かさと治安状態と、民主的な性質、そして、有意義な経験をし、否定的な感情を避けることが好ましいとする社会規範および慣習です。知見によれば、極度の貧困はたしかに人々を不幸にしますが、巨万の富は主観的幸福感にはほとんど影響を及ぼしません。研究からはまた、人は物質主義的になるほど幸福でなくなることもわかっています。最も幸福な人たちは総じて、よい友人に恵まれているようです。

幸福になる方法を学ぶ

幸福感を増すために簡単にできることが数多くあります。まず、成功と幸福を混同しないこと。つぎに、自分の人生とスケジュールをコントロールすることです。もしあなたが幸せそうに振る舞えば（笑う、楽観的な見方を伝える、人づき合いをよくする）、周囲のあなたに対する反応が変わり、本当に幸せに感じられるようになります。あなたのスキルや情熱を本当に注ぎこめる仕事や余暇活動を見つけられれば、大いに役立つでしょう。定期的に運動をし、よく眠りよく食べることは、よい気分を保つのに有効です。人との関係に時間と注意を費やすことは、きわめて重要な幸福の特徴でもあります。他の人たちを認め、助け、つねに人生に対する感謝を伝えることは、幸福感を増します。信念と呼ぶのがふさわしいほどの目的意識や希望をもつことも、同じように働きます。

ポジティブ心理学は、個人の弱い部分を直したり、変化させようとすることを追い求めることから、強みや長所の研究へと関心を移しています。その目的は、本当の幸福とよい人生を促進し、それによって健康を増進することにあります。著名なライターや研究者にとって、ポジティブ心理学の出発点は、さまざまな強みや価値をリストにして分類することでした。この試みは達成されたものの、いまだに論争が絶えません。現在のリストはつぎのとおりです。

・知恵と知識── 創造性、好奇心、心の広さ、向学心、見通す力。
・勇気──── 大胆さ、粘り強さ、誠実、活力。
・人間性─── 愛情、親切さ、社会的知性。
・正義──── 市民権、公正さ、リーダーシップ。
・節度──── 慈悲と寛容、謙遜と遠慮、思慮深さ、自己統制。
・超越──── 美や長所の理解、感謝、希望、ユーモア、精神性。

ポジティブ心理学は現在、経済学者や神学者、実業家たちの注目を浴びています。急速に勢いを増しているこの動きは、人間の状態の中で最も重要なものを科学的に調べる方向へと転換しつつあるのです。

賢人の言葉

幸福になりたいのなら、なればよいのだ。
──レオ・トルストイ（1900年）

幸福の神話

研究者たちは、幸福の本質と原因にまつわる数々の神話をリストにした。そこには以下のような、広く信じられているにもかかわらず、誤ったものが含まれている。

・幸福は主に、その人に起きる出来事の量と質に左右される。
・人は以前と比べて幸福でなくなっている。
・重い体の障害や病気を抱えた人は、つねにあまり幸福ではない。
・人生の盛りにある若い人たちは、高齢の人たちよりもずっと幸福である。
・大きな幸福を経験する人たちは、大きな不幸も経験する。
・知的な人たちは、あまり知的でない人たちよりもずっと幸福である。
・子どもは結婚した夫婦の幸福を大いに増す。
・大金を得ることは、長期的に見て人をはるかに幸福にする。
・総じて男性は女性よりも幸福である。
・幸福を追求すると、逆説的に幸福を失うことになる。

まとめの一言

私たちは幸せになることを学ぶことができる

知ってる?

CHAPTER 14 感情的知性

心にも知能指数がある?

感情的知性とは、感情の理解、管理、
使用を分類する能力を系統立てる枠組みである。

―― P・サロヴェイとJ・メイヤー 1994年

timeline

1920
「社会的知能」の概念が導入される

1990
この主題が初めて学術論文に発表される

「感情的知性」(EI) という用語については、40年以上前にまでさかのぼれますが、特に重要なのは1990年に発表されたある論文と、1995年に出たダニエル・ゴールマンの有名な著作『EQ——こころの知能指数』(土屋京子訳、講談社) でしょう。この言葉は大きな産業を生み出し、とりわけ仕事の成功に関心をもつ人たちをひきつけました。多くの本が印象的な主張を行っています。認知能力や従来の学問的な知能は、人生における成功(学問、家庭、仕事) の約20パーセントにしか寄与せず、残りの80パーセントはEIによるものである、などがその一例です。

「感情的知性」(EI) の諸要素

EIの特徴や要素、能力、スキルが何であるかについては、合意は得られていません。EIのテストが行われたり、EIに関する本が書かれたり、EIが市場に多く出まわるほど、状況はよくなるどころか悪くなっているようです。すべてではなくとも、大半の理論や学説が、感情の認識や制御についての考えを含んでいます。

まだ解明されていない主な問題は、EIのもつ側面や要素が何であるかということです。初期のモデルでは、自身や他者の感情の知覚、評価、表現は区別されていました。思考を促進するために感情を利用すること、感情を理解し分析するために感情知識を使うこと、そして成長を促すために感情を制御することに分けられる場合もあります。ある人は、**感情のリテラシー**(自分自身の感情とその働き方についての知識と理解)、**感情のフィットネス**(信頼性、感情的なたくましさ、柔軟性)、**感情の深み**(感情の発達と強さ)、**感情の錬金術**(感情を用いて創造のチャンスを見出す) と述べたりしています。EIを自己認識、自己統制、自己動機づけ、共感、社会的スキルといった諸要素に分ける考え方もあります。さらにもうひとつの一般的な理解には、つぎの15の要素が含まれます。

1995
ゴールマン『EQ——こころの知能指数』
(土屋京子訳、講談社)

1997
初めての自己診断型の
質問紙が考案される

2003
初めての能力測定法が
考案される

感情的知性の顕著なモデルに共通に見られる側面

1　適応性――――新しい状況に柔軟に進んで適応する

2　自己主張――――率直かつオープンで、進んで自分の権利を守ろうとする

3　感情表出――――自分の気持ちを他者にうまく伝えられる

4　感情管理（他者の）――他者の気持ちに影響を与えることができる

5　感情認知
（自分および他者の）――自分と他者の気持ちをきちんと理解できる

6　感情制御――――自分の感情をコントロールできる

7　衝動性（低い）――――思慮深く、一時の衝動に屈しにくい

8　対人関係スキル――――充実した人間関係を保つことができる

9　自己尊重――――成功し、自分自身を信頼できる

10　自己動機づけ――――やる気にあふれ、逆境に立たされても屈しない

11　社会的力量――――社会的スキルを備え、ネットワークづくりにすぐれる

12　ストレス管理――――重圧に耐え、ストレスを制御できる

13　共感性――――他の人間のものの見方を取り入れることができる

14　幸福性――――快活で、自分の人生に満足している

15　楽観性――――自信に満ち、人生の「明るい面を見る」傾向がある

これらの側面に自分自身が当てはまると認められれば高得点となります。

また、これらの側面をまとめて、異なる4つの要素――関連はあるが独立している――に当てはめることができます。その要素とは、充実感、自己制御スキル、感情的スキル、社会的スキルです。

賢人の言葉

感情的知性――それはずっと
無視されてきた知能の根本要素なのか、
あるいは甚だしく営利化された、気まぐれで
混乱したアイデアにすぎないのか。
――A・ファーナム（2001年）

測定

EIの値はよく、心の知能指数（EQ）として測定されます。精神測定者たちは、最大能力を測定すること（例えばIQテスト――回答の正誤）と、典型的な反応（例えばパーソナリティ質問紙――何を好むかという回答）を測定することに区別します。自己診断による測定は、EIとは基本的にパーソナリティ特性（「特性的EI」もしくは「感情的自己効力」）であるという考え方につながり、潜在的な最大能力を測定することは、EIが認知能力であるという考え方（「能力的EI」もしくは「認知的――感情的能力」）につながります。

EIが認知能力テストで測定できる、という論点そのものに対する反論も多くあります。つまり、感情制御のようなEIの概念は、感情体験には主観性があるため、客観的な能力テストでは信頼に足るたしかな結果が得られないというのです。特性EIには行動傾向と自己認知能力が含まれるという見解もあり、これは現実の認知能力とは対照的に、パーソナリティの領域に属するものです。その一方で能力EIは、実際の能力を含んでいて、主として認知能力の分野に属します。特性EIテストの種類はゆうに10を超えますが、どれも本質的にはパーソナリティテストであるようです。

他方では、EIが「真の」知能であり、測定する必要があると考える人たちもいます。最も定着した測定法は、MSCEIT（エムスキート）という名で呼ばれ、以下の4つの要素を測定するものです。感情を知覚し、特定すること（自分や自分の周囲がどう感じているかを認識する能力）。感情を用いて思考を促すこと（感情を生み出し、その感情を吟味する能力）。感情を理解すること（複雑な感情や、感情の「連鎖」、感情がどのように進展するかを理解する能力）。感情を管理すること（自分自身や他者の感情を管理する能力）。

MSCEITは被験者に、つぎのように指示します。

・ある人の顔やデザインを見せ、そこにどんな感情が表されているかを見てとる。
・ある気分をつくりだし、その気分に関わる問題を解決する。
・さまざまな感情の原因を定義する。

・感情の進展を理解する。
・自分や他者に関わる状況で、自分の思考にどのように感情を取り入れるのが最善であるかを決定する。

EIの測定にはきわめて異なる2つの方法があります。ひとつはパーソナリティテストに似ていて、実際にEIをパーソナリティ特性の一タイプと見るもの。もうひとつは、能力テストのほうに似ています。前者の測定法は、後者よりもずっと簡単で、実施するのも安上がりです。しかし本当の問題は、どちらがより正確で信頼できるかという点にあります。研究によって、この2つのテストの得点は、ある程度まで正の相関関係をなすことがわかりました。論争の本当の中心にあるのは、EIがもうひとつのパーソナリティ特性にすぎないのか、それとも真に知能の一部なのかということです。

仕事でのEQ

EQは仕事上の成功とどのように関連しているのか、あるいは不可欠なのか？ 職場でEQがどのようにものをいうか、なぜEIの高い人は成功すると考えられるのか、そうした説明について少し考えてみよう。第1に、EQの高い人は、自分の考えや意図、目標を伝えるのが得意である。第2に、EQはチームワークや社会的スキルと密接に関連している。第3に、EQの高いビジネスリーダーは、組織への献身を強める協力的な社風を築き、それが成功に結びつく。第4に、EQの高いリーダーは鋭敏で、自分の強みと弱み、チームの強みと弱みを知っているため、強みを活用し、弱みを補うことができる。第5に、EQは効率的、能率的な対処能力と関連があり、そのために要求や圧力やストレスをうまく処理できる。第6に、EQの高いリーダーは、部下が何を感じ、必要としているかを正確に感じとり、やる気をかきたて、支えることができる。興奮と熱狂、楽観主義をつくりだせる。第7に、EQの高い経営者は、EQの低い同僚とはちがう。EQの低いリーダーは、後ろ向きで防御的な傾向をもち、その対処能力や意思決定のスタイルは害をもたらす。

感情労働

多くの仕事は肉体労働、精神労働を要するが、感情労働を必要とするものもある。サービス労働者は、ときには本心とはちがう感情を伝えなければならない。心の中で何を感じていても、笑みを浮かべ、前向きで、リラックスして見えることが求められるのだ。これは「表層演技」と呼ばれる。また、ある種の仕事では、実際に、外に表しているのとほとんど同じ感情をもつことを求められる。これは「深層演技」と呼ばれる。中には偽の感情の表現を見破る客もいるので、「心からの笑顔」を浮かべることを学ばなければならない。

雇用主に管理、規制されている一部のサービス労働者は、自分の本当の感情を失いがちである。忍耐、愛想のよさ、好奇心といった感情を示す一方で、退屈や不満、怒りといったものは抑えこまれる。そこで台本を利用するという方法がある。サービス労働者は演技をするよう求められる。自分の台詞を覚え、役どころを演じる。そのことが適切な感情を彼らに教えるのだ。制服は舞台衣装の役割を果たす。そして労働者を活気づけ、守ってくれるのである。

サービススタッフはみな、調理室や厨房、お手洗いなどの「舞台裏」をもっている。ここで彼らは本当の自分にもどり、緊張をほぐし、自然な状態となる。舞台から離れた場所で、厄介な客をあざけることができる。イライラを発散し、抑圧された仲間同士で交流を楽しむ。休憩時間は、本来の自分に返り、化粧を落とし、自尊心をとりもどし、しばらく感情労働から遠ざかるための時間なのだ。

まとめの一言

感情的知性は、パーソナリティ・認知能力に関連する

CHAPTER 15 感情の存在

心と精神

知ってる?

感情は
なぜ存在するのか?

感情は強力な社会的信号です。「感情(emotion)」と「動機づけ(motivation)」は同じ「動くこと」という意味のラテン語からきています。感情がすばやく強力な物理的メッセージを送り、そのおかげで私たちは周囲の状況に反応できるのです。また、意識的あるいは無意識的に意志を伝えるのにも役立ちます。

timeline

1872
ダーウィン『人及び動物の表情について』(浜中浜太郎訳、岩波文庫)

1967
モリス『裸のサル』(日高敏隆訳、角川文庫)

賢人の言葉

感情とは、関与を保証するための心の装置である。
——マーク・リドリー（1996年）

進化は人間に、生き抜くための問題を解決する高度な適応プログラムを残しました。私たちはみな、過去に出会った多くのものに基づく、マクロおよびミクロの感情プログラムを受け継いでいます。誰を信用するか、性的な裏切りをどのように感じるか、失敗したときや地位を失ったときにどう対処するか、死にどのように対応するかといったことを、人間はいやおうなく学んできました。多くの感情の自動的で無意識的な表出は、社会的な種として成功したヒトの生活の重要な特徴です。人間は社会的な相互作用を促すために、解読可能な感情的信号の豊かなレパートリーをもっています。感情は問題を処理する多くの仕組みとともに活性化してはたらくのです。

不安

夜は多くの人にとって、尾行される、待ち伏せされる、襲われるといった不安を抱かせます。この不安がきっかけとなって、周囲の状況や手続きに関する一連の処理が始まるのです。まず第1に、特定の視覚的、聴覚的手がかりに非常に注意深くなります。第2に、優先順位と目標が変わります。安全を達成するために、空腹感、痛み、渇きなどが抑えこまれます。第3に、その人の情報収集システムが特定の問題に焦点を定めます。第4に、容易だ、難しいといった概念から、危険や生存といった概念が現れたり、変化します。第5に、今の状況に似た過去の出来事の記憶が誘発されます。第6に、通常とはちがう大声や叫び声といった手段で人とコミュニケートしようとするが、不安のために麻痺して声が出せないことに気づきます。第7に、推論あるいは仮説検証のシステムが喚起されます。つまり何が起こっているか、つぎに何が起きるかを解き明かそうとするのです。第8に、学習システムが活性化されます。第9に、生理学的システムが活性化されます。これは闘争—逃走反応のためであり、そこから一連の行動決定の規則に結びつく場合もあります。つまり人は逃げ出す

1975
アーガイル
『身体コミュニケーション』

1990年代
感情の科学という
概念が用いられる

2003
コレット『うなずく人ほど、うわの空』
（古川奈々子訳、ソニーマガジンズ）

か、あるいは闘うのです。

感情を認識する

多少の異論はあるものの、感情が基本的につぎの6つに区別できることは、多くの研究者に認められています。

・幸福
・哀しみ
・驚き
・怒り
・嫌悪
・恐れ

言葉によらない感情の表出についての論文を初めて著したのは、チャールズ・ダーウィンです。ダーウィンは、人間は基本的な感情の状態に対応する顔の表情を認識できると主張しました。こうした表情は明白な感情と呼ばれ、人間の進化的な背景の一部であり、学習されるものではありません。目の見えない人たちも、目の見える人とほとんど変わらないほど、顔の感情を表出します。顔にはさまざまな、きわめて表現力に富んだ部位が多くあり、そのすべてが感情を伝えられるのです。目は大きく開いたり細められたりし、虹彩は伸び縮みし、眉は上げ下げされます。何度も瞬きをしたり、じっと見つめたりします。口は開け閉めされ、口の端が上下します。歯や舌はあらわになったり隠れたりします。顔の肌は赤らんだり色をなくしたりします。鼻の穴は広がります。怒った顔はしかめられて眉が吊り上げられ、鼻孔が広がり、唇が開いて歯がむき出しになり、目は大きく開かれます。

顔の表情や、その他の言葉によらない表現は、感情状態を読み出すための情報の役割を果たします。しかし考えなければならない2つの注意事項があります。そのひとつは制御の問題、つまり私たちが感情を身体的に表出するのが容易に、また完全に制御できるかどうかという問題です。驚いたりショックを受けたり攻撃されたりすると、自律神経系によって強い反応が引き起こされます。また、一部の

賢人の言葉

感情が起こるのは、
なんらかの理由で適応が妨げられたときである。
——E・クラパレード（1928年）

賢人の言葉

悲哀とは感情の中に記憶される静穏な状態だ。
——ドロシー・パーカー（1939年）

感情は、他の感情よりも制御しやすいという点があります。つまり身振りや体の動作は比較的容易に制御できますが、ストレス時にはしばしば、体の動き、足の動きからその人の感情が読み取れることが知られているのです。また、大半の人たちは、自分の虹彩の広がりや心拍数はなかなか制御できないと感じています。

もうひとつの問題は、感情の（意識的な）認識に関わるものです。顔が赤らむときのように、送り手にも受け手にも十分認識されるものがあります。同様に、ちょっとした視線の変化や眉の動き、虹彩の拡大など、いずれも気づきにくいものもあります。専門家は、かみ殺された笑みや封じこまれた笑み、あくびや頭の動きといった、言葉によらない感情状態を察知できるように訓練されます。そして、感情的なメッセージの送り手は自分のメッセージに気づいているかもしれなくても、受け手のほうは相手がいつそれを隠そうとしているかには気づきません。

感情を暗号化・解読する

人は感情的にコミュニケートします。顔の表情、声の変化、体の動きと姿勢を通じて自分の感情を示します。生理学的な興奮によってある特定の反応が始まり、特徴的な表現が引き起こされるのです。不安なときは皮膚と筋肉への血流量が少なくなりますが（そのために顔が青白くなる）、怒りの場合はその逆のこと（顔が赤黒くなる）が起きます。

幼児はかなり幼い頃から、保護者のさまざまな感情を感知し、反応します。怒り、嫌悪、不安に対して特徴的な反応を示すのです。さらに後になると、特徴的で探知可能な感情状態——苦痛（泣く、手を口に入れる）、怒り（叫び声をあげる、かんしゃくを起こす）、欲求不満（体を引っかく、歯ぎしりをする、足をこねる）など——を示します。

人は特定の感情を符号化するようプログラムされていますし、また学習してもいます。初期の研究では、人は喜び、不安、驚き、怒りといった感情をはっきりと表出することがわかっています。一部の人たちにはサイレントの映画を見せ、別の人たちには音声のある映画、また別の人たちにはサウンドトラックだけを聞かせるという条件を与えます。すると、不安や怒り、喜びといった表情が最も認識しやすく、読み取りやすかったのに対し、驚きや軽蔑は最も困難でした。

人は多くの手がかりを用いて他者の感情を読み解きます。口は笑っているのに目は無表情といった人のように、手がかりが矛盾する場合もあります。実際に、言葉や声によるコミュニケーションと比べて、言葉によらないコミュニケーションはずっと強力だと考えられています。そちらのほうがより正直で、欺くのが難しいためです。

感情を測定する

心理学者はこの分野のほとんどの事象を測定するのに、おおむね4つの方法を用います。第1は自己報告や、その人が自分自身をどのように言うかを記述することです。これは面接や質問紙によって行われます。第2は観察や、その人を知っている人、あるいは観察している人がその人のことについて記述する方法です。第3の方法は、その人がある課題をこなしている間の行動を測定するものです。第4の測定法は生理学的なもので、血液や唾液の検体から、心臓や呼吸のモニタリング、脳の電気信号にいたるまで、あらゆる測定が含まれます。

例えば、誰かに自分の感情を――どう感じるか、感じたか――を表現してほしいと言います。あるいは、観察者かグループに、ある人がスピーチをするときにどう見えるかをたずねます。ある人が特定の状況で、「普通の」ときと比較してどのようにしゃべったり動いたりするかを測定することもできます。ある特定の出来事の間もしくは直後の、その人の心拍数や呼吸、コルチゾルの値を測定するのです。

そうした際の問題は、さまざまな測定間にほとんど一致した結果が見られないことです。例えばある人が、自分はとても不安だったと言っているのに、観察者は気づかなかったと言うかもしれません。同様に、ある人がそれほど不安ではなかったと報告しているのに、さまざまな生理学的測定法はきわめて高い度合の興奮を示すかもしれません。関連するもうひとつの問題は、それぞれの感情にそれぞれ異なる生理学的指標があるということです。生理学的測定法は粗いので、生理学的データに基づいて人が何を感じているか、感じていたかを確実に述べるのは困難なのです。

マン・ウォッチング

1967年に出版されたデズモンド・モリス著『裸のサル』（日高敏隆訳、角川文庫）は、人間の行動を進化論的に説明する本だった。その主張は、人間は動物（霊長目のひとつの種）であり、したがって生物学的規則に支配される生物学的現象であるというものだ。モリスがとったのは、動物学者としてホモサピエンスを観察し、その行動や特定の活動の意味を理解しようとする手法だった。進化論に則った動物学的訓練と詳細な観察から、人間行動の図鑑をつくりだせるという考え方である。人の毎日の活動、身振り、送ったり受け取ったりする信号の多くに、感情的に関連する内容があることが、これによって説明できる。

この本が非常に大きな反響を呼んだ理由は、目でじっと見る、自分を触る、地位の誇示といった具体的な行動をくわしく記述し、進化論的見地からその意味や働きを説明した点にある。

まとめの一言

感情には進化論上の目的がある

CHAPTER 16 認知療法

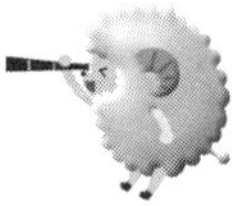

精神を癒すためには？

*帰属過程はある個人に、現実に即した
世界の見方を与えるだけでなく、本人が自身の
世界をコントロールするための効果的な訓練を促し、
維持する手段としても理解されるべきである。

―― H・H・ケリー　1972年

＊帰属過程 ―― ある人（自分も含む）のとった行為について、どうしてその人がそのような行為をしたのか、その原因を推論し、それによりその人の内的な特性や属性に関する推論を行う（その人がどういう性格の人か、どういう思考パターンを持った人なのかを考える）過程を言う（訳注）

timeline

1965
行動主義者が、私的な思考が行動であることを認める

1967
ベック『うつ――原因と治療』

この分野のパイオニアたち

1960年代に始まったとされる認知療法（CT）は、心理療法のひとつで、アーロン・ベックがその父といわれます。ベックは1967年に『認知療法:精神療法の新しい発展』(大野裕訳、岩崎学術出版社)、1976年に『認知療法と感情障害』を著しました。このセラピーのもう一方の創始者は、アルバート・エリス(1914-2007) です。エリスはいわゆる理性感情行動療法を発展させ、非合理的な信念のABC理論——すなわち出来事と、関連する信念、その結果(感情および行動面での) ——について述べました。この手法は再構成あるいは再解釈と呼ばれ、出来事の再解釈と健全な対処方法の発達を促すものです。セラピーとしては、自分自身に高い基準を設けている人たちや、自分が力不足だと思って後ろめたさを感じている人たちには、特に効果があります。

思考療法

認知療法の前にあったのは行動療法です。これは行動変容とも呼ばれます。恐怖症の人を、まさに恐怖が引き起こされる状況に少しずつ意図的に触れされることで、そうした恐怖には客観的な根拠がないという証拠を示すものです。行動変容にはまた、嫌悪療法も用いられます。これは、ある不快な経験を特定の活動と組み合わせるもの——例えばアルコール症者に、酒を飲むたびに嘔吐するような薬を与える、あるいは爪を噛む人の爪におそろしく苦い物質を塗っておく、などです。施設では、トークンエコノミー法が広く用いられています。指示されたとおりに行動すれば、トークン(品物やなんらかの特権と交換できる代用貨幣) がもらえるというものです。笑ったり話したりするよう勧められ、自らそのように行動するたびにトークンを与えられるのです。

1970
エリス『理性感情行動療法』
(野口京子訳、金子書房)

1980
ストレス免疫療法が
記述される

2000
CBTが最も広く行われる
セラピーとなる

中心となる考え方は、セラピストは、人が世界をどのように知覚・解釈するか、さまざまな出来事をどのように考え、記憶しているか、そしてとりわけその原因がどこにあると考えているかを調べなくてはならない、というものです。だから「認知」という言葉が使われるのです。このセラピーの考え方は、認知について深く探究し、そして変化させることにあります。

認知療法士は**スキーマ**ということばを使います。スキーマとは、私たちが世界を見るときのものの見方です。人は、認知バイアスという、出来事を理解し解釈するための選択的な方法を身につけていきます。例えば、学校時代全体のことをきわめて選択的にいじめや失敗、不幸の記憶として一般化して思い出す人もいるかもしれませんし、あるいは満足感や達成感、友情の記憶として一般化して思い出す人もいるかもしれません。人は気まぐれで、選択的で、現在や将来のものの見方はもちろん、過去の記憶についてもしばしば一般化する傾向があるようです。

認知療法の目的は、思考を変えることによって、行動のパターンを破り、そして変えることにあります。その目的は、出来事の解釈を通じて、悪いサイクルをよいサイクルに置き換えることです。ある人物がパーティに出ても、誰とも話ができなかったとしましょう。それで自分は退屈な人間だ、魅力がないにちがいないと思いこんだとします。そのためにまた気分が落ちこみ、つぎのパーティを避けたり、誘いを断ったりするようになり、ますます招待される機会が減ってしまい、その結果、自分は社会的に未熟だ、不器用だ、醜いといった感情が生まれるのです。このセラピーはまず、もともとのパーティで、なぜその人が話せないのか、話しかけられないのかという別の理由を考え、そこから生じる「論理」を変えることから始まります。

> 「認知行動療法は、自分で自分が快方に向かうことに手をかしたいと望んでいる人たちにとっては、すばらしい治療法だ」
> ――ブリティッシュ・メディカル・ジャーナル（2000年）

うつのための認知療法

CTの主張によると、うつに陥った人たちの大半は、幼年期や青年期の経験を通じ、きわめて否定的な世界の見方やスキーマを学んでいます。こうしたことが起こるには、多くの理由があります。親のうつ、親や同僚からの批判や拒絶、親の死や離婚などです。彼らは敗北者のように無力で望みがないと感じ、自分のやることはすべて失敗する運命だと感じています。CTの用語でいえば、否定的なスキーマ（悲観的な世界観）が認知バイアス（誤った信念）をもたらし、それがまた否定的なスキーマのもとになり、自己達成的予言によって失敗をもたらすのです。

うつに落ちこんだ人たちは、自分自身や他者に起きることの見方について、特定の帰属や説明のスタイルをもつようになります。これには3つの要素があります。内的—外的（原因が自分の内部にあるか外部にあるか）、安定—不安定（原因が気分のように一時的なものか、能力のように永続的なものか）、包括的—特定的（ある人の人生のあらゆる側面に影響を及ぼすか、ごく特定の部分だけか）です。

否定的もしくはうつ病的な帰属のスタイルとは、失敗（試験や昇進、人間関係での）を内的で（私のせいだ）、安定した（能力のなさ、奇異なパーソナリティのせいだ）、包括的な（私の人生のあらゆる面に影響する）ものと説明するものです。その一方で、たとえば、運転免許試験に失敗したとき、それは外的で（教官や当日の天気のせいだ）、不安定で（変わる、あるいは変えられる）、特定的（運転免許にしか影響しない）だと説明するスタイルもあります。

認知行動療法（CBT）

現在、あらゆるセラピーのうちでも、おそらくきわめて広く用いられているのは、CBTでしょう。認知療法から派生したCBTは、理性感情行動療法であり行動変容です。CBTは4つの前提に基づいています。第1の前提は、人は実際に自分に起きたことを見るのでなく、その出来事を解釈するということ。第2の前提は、思考、感情、行動はすべてからみ合い、相互に関連しているということ。第3に、セラピーがうまく機能するためには、人が自分や他者についてどう感じているかを明らかにし、そして変えなければならない、ということ。第4に、セラピーは信念と行動の両方を変化させることを目的とします。両方を同時に治療すれば、利点や効果が大きくなるからです。

典型的な方法としては、毎日の重要な出来事や、それに関連する思考、感情、行動などのすべてを記す詳細な行動日誌をつけ、不適応な、あるいは助けにならない信念や行動について問いただしていきます。そのあと、特定の状況に対して、これまでと大きく異なる態度で向き合わせていき、それ以外の見方を遠ざけていきます。リラクセーションといった他の手法も教えられるかもしれません。クライエントは自分自身を観察し、振り返るよう促されます。自分が実際に何を考えているか、自分自身や他の人たちや世界全体にどう反応しているかを見つめるのです。

注目するべき点はつねに認知であり、さまざまなバイアスや歪みを、より現実に即した肯定的な信念に変えることにあります。うつにつながることの多い偏った非合理的な思考を、合理的な思考に変えていくのです。このセラピーはとりわけ、不安、うつ、強迫性障害、パニック発作に苦しむ人たちに効果をもたらします。

賢人の言葉

セラピストたちの調査によると、CTBは急速に、臨床心理士の大多数がめざす方向になりつつある。
——ブランドン・ガウディアーノ（2008年）

効能

CBTの支持者は、このセラピ--は費用対効果が高く、適応性と効果があると主張している。ある報告によると、短期の「コース」では「治癒率」が50パーセントで、きわめて成功率が高いと考えられている。ある人が週に1度、一対一のセッションに16回出た場合、精神医学的症状が消え、再発しない確率は2分の1ということだ。症状が深刻な場合でも、適切な薬物治療と組み合わせれば、クライエント、特にうつを抱えた人を助けられる見込みは最大になる。

認知行動療法は、認知療法そのものよりもさらに効果的である。しかしどちらも、統合失調症のように重篤な精神疾患には、ほどほどの効果しかもたらさない。認知療法士は身体的要因や生理学的過程を重視しない傾向にあるが、そうしたものはうつや苦痛や、多くの精神疾患で重要な役割を果たすことがわかりはじめている。さらに認知療法は、ある程度のクライエントたちの非合理で歪んだ思考を実際に変えることができるものの、彼らの不適応な行動にはあまり効果を及ぼさないことが示されている。

どの療法であれ、本当の治療効果を測定するのは、多くの理由で困難だ。クライエントの状況の深刻さはそれぞれ異なる。多くはそのパーソナリティ、セラピストの能力と技量、クライエントとセラピストの「相性」にかかっているのだ。短期的な効果は徐々に消え、さまざまな再発が伴う恐れがあるので、測定は長期的に行わなければならない。セラピーから脱落する人も出てくるが、誰がそうなるか、その理由については定かでない。さらに、多くの患者が――しばしばセラピストも知らないうちに――別のセラピー、例えば、代替医療、補完医療、ヨガ、ビタミン補助食品、事故精神療法などを行っていたりもする。そのために、何がどのような効果をもたらしているかがよくわからなくなる。

まとめの一言

認知療法は思考と行動を変えられる

CHAPTER 17 IQとあなた

知ってる？

IQなんて当てにならない？

知能テストはときとして、テストを受けないほうが賢明だったという結果を示すことがある。

―― L・ピーター 1968年

timeline

1903
ビネーがフランスの学校で使うための知能テストを考案する

1904
ソーンダイク『精神的社会的測定学序説』

鋭くて、明敏で、聡明で、才気煥発、有能で、頭が切れ、機転が利き、抜け目がないと思える人たちがいます。その一方で、ぼんやりとして、頭が鈍く、まぬけで、ものわかりが悪く、愚かだと思える人たちもいます。前者は分析的で、明晰です。学習するのが速く、よく物事を覚え、複雑な問題でも説明できる。後者はその反対です。頭のいい人たちは、学校や職場でもうまくやれる傾向があります。

賢人の言葉

一部の人間は凡庸に生まれつき、
一部の人間は自ら凡庸さを勝ち取り、
一部の人間は凡庸さを押しつけられる。
——ジョゼフ・ヘラー（1961年）

一般的な見方

「知能とは、*知能テストで測られるものであって、それ以上でも以下でもない」一般の人たちの多くは知能テストの使用に深い疑念を抱いています。しかし、それは正しいのでしょうか？

知能の高い人は、問題をうまく解決し、明晰に推論し、論理的に考え、情報を多く蓄積するとされますが、情報のバランスをとり、机上の問題だけでなく世事にも知性を示すことができます。普通の人たちは分析能力を軽んじ、かわりに型破りな思考や行動の仕方を重んじる傾向があります。また、審美的な趣味、想像力、探究心、直観力なども一般的な見方の一部ですが、そうしたものの大半は、創造性を測る従来の心理テストではとうてい追いつきません。

多くの研究から、男性は女性よりも、自分の知能を高く見積もることが知られています（認知能力）。特に空間や数学に関する能力については顕著ですが、感情知能の見積もりでは、逆の結果になります。しかし人は総じて、自分自身の実際の点数を見積もるのは得意ではありません。一部の人は自己卑下、つまり自分の実際の能力を低く見積もり、また一部の人たちは自信過剰、つまり自分の実際の点数を高く見積もるのです。

*知能テストについては『知ってる？ シリーズ 人生に必要な遺伝50』の23章「知能」も参照

1916
スタンフォード - ビネー知能テストが発表される

1923
スピアマン『知性の性質と認知の原理』

1939
ウェクスラー成人知能検査が考案される

テストの歴史

1904年にフランスの教育省は、心理学者のアルフレッド・ビネーに、通常の授業になかなかついてこられない子どもたちを特定する手段を考案するよう依頼しました。ビネーが作成したのは、人が推論し判断する能力を測定するために考案されたテストでした。彼はさまざまな年齢の平均的な子どもが答えられる問題を明らかにすることで、テストの項目をつくりだしたのです。

子どもは初め、自身の年齢より少し低いレベルの問題を答えるよう求められますが、やがて問題は難しくなっていきます。そしてその子が、ある一定の年齢水準ですべての問題に答えられなくなったとき、テストは終了します。ビネーのテストの点数は次のようにしてつけられます。まずその子がすべての質問に正解したときの年齢水準を記し、それから追加で出されたつぎの水準の問題1つにつき2カ月ぶんの評価をつけ加えていくのです。したがって、9歳レベルの質問すべてに正解し、さらに9歳レベルより上の質問3つに答えられたとすれば、その子は9歳と6カ月の「知能年齢」をもっていると認定されます。

ビネーのテストは、ルイス・ターマンによってアメリカに導入されましたが、ビネーのように知能年齢を計算するかわりに、ターマンは知能指数(IQ)と呼ばれる尺度を用いました。これは知能年齢を生活年齢で割って100を掛けるというものです。したがって知能年齢が10歳である8歳の子は125(10割る8は1.25。1.25掛ける100は125)のIQをもちます。こうしたIQの計算法は1960年まで使われていたものの、この年に偏差IQと呼ばれる尺度が取って代わりました。この場合、ある人の点数は、人口の全体が有する点数の分布と比較して計算されます。これは同じ年齢および同じグループ(人種、宗教、民族)に属する他の人たちとの関連で、その人がどの位置に当てはまるかを示すものです。

IQに関していえば、全体の66パーセントが85から115の間、97パーセントが70から130の間におさまることがわかっています。ずばぬけて高い人(130以上)や低い人(70以下)はごく少ない数です。

研究によると、とりわけ知的な職業の人たちの指数は120以上で、とりわけ非熟練な労働者たちの指数は90から110の間におさまるといわれます。

心理学者が知能をどう考えているかの要約

知能をめぐって大いに物議をかもした著作(『ベル曲線』リチャード・J・ハーンスタイン、チャールズ・マレー、1994)の発表と、その後の激しい、ただし必ずしも十分な情報に基づいているとはいえない論争がきっかけとなって、50人を超える世界の専門家たちが、知能について自分たちがよりすぐれていると信じているものを示し、心理学者が知能について考えていることを明らかにしました。

知能の意味と測定

・知能とは総合的な心的能力であり、そこには推論、計画、問題解決、抽象的思考、複雑な考えの理解、経験からの早い学習などの能力が含まれる。
・低いほうから高いほうへと連続する人々のIQの分布は、ベル曲線(正規曲線)によって表される。
・知能テストは、どの人種グループに対しても、文化的なバイアスはかかっていない。
・知能の根底にある脳の過程については、あまりよくわかっていない。

グループ間の差

・あらゆる人種グループに、あらゆるIQの値をもつ成員が見つかる。
・白人のベル曲線の頂点はほぼ100で、アメリカとアフリカの黒人のベル曲線の頂点はほぼ85である。

実際上の重要性

・IQは多くの重要な、教育的、職業的、経済的、社会的な結果と強く関わっている。人生における一部の分野(教育、軍の訓練)では非常に強く、他の分野(社交上の能力)では穏やかではあるがかなり堅固で、また別の分野（法律に従うこと）ではほどほどだが一致した傾向が見られる。
・IQテストの評価がどうであれ、実際的、社会的にはきわめて重要である。
・高いIQが人生に有益なのは、ほとんどすべての活動において推論能力と意思決定力を必要とするからだ。何ものも失敗を保証するわけではないが、私たちの社会ではIQが高いほうが成功の見込みが高くなる。
・人が行う業務／仕事が複雑になる（新しい、ひとくくりにできない、変化する、予測できない、多方面にわたる）ほど、高いIQをもつことが重要になる。
・知能の差が教育上、訓練上、仕事上の差に影響を及ぼす唯一の要因でないのはたしかだが、知能が最も重要な要因である場合が多い。
・パーソナリティ特性、才能、適性、身体能力は、多くの仕事で重要だが、知能ほど重要ではない。

グループ内の差の原因と安定性

・知能の遺伝性は、0.4から0.8（0から1までの尺度で）の範囲とされている。個々の人たちの間でIQの差が出るのは、環境よりも遺伝の要因のほうが大きい。
・同じ家族の成員でも、遺伝と環境の両方の理由から、知能に大きな差が生じる。
・IQは環境と人間に影響される。人は固定した不変の知能水準をもって生まれてくるわけではない。
・IQを恒久的に上げたり下げたりする方法は、専門家にもまだわかっていない。
・遺伝的な原因による差は、必ずしも回復不可能ではない。

グループ間の差の原因と安定性

・さまざまな人種グループ間のIQは近づきつつある。
・人種によるIQの差は、子どもたちが学校を出るときも、入るときも同じである。

賢人の言葉

知能とは、技量とは区別される理解の速さであり、理解された事柄に基づいて賢明に行動する能力である。
——A・N・ホワイトヘッド（1960年）

・黒人たちの知能がそれぞれの間で異なる理由は、白人たちの知能がそれぞれ異なる理由と同じである。
・人種グループによる知能の差がなぜ存在するかについて、明確な答えはない。
・人種間の差は小さくなっているが、同じ社会経済的背景からやってきた個人同士では、そうした差は依然として存在する。
・知能についての研究は人種間の自己分類に依存しているため、さまざまな発見は、グループ間の社会的区別や生物学的区別が不明瞭に入り混じったものと関連づけられる。

社会政策への関与

・こうした研究結果は、いかなる特定の社会政策を促してもいなければ、妨げてもいない。

IQの意味

サー・フランシス・ゴルトンが初めて、知能テストの実施を公式に提唱した。ゴルトンは、知能とは単一の総合的な能力で、おおむね遺伝によって受け継がれ、問題解決の速度やその他の関連する心理過程の観点から測定するのが最適であると理解していたようだ。
専門家たちはいまだに、知能の正確な定義について合意を得ていない。しかしそうした定義の多くに共通するテーマは、知能とは経験から学ぶ能力であり、そして環境に適応する能力であるということである。

まとめの一言

IQにも それなりの意味がある

CHAPTER 18 フリン効果

個人差

知ってる？

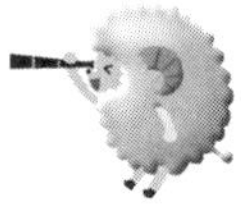

人はだんだん賢くなっている？

生徒たちは賢くなっているのでしょうか？
多くの国で、学校の生徒や大学の学生たちの点数がつねに上昇しつづけているのは事実です。
毎年のように、政府はそうした結果を誇らしげに発表し、これは教育の進歩と学校施設への投資のおかげだとほのめかしています。一部には、試験が簡単になっているだけだという反論もあります。
生徒たちが懸命に勉強していて、よりまじめになっているということも考えられます。あるいは、本当に生徒たちの頭がよくなっているのでしょうか？

timeline

1987
フリン
「IQの向上が14カ国で見られる」

1990年代
フリンの説が多くの実例で裏づけられる

賢人の言葉

IQという言葉は、知能が単一不変の、あらかじめ定められたものだという神話に縛られている。
——D・レシュリー（1981年）

あなたの親戚はどのくらい賢いか？

本当に良くできた、正確でかつ公正な知能テストが存在するとしましょう。このテストは、あなたの総合的な知的能力をはっきりと、かつ具体的な数値を出せるものです。あらゆる知能テストと同様、このテストの点数も、100を平均値とするつり鐘型曲線を描きます（CHAPTER17を参照）。そして全体の66パーセントが85から115の間、95パーセントが70から130の間に当てはまることがわかっています。きわめて賢い、例えば点数が135の人は、頂点の1パーセントに入ることになるでしょう。

あなたは自分のIQの点数を覚えていますか？ どうぞ正直に——自慢するのも、見せかけの謙遜もなしですよ！ では、あなたの両親はどうでしょうか？ あなたのお母さんの点数はどうでしたか？ お父さんの点数は？ お祖父さん、お祖母さんの点数は？ そしてあなたの子どもの点数を推定することができるとしたらどうでしょう？ それぞれの世代を通じ、点数の変化はあるのでしょうか？

研究結果から、世代ごとに4～6点の増加が見られると考えられています。つまり、あなたの親はあなたの祖父母よりも賢く、あなたの子どもはあなたより賢いということです。10年から15年ごとに、国民のIQには飛躍的な上昇が見られます。

発見

そう信じている人は多いかもしれませんが、それは本当に事実なのでしょうか？ ニュージーランドで活動するアメリカの政治学者ジェイムズ・フリンは、この「効果」に名前をつけられた人物です。フリンは定評のある有名なIQテストのマニュアルを調べたとき、つぎの2つの点に気づきました。ひとつは、異なる年齢、性、人種のグループごとに表される典型的なスコアの値は、ときどき変更する必要がある

1999
フリン「正当性を求めて」『アメリカの心理学者』

2005
IQの向上が1990年代に頂点に達したことが示される

2007
フリン『知能とは何か？』

ということ。もうひとつは、数年おきに見てみると、同年代のグループの値が上昇しているということでした。要するに、年数がたつにつれて、人々は賢くなっているのです。テストがやさしくなったのか、あるいは種としての人間が賢くなってきているのか——あるいはその両方なのか。1990年には「良い」といえた点数は、1970年にはすばらしいスコアでしたが、2005年には平均点にすぎなくなっています。

この効果が多くの国、多くのテストに当てはまるかどうかが、まず最初に確かめられました。アメリカ、オーストラリア、オーストリア、ベルギー、ブラジル、イギリスと、今ではゆうに20を超える国々のデータが調べられています。さまざまなタイプのテスト、例えば知識に基づく語彙や結晶性知能のテストのほか、流動的な問題解決の知能のテストで、やはり同じ傾向が見られました。豊富なデータは軍隊の中にもあります。徴集された兵士たちが、戦闘機のパイロットになるべきか、それとも潜水艦乗りかコックか憲兵隊に向いているかを見るために、IQが測定されていました。そうしたデータを見るかぎり、同じ国の何万もの若者たちの平均的な知能指数のグラフは、年月とともに着実に上昇しているように見えます。

フリンの主張どおり、「大きなIQの上昇」を示す印象的な証拠は、たしかに存在するようでした。でもそこで、新たに大きな疑問が生まれてきます。いったいなぜなのでしょう？ 私たちは本当に知能が高くなっているのでしょうか？ この疑問は当然、こうしたテストが測定しているのは本当の知能なのか、それとも知能と関連する別の何かなのかという、より根本的な問題につながっていきます。教育現場や職場におけるIQテストの信頼性、妥当性、有用性については、フリンはなんら疑念を抱いていませんでした。

当初は、IQテストの点数が（実際のIQではなく）上昇したのには、つぎの2つの理由があるのではないかといわれていました。

・年月とともに、より賢い人たちがテストを受けるようになった。

・人々が学校でテストを受けることに慣れたため、点数をとるのがうまくなってきた。練習による得点効果の表れ。

賢人の言葉

大学の教授たちが教え子たちの新たな理解力や創造性に接し、欣喜雀躍《きんきじゃくやく》しているわけではないという点で、フリンはまったく正しい。

——クリス・ブランド（1996年）

賢人の言葉

平均身長が世代を追って伸びてきたように、知能も上昇しているのではないかと、多くの人々が考えはじめた。
——クリス・ブランド（1996年）

フリン効果はたしかに存在する、と言う人たちもいます。そして彼らは、身長もやはり世代を追うごとに大きくなっていることも、同様の要因だと指摘します。人間の身長は高くなっている、だから知能も高くなって当然ではないかというのです。

しかし学校や大学、特許局やノーベル賞委員会には、この（比較的短い）時期にIQが上昇したことを示す証拠は記録されていません。フリン効果は、十分には説明されていない現象なのです。

この研究ではたしかに、テストがきちんと定期的に標準化される必要性が示されています。そうすれば、多くの誤解が防げ、人々がまちがって分類されることも防げるでしょう。例えば、人は年をとるほど、問題解決の能力が落ちるとされていました。けれどもそれは、現在の若い人たちと比べられたためでした。もし50年前に測定された、本人たちの属するグループの点数と比較すれば、そうした変化がほとんどないことは明らかです。

フリン効果は、知能の変化は遺伝よりもむしろ環境に原因があることを示唆しています。より賢くなった人たちが自分や子どもたちのために刺激的な環境を求め、それによりさらにIQが上昇するというのは、当然あり得ることです。その一方で、遺伝と環境にまつわる昔からの議論も出てきています。フリン効果がたしかなものであるなら、環境の影響は両方向で起こりえます。つまり、豊かな環境や持続的な努力はIQの上昇をもたらし、同様に、貧しく、堕落した環境にいる人々、自分の成長にほとんど関心をもたない人々には、逆の効果が生じるということです。

上昇の終わり？

もうひとつの疑問は、フリン効果が減少してきているかどうか、つまり、点数の上昇に衰えが見られるかどうか、ということです。これが正しければ、つぎの世代は今の世代よりも高い点がとれなくなります。実際に、多くの国からIQの点数が下り坂にあるという報告が寄せられたり、試験の点数は上がっても子どもたちが本当に賢くなっていることを示す証拠はないという教師たちの意見も聞こえてきており、疑いの声は大きくなっています。今現れているのは、かつてはフリン効果がたしかな事実だったとしても、その上昇が止まっただけでなく、下降していることを示す証拠です。これは全体的に見て、人々全体の知能に上昇ではなく衰えが生じたと考える大きな理由になると、そう主張する声もあります。

フリン効果についての論争や、その対立概念といってもいいリン効果（リチャード・リンにちなんだ名前）は、とりわけ教育現場や職場で、知能の定義や測定をめぐる一般的、あるいは学問的な論争を引き起こしました。政府、親、教師たちも、子どもたちの知能を「押し上げ」、人生にうまく対処できるようにさせるための技法に関心を寄せています。それはまた、すべての能力テストを出版している業者に自分たちの基準を注意深く見直させるという効果ももたらしました。これはつまり、業者たちがテストを定期的に標準化するという、高くつくけれどもきわめて重要な作業にとりかからねばならないことを意味しています。

原因

多くの分野で、その原因が説明されている。

教育

ほとんどの国では、新しい世代ほど長く学校で過ごしているし、施設にも恵まれている。学校教育は義務であり、あらゆる背景をもった子どもたちが学習をし、テストを受けることに慣れている。知能は学習と関連がある。よい教育が普及すれば、点数も高くなる。

栄養

現代の人々は食物に恵まれ、特に子どもの頃の栄養もよく、人口全体で「知的発達の遅れ」の発生率が減っている。若い頃に栄養が不足した人も少なくなっているために、分布の下端が取りのぞかれ、結果的に平均の点数が上昇する。

社会動向

現代の人々はみな、時間制限のあるテストを受け、時計とにらめっこで解答することにはるかに慣れている。誰もがテストやテストを受けることに通じ、そのために全体の点数が上がる。

親の関与

親が子どもたちにより豊かな家庭環境を与え、以前よりも教育に強い関心を寄せるようになった。親たちは高い期待をかけ、より関与を深めている。子どもの数が少なくなり、ひとり当たりの投資額が増えるという傾向も、重要な要因といえるかもしれない。

社会的環境

世界はより複雑に、刺激的になっている。現代化と技術革新が進み、人々はより抽象的な概念を扱わねばならなくなる。それこそ、知能テストが基本的に評価しようとする要素なのだ。

まとめの一言

理由はともかく、
点数は上がっている

CHAPTER 19 多重知能

知能はひとつなのか？

数学の才能が最も専門化した才能のひとつであることに、議論の余地はない。しかし数学者一般が、総合的な能力や逆境でとりたてて目立ちはしないことも、否定しようのない事実だ。

―― G・H・ハーディ 1940年

timeline

1904
スピアマンと一般知能因子（g）

1981
ジェンセン
『知能テストをめぐる率直な話』

賢人の言葉

よく判断し、よく理解し、よく推論すること。
これらが知能の基本的な働きである。
――ビネーとT・サイモン（1916年）

単一のものか、多くの集まりか？

知能は「単一のもの」なのか、さまざまな知能が集まったものなのか？ 心理学では1920年代から、「社会的知能」について語られてきました。これは学問的な能力というよりも、むしろ社会的な能力です。

統合論者と細分論者

「統合論者」がg（一般知能）の概念を強調するのに対し、「細分論者」は、知能はあまり相互に関連のない、非常に異なる特定の能力が集まってできていると主張します。統合論者の指摘によると、人が広範囲にわたるさまざまな能力のテスト（言語的推論、空間的知能、記憶）を受けた場合、それらは高い相関関係を示します。つまり、賢い人はどのテストも点数がよく、平均的な人はどれも平均的で、賢くない人たちはどれも点数が低いということです。細分派は、ある分野で高いスキルを示す人も他の分野では能力が低いという多くの事例を指摘しています。

従来の心理学者はほとんど統合論者で、大量の証拠が示すとおり、人は非常に異なる別々のテストでも、同程度の点数をとる傾向があると信じています。実際のところ、これは従来のテスト測定の根底にある前提なのです。

テストで測られるもの

IQテストは多種多様で、あらゆる範囲に及んでいます。推論能力に関わるものや、記憶に関わるものがあり、知識もあれば、ルールの適用もあります。言葉の知識、数、形、想起、実際の行動の説明などもテストされます。そこである疑問が生じてきます。ごく大きなサンプルに基づくそうしたテストの点数の相関関係はどうなっているのでしょうか？ 答えは、一般知能を信じる人たち、つまり統合論者

1983
ガードナー『心の持ち方』

1985
スターンバーグ『Dを越えて』

1999
ガードナー『MI:個性を生かす多重知能の理論』（松村暢隆訳、新曜社）

たちを支持する傾向にあります。すべての相関関係は正になります。平均が0.5のところで、0.8という高い数値を示すこともあります。これはつまり、テストがいかに多種多様でも、あるテストでいい点数をとる人は、他のどのテストでもいい点をとるということです。

しかし、こうした相関関係は大きな集団になったときに現れるもので、あるテストでは非常に高い点をとるのに他のテストではだめ、という個人がいてもまったくおかしくはありません。第2に、いくつかのテスト同士は必然的に他のテストと比べて高い相関関係があり、あるグループをつくるということです。こうしたグループでの点数に相関関係があるとすれば、全体の点数はぐんと上昇します。その場合、テストを受けた人たちの結果は、すべてにおいてすばらしくよいか、まったく平均的か、悪いかのどれかになります。そうした結果が示す総合的な知的能力に、知能や認知能力というレッテルがつけられるかもしれません。この現象は少なくとも400の研究で見られます。

流動性と結晶性

心理学者たちは、さまざまなレベルでの能力を測定できると主張します。つまり、ある人がクロスワードのようにごく特定的な一般知識テストを受ける場合、これは心理学者のいう**結晶性知能**の一部にあたります。結晶性知能は、一般知能の一部なのです。同様に、「数独」のような抽象的な問題解決能力のテストは、**流動性知能**もしくは効率的な問題解決を計測するものです。つまり、私たちがある個人に与えるテストは、多種多様であるほどいいということです。そうすれば、より明瞭で信頼性の高い、具体的な知能レベルの数値が得られます。

多重知能

ハワード・ガードナー（1983）が知能を「問題を解決したり、ひとつ以上の文化的な環境内で価値のある生産物をつくりだしたりする能力」と定義して以来、多重知能の概念は勢いを得るようになっています。ガードナーは、教育の場で通常重んじられる知能は、**言語的**／言葉に関するものと、**論理的**／数学的なものであると論じました。言語的知能には、話し言葉と書き言葉に対する感受性と、言語を学ぶ能力が含まれ、論理的／数学的知能には、問題を論理的に分析し、数学の問題を解き、論点を科学的に調査する能力が含まれます。知能テストの主流を占めているのは、これら2タイプの知能です。

他の3つの多重知能は、芸術に基づくものです。**音楽的知能**は、演奏、作曲、音楽的パターンの理解におけるスキルを指します。**身体運動感覚的知能**は、全身や体の一部を使うことに基づいて、問題を解決したり生産物をつくりだしたりするもの。そして**空間的知能**は、空間のパターンを認識、操作する能力です。

さらに2つの知能があります。**対人知能**は他者の意図、動機づけ、欲求を理解し、効果的に働きかける能力。そして**内省的知能**は、自分自身を理解し、その情報を人生の制御のために効果的に活用する能力です。

さらに3つ

ガードナーは後期の著作『MI:個性を生かす多重知能の理論』（松村暢孝訳、新曜社）で、知能を「ある文化的環境で活性化されて、問題を解決し、あるいは文化的価値のある生産物をつくりだす、情報処理のための生物心理学的な潜在能力」と定義しました。ガードナーはこの本で、3つの新しい知能の候補を紹介しています。しかし、実際に追加することのできた新しい知能はひとつだけでした。その知能、つまり**博物学的知能**とは、自分の環境にあるきわめて多数の種——植物相と動物相のように——を認識し分類するのに特化した知性です。これは分類学的な能力、つまりあるグループの成員を認識し、ある種のそれぞれの成員を区別し、数種の間の関係を公式もしくは非公式に図で表す能力です。他の2つ、**霊的な知能**と**実存的な知能**は、知能ではないとして却下されました。

賢人の言葉

IQを攻撃しさえすれば、有名になって名を売ることができる——その攻撃がいかに無意味なものであろうと、その証拠とされるものがいかに薄弱であろうと。
——ハンス・アイゼンク（1998年）

実際的知能

もうひとつの多重モデルは、ロバート・スターンバーグの「成功する」知能の「3本立て」理論として知られています。これは人間の知能は3つの側面、つまり分析的、創造的、実際的側面を含むと仮定するものです。分析的側面は、新しいことを学習し、分析的に考え、問題を解決する能力を指します。知能のこの側面が表れるのは、算数や語彙といった分野での、総合的な知識と能力を要する標準的な知能テストです。創造的側面は、さまざまな経験を独自の創造的なやり方で組み合わせられる能力を指します。これは芸術、科学の両分野で、独創的な思考と創造性に関わっています。最後の実際的側面とは、周囲の状況の実際的な側面に対処し、新しく変化する文脈に適応していく能力を指します。この知能の側面は、一般に「世間知」と呼ばれるものと似ています。

多重知能への熱狂ぶりが、新しい知能の「発見」の蔓延をもたらしました。例えば「性的知能」は、配偶者選びの能力とされています。多重知能という見地の問題は、こうした新しい「知能」が、学習されたスキルやパーソナリティ要因ではなく、たしかな知能であるとは証明できないこと、そしてより重要なのは、どういったところでたがいに独立しているかということです。多重知能がたがいに関連している（相関関係がある）、あるいはたがいに独立しているという根本的な前提を検証することは可能です。実際のところ、データの示す結果は逆で、総合的な知的能力のグループを支持するものです。

ビジネスでの知能

仕事で成功するのに、特別な能力は必要なのか？　ほとんどの人は、認知的IQもしくは学問的なIQ、および感情的知性(EI)で十分だろうと考えている。しかし一部の心理学者たちが、その他のさまざまな特別な能力を見つけ出し、当然のように多くの議論がわき起こった。

政治的IQ

あいまいさや説明責任のレベルが態度やイメージの形成に役立つような状況にあって、自分の利益になるように周囲の意見を形成していく能力だ。

ビジネスIQ

物事が方針、手順、計画過程、会計監査を通じて行われる仕組みを知っていることである。これは要するに、組織の公認の規則を理解すること、特定の組織という状況の中で仕事をやりとげる能力だ。

社会文化的IQ

文化についての知識と、文化にまつわる特定の手がかりを解釈もしくは統合する能力。会社の規範、目標、労働の認知および理解に関するものだ。

ネットワークIQ

要するに、組織間の管理であり、他のチームを介して物事を進めさせること。

組織的IQ

組織内で「物事を成し遂げる」方法をくわしく正確に理解することだ。

やはり、この概念はコンサルタントや経営者たち本人には非常に魅力的だろうが、こうした数々の「知能」にレッテルを貼ることは、基本的に誤解を招きかねない。これらの能力はおおむね学習可能だというほうが、より良識的だろう。

まとめの一言

知能には さまざまなタイプがある

知ってる?

知能に男女差はあるのか?

「政治的に正しい」が意味するのは、性の違いによって、知能や他のあらゆるものにも差が見られると主張することが、きわめて無謀で、単純で、愚かであるということです。多くの人が、男と女は潜在能力だけでなく実際の能力においても同等であると信じたがっています。たとえ小さな差があったとしても、それは両方の性を区別する効果があるので、それらを詮索したり説明したりするべきではない、というのです。「この分野には足を踏み入れるな」と、研究者たちはみな釘を刺されています。

timeline

1928
イギリスで初めて女性が投票権を得る

1972
マネー『男と女、少年と少女』

賢人の言葉

過去10年で、女の子の知能を話題にすることが、初めて社会的に問題ではなくなった。
——トム・ウルフ(1987年)

人間の異なるグループ間の差を論じ、信じ、説明しようとすると、たちまちイデオロギーが関係してきます。どうしても「遺伝か環境か」の概念とつながりますし、そこから左派と右派の政治がからんでくるのです。過去1世紀の間に、「差がある」という考え方と「差はない」という考え方の両方が現れてきました。1960年代以降の環境決定論とフェミニズムの発展は、観察されるすべての男女差は社会化/学習の結果であるという考え方を定着させました。しかし1990年代以降の揺り戻しによって、性差を認識し「説明」しようとする生物学的、進化論的な観点に注目が集まっています。

性とジェンダー

心理学者たちは、**性同一性**(生物学的な性に基づく)、**ジェンダーアイデンティティ**(性の認識に基づく)、**性役割**(どちらかの性の人たちがどう振る舞うべきかという期待)、**性役割行動**(文化がそのジェンダーに対して命じたり禁じたりする行動)を区別します。

生活のいたるところにある差異

人生のあらゆる段階で、性差は認められます。幼児期の男女差はよく知られているものです。男の子は活動的で、起きている時間が長いのに対し、女の子は身体的な発達が早く、調和がとれています。女の子は5カ月で右利きの傾向を示し(男の子には見られない)、聴覚にすぐれ、声もよく出します。女の子はよく視線を合わせ、社会的、感情的な刺激に興味を示し、男の子はものや仕組みに興味をもちます。

就学前の時期には、男の子はブロックづくり、乗り物に興味を示します。女の子は人形遊び、手工芸、家庭的な活動を好みます。男の子は体を使って大騒ぎする遊びを好む一方、女の子は感受性が強く、しばしば静かに座って過ごします。男の子の興味の幅は狭いの

1974
サンドラ・ベムが両性具有の概念を導入する

1975
イギリスで性差別法が導入される

2003
バロン-コーエン『共感する女脳、システム化する男脳』(三宅真砂子訳、NHK出版)

に対し、女の子の興味は幅が広く、そこには男の子がよくやる活動も含まれます（男女区別の非対称性）。

性別分離（同性だけで遊びのグループを作る）の傾向は、男の子にも女の子にも見られます。男の子のグループは大きく、優劣を競い合うことに関心をもちます。女の子は2人か3人のグループで遊び、分かち合いや公平さに関心があります。

女の子は語彙がよく発達し、複雑な言語構造を使い、発音するのも読むのも上手です。男の子はあまり話したがらず、言葉を道具的に（ほしいものを得るために）使います。男性は第二言語の習得に苦労します（例えば、記憶力が弱い）が、女性にはそうした弱みは見られません。

男の子は平均的に、数学的な推論、ダーツ投げ、複雑なパターンや回転する物体の中にある幾何学性を見つけるのが得意です。女の子は、取り替えられた物体を記憶すること、話を思い出すこと、運動協調性を要する正確な仕事が得意です。

男の子は、自分が何につけ失敗すると、努力が足りないせいだと言いますが、女の子はしばしば自分の能力が足りないせいだと言います。女の子は他者の感情に関心を示し、概して「心を読む」のが得意です。男の子は死別、分離、母親のうつなどから（女の子より）強い影響を受けますが、喪失感や悲しさを否定する傾向があります。

もちろんこれらはすべて、全体の平均に基づくもので、個々の子どもたちの差を説明するものではありません。

差異はある

知能における性差は実在するし重要なものだ、と言う人たちもいます。彼らはつぎの5つの論点を主張する傾向があります。

- さまざまな時代、文化、種を通じて、同様の差異が認められる（したがって学習されたものとは考えにくい）。
- 進化論的な分業化（狩猟者／戦士と採集者／乳母／教育者）の観点から見ても、一定の差異は予想できる。

賢人の言葉

女であることの大きな、ただひとつといってもいい慰めは、いつも実際より愚かなふりができ、それでも誰も驚かないということです。

——フレイア・スターク（1970年）

賢人の言葉

女は特に、不運にももし何かを知ってしまったら、なるべくそれを隠すべきなのです。
——ジェイン・オースティン『ノーサンガー寺院』（1803年）

・出産前の性ホルモンによって脳の差違は決定される。ホルモンは、後で能力の大まかな特徴に影響を及ぼす（女性ホルモンのひとつであるエストロゲンは空間認知能力を抑制し、またホルモン補充療法によって言語的な記憶が維持される）。
・性別による行動は、性役割が意識される前に現れる。2歳の頃から女の子はよくしゃべり、男の子はものをつくるのが上手になる。これは学習の結果ではない。
・環境による効果（例えば期待や体験訓練）はごく小さい。それは差異を大きく見せる（あるいは減らす可能性もある）かもしれない。

遺伝か環境か

しかし、性差という概念に反論する人たちも、社会的な性差（ジェンダー差）は存在するという可能性は受け入れ、それは完全に学習されたものだと主張します。そうした差異はあらゆる文化で学習され、そのために顕著な文化的差異が生じるというのです。また、私たちの文化にまつわる考え方の変化も、ジェンダー差の変化につながります。

ほとんどの文化で、男性は道具的（独断的、競争的、自立的）、女性は表現的（協力的、感受性が強い、支援をする）だと考えられています。しかし、すべてがそうとは限りません。ある種の文化的な差異は生物学的な差異からきたものだとしても、社会的要因がそれを上回るという主張があります。生物学による知見が全てを決定するわけではないのです。マスメディアは性役割を助長するのに強い影響を及ぼしたとして批判を浴びています。

過去30年から40年間にわたって、ジェンダー差がどのように発生したかについて、さまざまな理論が現れました。**社会的学習理論**は、子どもは人生のある重要な段階に3タイプの学習を通じてふさわしい性役割行動を身につけるというものです。その3つとは、直接教示、模倣学習、観察学習です。**ジェンダースキーマ理論**が示していることは、子どもはジェンダーについて、スキーマと呼ばれる、考え方や信念や構成概念のセットを身につけるように教えられ、それが世界についての解釈や行動に役立つというものです。

人はその役割行動において、きわめて男性的であるか、女性的であるか、その両方であるか(両性具有的)、どちらでもないか(未分化)です。両性具有的であることが「最良」もしくは「最も健全」だと、長年にわたって考えられていました。これは現在、「メトロセクシュアル」な人間という概念となって表れています。

IQの性差にまつわる6つの立場

1 知能は正確に測定することはできず、したがって性差の存在を証明することや否定することは難しい。こうした見解はしばしば、たいていはイデオロギーの面からIQテストに反対する教育者、ジャーナリスト、政治家によって持ち出される。

2 性差はまったく存在しないし、それには2つの理由がある。第1に、性差の存在を示すまっとうな進化論的もしくは環境的な理論や理由がない。第2に、初期のテストは、差が生じないように開発されていた。すなわち、性差により有利な点や不利な点が出ないように、下位テストがつくられ、あるいは除外された。

3 男女の間には、平均的に見れば差は見られないが、極端な場合には差が見られる。男性は、曲線の両極に当てはまる例が多い傾向がある(CHAPTER17を参照)。特に賢いのも、最も劣っているのも男性ということだ。つまり、平均では同じでも、散らばり方は男性のほうが広い。

4 知能全体を形成する幅広い能力の中には、非常に多くの実証可能で、再現可能な性差が存在する。そのことには進化論的に説明可能な理由がある。

5 表面に現れる性差は本当のものではない。そのことには3つの理由がある。第1に、女の子は謙遜することを、男の子は過度に自信をもつことを教えられる。そうした社会的メッセージが、テストに向かう姿勢に違いをもたらす。第2に、女の子には知的であることを求める社会的要請が少なく(特に配偶者選びにおいて)、そのために女の子に対して教育やスキルを発展させることにあまり投資をしない。第3に、女性は男性より感情的に安定しておらず、そうした不安がテストの結果に反映する。したがって表面に現れる性差はどれも、根底にある実体を反映していない。

6 男女の間にはたしかな差異が存在する。男性には4つから8つの優位な点があるが、それは15歳以降に顕著になる。思春期以前は、むしろ女性の方が優位にある。性差は空間的知能に最も大きく表れる。この差は、男女の脳の大きさの差(体の大きさに応じて補正されても)に反映している。また、この「たしかな」差は、芸術、ビジネス、教育、科学における男性の卓越性を「説明する」ものでもある。

まとめの一言

男と女では、考え方がちがう

CHAPTER 21 ロールシャッハテスト

知ってる？

インクの染みで人が理解できる？

ある人が絵をどのように見るかたずねることで、その人の心の奥底にある不安や希望や目的を探り出すことができるのでしょうか？　あるいはひそかな夢や空想を、彼らが物語や絵の中に「投影」することはできるのでしょうか？　人が選んだものや記述したものが「その人について多くのことを語る」という考え方は、スイスの心理学者ヘルマン・ロールシャッハが、今から80年以上も前、ある有名なテストを考案したことから始まったものです。この理論は1895年、のちに初めてのIQテストを考案したことで有名になるビネーによって提唱されました。

timeline

1921
ロールシャッハ『精神診断学』
（片口安史訳、金子書房）

1939
投影法という新しい概念

1943
主題統覚検査

最もよく知られたこのテストのバージョンは、左右対称のインクの染みのついた、相互に関連のない10枚のカード——半分は色つき、半分は単色——から成り、その染みが表す最も特徴的な形を見てとるというものです。検査者は被験者に1枚ずつカードを見せて何に見えるかを尋ね、それがくり返されます。検査者は被験者が何を言ったか、それぞれのカードをどれだけの時間見ていたか、どの向きにそのカードを向けていたかを書きとめていきます。

テストの採点

厳密にオーソドックスなやり方をするなら、このテストの実施には4つの段階があります。第1の反応の段階では、被験者がそれぞれのカードに見えるものを自発的に言うことが求められます。第2は質問段階で、これはより体系的です。検査者は2つの事柄について聞こうとし、また1枚ずつカードを見せ、位置と細部についてたずねます。そして被験者が染み全体を見ているかどうかに注目し、もしそうでなければ、どの部分に注意をひかれているかを見ます。染みが何かに見えるとして、なぜそう見えるのか、形や動き、影、色のせいかということについても質問していきます。

第3の段階は、類推の段階と呼ばれるものです。検査者は被験者が行った反応を検討し、それが何を意味し指し示しているのかを考えます。最後の「限界吟味段階」では、検査者は他の「一般的な」見え方について被験者に提示し、被験者にもそのように見えるかどうかを声に出して尋ねます。

そのあとで始まるのが、解釈の段階です。これは驚くほど精巧なもので、採点者がさまざまな事象を示すのに多くの文字を使用します。例えば、Mは想像力を表し、その反応がどれだけ「擬人化」されたものであるかを表します。Kは不安を表し、それは色と動きによって

1954
最も有名なロールシャッハの採点法が導入される

2004
A・ポールが『パーソナリティの崇拝』で激しい攻撃を行う

取り上げられます。Dは検査者に、被験者がどれだけ常識を持ち合わせているかを教えます。Sは被験者の反対傾向を表し、空白の部分やごく細かい部分を解釈した点を取り上げます。こうした採点法を眺めていると、何やら奇妙な、料理の本と魔法の本を混ぜ合わせたもののように見えてきます。

基準となる解釈は以下のとおりです。

反応	解釈
インクの模様の中の小さな、明確に表現される部分によく反応する	強迫的なパーソナリティ、完璧主義で細かいことにこだわる
しばしば動く動物が見える	衝動的、すぐに満足感を求める
反応は純粋に色（のみ）によって決まる	感情的に抑制がきかない、激高しやすい
たびたび小さくて動かない動物が見える	消極的で、依存的なパーソナリティおよび態度
地図が見える傾向がある	防御的、回避的
よく仮面が見える	本当の自分を見せたがらない

このテストを採点するのに様々な解釈法がありますが、その多くは、カードのそれぞれ異なる部分に注目して採点します。診断を下し、本人の本当のプロフィールを描くのが目的です。人は、自分の本当の動機、希望、野心については話せない、あるいは話そうとしないという主張があります。本人が自分自身の強力で深い無意識の動機を見きわめられていないか、あるいは、ただそれを言葉で表現できていないからです。あるいは、自分の深い欲求や希望や野心について真実を語ろうとしなかったりするからです。

心理学者は、2タイプの偽装もしくは嘘を懸念します。ひとつは印象操作、つまり自分について肯定的な印象を与えるようなことだけを言う場合で、もうひとつは自己欺瞞、つまり本当に自分について真実を語っていると思っていても、実際は明らかにちがう場合です。ロールシャッハ分析のような投影法は、こうした問題を克服するものとされています。

賢人の言葉

被験者がロールシャッハのインクの染みを見て、どれもただのインクの染みだと答えた場合、それは防御的な反応とみなされる。
——ポール・クライン（1993年）

心理学における**投影法**は、ロールシャッハテストだけではありません。この方法に共通するのは、被験者に刺激（通常は絵ですが、音やにおいのこともあります）を与え、心の奥からすぐに浮かんでくる強烈な思考、感情、欲求をそこに投影するよう促すということです。そして、彼らがこのあいまいな刺激にどのように反応したのかを話させます。刺激が不明瞭であったり、あいまいであったり、漠然としているほど、人はより自分自身をその上に投影します。

投影法の仮説は、心理学の中で長年存在していますが、その理由のひとつとして、心理学者は人の動機づけ——特に成功や達成をめざす動機づけ——を明らかにするのが得意でないからです。こうした中で、デイヴィッド・マクレランドは、心理学の分野で2番目に有名な投影法テスト（主題統覚検査といい、インクの染みではなく一連の絵を使う）を使って幅広く研究しました。彼は、この方法により、あらゆる動機や欲求のうちで最も重要で根本的な3つのもの、つまり達成、権力、親和への欲求を明らかにすることができると主張しました。この考え方によると、人は一連の絵についての物語を話すことで、口には出せないこうした動機の正確な原因を見出すことができるといいます。

テストへの批判

科学的見地からみてこうしたテストの使用には、きわめて痛烈とも思える反論が4つあります。第1に、さまざまな専門家や採点者がまったく異なる解釈をするため、信頼性に欠けることです。もし検査者たちの解釈が一致しなければ、なんの役にも立ちません。第2に、スコアの結果が何かを予測するわけではないため、実効性に欠けることです。要するに、テストが測定していると言われるものを測定していないのです。第3に、状況ですべてが変わることです。被験者の気分、検査者の特性、テストの環境などが、結果に影響を及ぼし、それは、本質的、根本的な要因ではない、些細な事柄も拾いあげていることを示唆します。第4に、テストが何を測定するか——態度、能力、防御機制、動機づけ、深い欲求——について、検査者の見解が一致しないことです。すべてを測定することで、何も測定していないということになりかねないのです。

では、こうしたテストはなぜいまだに使われるのでしょう? こうした(疑わしい)テストを使うのは、怠け者のジャーナリストやいかさま心理学者、騙されやすい経営者なのでしょうか? 限界のある方法なのに、なぜいまだに使われているのでしょう?

・こうしたテストは、ユニークで興味深いデータを比較的容易にもたらすことが多い。他の方法では、これほど早く手軽で、また容易に入手することはできない。

・訓練を受けて熟達した専門家たちは、他のテストや面接では得られないような、印象的で洞察に富んだ、信頼に足る結果を得られるようだ。

・データが豊富であるため、他のテストのデータが粗雑で精彩がなく、つまらないものに思えやすい。

・他の結果や考えを補足し、裏づけることができる。

100年近くたった今も、一部の心理学者たちは、インクの染みを使って人のパーソナリティを理解しようとしています。しかし、妥当性がありかつ信頼できる方法の開発に関心を寄せる研究者たちには、この方法は受け入れがたいものになりつつあることもたしかです。

賢人の言葉

要するに、ある一定の応答に付随するひとつだけの決まった意味というものは存在しない。あらゆるものが関連しあっているため、解釈には大変な訓練と経験が必要になる。
——E・J・ファレス(1984年)

投影検査法の５つのカテゴリー

インクの染み、あるいは抽象図形

こうしたものはごく簡単につくれる。紙の中央にインクの滴を落としてから、紙を半分に折り、そこにできた模様を見る。

音

さまざまな音（歌、赤ちゃんの泣き声、自動車の衝突の音）や音楽を聞かせ、その反応を説明させる。

文の完成

つぎのような文を完成させる。「私は……なければよかった」「私は……です」「私がいちばん恐ろしいのは……です」「私がとても誇らしいのは……です」

自由画

あるものの形を描くように言い（家、自動車、親）、それからその絵に関する質問に答えさせる。

固体

ある固体（人形、ブロック、砂）を渡し、それで遊んだり、何かをつくったり、動かしたりするよう指示し、自分が何をしているのか説明させる。

まとめの一言

ロールシャッハテストには批判も多い

CHAPTER 22 嘘を見分ける

知ってる?

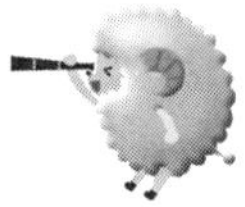

嘘発見器は信用できるか?

信頼性の高い、生理学に基づいた方法で嘘を見破るというアイデアは、いつの時代にも魅力的なものです。サイエンス・フィクションが愛された20世紀には、特にそうでした。嘘発見器は、異化を検知しようとする物理的な対応策です。一部では薬理学的な手段、つまり自白剤が試されてきましたが、十分に成功しているとはいえません。

timeline

1938
マーストン
『嘘発見器による検査』

1960年代
嘘発見器がビジネスで広く使われる

真実にたどり着く

嘘発見器に近いものの最も初期の記録は、古代インドや中世中国で行われていた方法に見られます。容疑者はさまざまな物質を噛まされ、吐き出すよう言われます。容易に吐き出せるかどうか、そして唾液のねばつき具合に、罪悪感が反映されるとみなしたのです。恐怖は唾液の量を減らしてねばつかせる、というのが彼らの考えでした。現代的にいうなら、不安は唾液の分泌を司る自律神経系の活動に影響を与える、といったところでしょう。

19世紀にはさまざまな科学者たちが、恐怖によって生じる身体の反応を測定しようとしました。容疑者を調べるのにさまざまな器具が使われ、その中には「プレチスモグラフ」といわれる、手足の脈拍と血圧、指の震え、反応時間、語連想などを記録するものもありました。

ポリグラフの歴史

嘘発見器、すなわちポリグラフが考案されたのは1930年代ですが、1970年代半ばからさまざまな心理学者が嘘発見器を真剣に調査しはじめ、その全員がこの装置に非難を浴びせました。1988年にはポリグラフ保護法によって、アメリカの雇用主が雇用者をポリグラフにかけたり、かかるよう要請したりすることが禁じられました。しかしアメリカの半分の州ではまだ、嘘発見器による証拠が認められています。ポリグラフは現在、使用の範囲には制限こそあれ、カナダからタイ、イスラエルから台湾にいたるまで、世界中の国々で使われています。

嘘発見器の正当性

嘘発見器が検査として認められるためには、最低限でも多くの基準を満たさなければなりません。第1に、標準化された執行の方法が

1988
アメリカでポリグラフ保護法が可決される

2000
ヴリエ『虚偽と欺瞞の探知』

2001
アメリカで依然として年間100万を超えるポリグラフ検査が行われる

必要です。これは十分に記述された、明確で再現可能なものでなければなりません。第2に、客観的な採点法が必要です。第3に、外部からの妥当性のある基準が必要になります—— 真実と嘘を見分けるための規準は、つねに正確に示されなければなりません。

研究者たちによれば、評価には4つの要素を考慮に入れる必要があります。

1 正確性と有効性の違い
ポリグラフは、たとえ正確でなくても役に立つ場合があるということ。

2 根底にある真実の追求
誰が嘘つきかであるかが完全にわかっていないのに、ポリグラフの正確性を判定するのはきわめて難しいということ。

3 嘘をつくことの基準率
容疑者のグループにほとんど嘘つきが含まれないとき、非常に正確なテストは多くの過ちを犯しかねないということ。

4 嘘の防止
検査の手続きが不完全だったとしても、検査されるという脅威のために、嘘をつくことが妨げられること。

実験的な状況からは、誤った判別がされかねないと示されています。有罪の人間が驚くほど高い割合で無実と判定され、また逆の場合も生じるのです。そこで、なぜそのようなことが起こるのか？また、どれくらいの頻度で起こるのか？ といった疑問が生じてきます。誤判別が起きる割合は、2～10パーセント。事実を話していても恐怖を感じる人たちが嘘つきと判定され、嘘つきのサイコパスが事実を言っていると判定されるのです。そうした結果から、政府や学会は嘘発見器の使用を禁じたり、少なくとも反対するようになりました。

賢人の言葉

……まったくの嘘であるような嘘には、まっこうから立ち向かい、戦えるかもしれない。だが、一部が真実であるような嘘と、戦うのは難しい。

——アルフレッド・ロード・テニソン（1859年）

機械を出し抜く

嘘発見器を騙すことは可能でしょうか? 基本的には身体的な方法と心的な方法の2つがあります。身体的な方法には、自分に痛みを与える(舌を噛む、靴の中に画鋲をしこむ、筋肉を緊張させたりゆるめたりする) ことも含まれます。心的な方法には、数を逆向きに数える、エロティックな考えや空想にふける、などがあります。そして前者はたしかに、結果をごまかすのに有効な数値をもたらすと考えられています。

> 「顔には人をあざむく、多くのさまざまな手がかりがある。
> 細かなもの(表情)、歪んだ表情、目に見える顔の筋肉の動き、
> 瞬き、瞳孔の拡大、赤面する、青ざめる、非対称、
> タイミングの誤り、配置の誤り、つくり笑い。こうした手がかりは
> なんらかの漏れを意味し、隠されていた情報をあらわにする。
> 何かを隠しているという、欺瞞の手がかりを示すこともある。
> また、顔の表情が嘘であるのを示す場合もある」
> ――ポール・エクマン(1976年)

感情の「漏れ」

嘘を示すヒントの多くは、感情的手がかりと言葉(話し言葉)の手がかりを探すことで得られる。

反応潜時
質問の終わりから返答までにかかった時間。嘘をつくときは長くなる。

中断の頻度と長さ
つまり何を言えばいいか、何を言っていたかが不確かになる時間間隔。

言語的な距離
自分と他の人間が関わっている出来事を思い出すときでも、「私」「彼」「彼女」とは言わず、抽象的な言葉を使う。

言葉の誤り
つまり、言いよどむ、フロイト的言いまちがい、「あー」「えー」などを過度に使う、急に話の速度が変わる。

ゆるやかだが不安定な発話
話しながら考えようとするのだが、詰まってしまう。特定の質問をしたときに、話のペースに変化があれば、何かが正しくないことを知る手がかりになる。

沈黙を埋めようとけんめいになる
不必要なときにも話しつづける。嘘つきは過剰補償をしようとするため、ごく短い沈黙にもしばしば不安になる。

やたらに声の高さを上げる
つまり、返答の最後に声の高さを下げるのではなく、問いかけるように上げる。「こちらの言うことを信じているのか？」というように聞こえるかもしれない。

声に響きがない
平板で深みがなく、単調になる。

――言葉によらない手がかりもある。

身体をくねらせる
椅子の上でひんぱんに姿勢を変える。頭、脚、足、胴体が普段とちがう動きを示す。

過度に視線を合わせる
嘘つきは過剰反応をする傾向がある。

微細表情
ごくわずかな表情（驚き、苦痛、怒り）を示す。上半身が停止した状態でなければ、見きわめづらい。

気楽な態度の増加
自分の顔や上半身に触る。

顔の表情の変化
特に笑み、瞬き、凝視のパターン。

ポリグラフの仕組み

ポリグラフは自律神経系の活動を測定するもので、そのためにセンサーを身体の各部――胸、胃、指――にとりつける。これらのセンサーは、呼吸（深さと速さ）、心臓の活動（血圧）、発汗の変化を測るほか、脳の電気的活動も測定できる。表示器は、通常は感情によって引き起こされる生理学的変化のみを示す。そして機械は、身体の特定の箇所につけられたセンサーから取り上げられた信号を増幅する。この機械が感知するのは嘘ではなく、特定の感情（不安、怒り、罪悪感）の結果である身体的な変化だが、そうした変化ははっきりしたものではない。被験者は事件に関係のない「クールな」質問、すなわち対照質問と同様に、事件に関係する「ホットな」質問や関係質問について質問される。この場合、前提としてあるのは、無実の人が関係質問や対照質問をされても、その反応に身体的な違いはないということだ。ただし、一部の人は他の人よりも反応が強いという場合もある。

薬を使って自律神経系の活動を抑え、生理学的な記録を不明瞭にするということも起こりうる。さらに困ったことに、一連のテクニックによって、このテストに勝つように訓練することも可能である。それゆえに、テストはきわめて信頼性が低くなるばかりか、逆の効果も生む。つまり、無実の人間を有罪と誤判別し、有罪の人間を逃がしてしまうのだ。

嘘発見器は依然として、3つの異なる状況下――犯罪捜査、安全性の調査、採用選考――で用いられている。一部には、嘘つきの基準率が低すぎて正確には測れないという声や、このテストは悪い印象をもたらすという指摘もある。しかしテストを受けさせること、あるいはテストを受けなければならないという脅威によって、そうでなければ認めようとしない重要な事柄を認めさせることにつながる。つまり、テストは正確でなくても使いみちがあるということだ。

まとめの一言

嘘発見器はよく活用されもするし、悪用されもする

CHAPTER 23 権威主義的パーソナリティ

パーソナリティと社会

知ってる?

独裁者はなぜ現れるか?

ナチスのイデオロギーを受け入れ、ホロコースト
に加わったのは、どういった人間たちだったのでしょう?
人々が自分は正しく、他の人間は皆まちがっていると
強く信じこむのは、どのような衝動に駆られての
ことなのでしょうか? なぜ彼らは、きわめて
多くの問題について、おそろしく
原理主義的になれるのでしょう?

timeline

1950
アドルノ他『権威主義的パーソナリティ』
(田中義久・矢沢修次郎訳、青木書店)

1954
アイゼンク『政治の心理学』

パーソナリティとナチズム

第二次世界大戦後、テオドール・アドルノを中心とした、アメリカで活動する社会科学者たちのグループが、この疑問を提出しました。その成果が、1950年に出版された『権威主義的パーソナリティ』(田中義久・矢沢修次郎訳、青木書店)です。

彼らの理論は、社会悪の原因としての個人に焦点を当てるものでした。基本的な議論はつぎのとおりです。親が、少し気に障っただけでも、子どもに対してひどく罰したり恥をかかせたりしつづけることで、権威主義をもたらします。子どもは親や権威のある人間、権力者すべてに敵意を抱くようになります。しかし子どもは、その攻撃性を意識の上では認めようとしません。そうするとまたよけいに罰せられるからです。それでいても彼らは、愛してくれるだろうと思って親に依存してしまいます。そして、彼らは抑圧した敵愾心を社会の弱い成員に向けます。権威主義者はほぼ必ず自民族中心主義となり、自分たちの人種、文化、民族のグループが他よりもすぐれているという単純かつゆるぎない信念をもち、他のグループの人々を強烈に嫌います。それが容易に、野蛮な行為、攻撃、露骨な偏見に結びつくのです。

この考え方は広く定着する一方で、批判も浴びました。権威主義的な思考や行動の発達には他にも多くの要因があるという指摘だけでなく、偏見に満ちた行動は、強力な状況要因が関係するので、他者によって形成されるという指摘もあるからです(CHAPTER 24, 25を参照)。

権威主義者は、あいまいさや不確かさが入りこんでくるようなあらゆる状況を回避することが知られています。また、「善良な人々」にもよい特性と悪い特性の両方があることを、なかなか信じようとしません。しかし政治的な事柄にはあまり興味をもたないことが多く、政

1960
ロキーチ
『開かれた心、閉ざされた心』

1973
ウィルソン
『保守主義の心理学』

1981
アルトマイヤー
『右翼的権威主義』

治活動や地域活動にはあまり参加せず、強い指導者を好む傾向があります。

権威主義を測定する

権威主義を測定する方法は多く存在します。最もよく知られている（そのために最も広く利用されている）のが、カリフォルニアFスケールです。アドルノの『権威主義的パーソナリティ』（田中義久・矢沢修次郎訳、青木書店）で初めて発表された、偏見と柔軟性のない思考を測定しようとするものです。枠内にあるのは、尺度のそれぞれの項目を反映する9つの要因と説明です。

自民族中心主義とあいまい性の回避

権威主義の概念に関連するさまざまな概念があり、保守主義、独断主義、自民族中心主義などもそこに含まれます。あるものは思考スタイルに焦点を当てるもの、また別のあるものは偏見に焦点を当てるものです。これらはパーソナリティ特性ではなく、態度に関連する症候群であり、遺伝要因と環境要因の両方によって起こるといわれます。こうした理論の核にあるのは、人は一般的に、あいまいさや不確実なものに直面したときに不安と脅威を感じやすいという考え方です。

権威主義者はさまざまな理由、例えば能力とパーソナリティ、幼少期と現在の状況などから、明確さが得られないときに劣等感やおぼつかなさ、不安を覚えます。そのために不確実さを回避することが、彼らの動機づけとなります。権威主義者たちは複雑さ、新機軸、新奇さを主張するものや人間を嫌います。葛藤や意思決定を嫌い、個人的な感情や欲求を外部の権威にゆだねる傾向があり、規則、規範、取り決めに従います。さらに重要なのは、誰もがそうするべきだと主張することです。

保守主義者および権威主義者は、内なる世界と外部の世界を統制、支配することにとりつかれています。過度に単純で、硬直した柔軟性のない義務、法律、道徳、責任、規則を好み、それは彼らの芸術の選択から投票行動まで、あらゆるものに影響を及ぼします。

偏狭で独断主義的、権威主義的な人々は、3つの特徴によって表されます。ひとつ目は、自分自身の考え方に反対するあらゆる考え方を拒もうとする強い欲求。2つ目はさまざまな信念を関連づけようとする意識の低さ。3つ目は、自分が信じない事柄や問題に対するのとは対照的な、信じるものに対する複雑で肯定的な観念です。

右派の権威主義

この分野の最新の研究は、右派の権威主義（RWA）に関するものに限られます。左右の区別をつけるのは、スターリン主義者やトロツキー主義者のような左派の人たちも、やはり権威主義者になりうると認識されているためです。RWAは3つの姿勢および行動のグループからなっているとされます。第1に、確固とした権威への完全な服従性。第2に、そうした権威の「敵」に対する全般的な攻撃性。第3に、確固とした社会規範と慣例への盲従。強いRWAの信念をもつ人々は、絶対主義者、いばり屋、独断主義者、偽善者、狂信者となります。あらゆる処罰を熱狂的に支持し、自由主義や自由意志論には疑いの目を向けるのです。自分の支持するものはすべて無批判に受け入れ、ときとして首尾一貫せず、たがいに矛盾する観念をもちます。ダブルスタンダード（二重基準）だという批判には進んで耳をかしますが、同時に独善的で、謙遜や自己批判とは縁がありません。

権威主義者はあらゆる職種で見かけられますが、彼らが本当にひきつけられるのは、自分の特定の価値観に合った仕事や宗教です。自分自身のことを表現するときには、権威主義とは言わず、「正しい考えをもっている」、道徳的、合理的、礼儀正しい、正直などと言うでしょう。しかし彼らの政治的、宗教的信念を見ることで、その傾向を察知するのは比較的容易になります。

カリフォルニアFスケール

因習主義

因習的な中産階級の諸価値に対する頑なな執着(「権威に対する従属と尊敬は、子どもたちの学ぶべき最も重要な美徳である」)。

権威主義的従属

権威の無批判な受容(「若者はときとして反抗的な考えを抱くが、成長するにつれてそうした考えを乗り越え、身を落ち着けなければならない」)。

権威主義的攻撃性

因習的な諸規範を侵す人々を非難する傾向(「マナーや習慣、しつけの悪い人間が、まっとうな人々とうまくやっていくことはあまり期待できない」)。

性

正当な性行為についての誇張された懸念(「同性愛者は犯罪者と大差がなく、きびしく処罰されなければならない」)。

反内省性

弱さや感傷への拒絶(「実業家や工場主は、芸術家や教授よりも社会にとってはるかに重要である」)。

迷信とステレオタイプ

行動にまつわる神秘的な決定要因を信じる、硬直した、断定的な思考(「いずれ、占星術で多くの事柄が説明できることが証明されるだろう」)。

権力とタフネス

他者に対する優越性の先入観(「強い意志の力をもっていれば、乗り越えられない弱点や困難はない」)。

破壊性とシニシズム

一般化された敵対的な感情と怒り(「人間性は今のままであり、戦争と衝突はつねに存在しつづけるだろう」)。

投影性

内的な感情と衝動を、外界に投射する傾向(「私たちの生活が、秘密の場所で進められている陰謀によってどれだけ制御されているか、ほとんどの人々は気づいていない」)。

賢人の言葉

権威のシステムの一部は、共同生活の要請によるものもある。他者の命令に対して、抵抗あるいは従属という形で反応せずにすむのは、社会から隔絶して暮らしている人間だけだ。

——スタンリー・ミルグラム(1974年)

独断主義

偏狭性と独断主義は、権威主義と密接に結びついた概念である。決して知性の問題ではないが、偏見のない人々はより早く問題を解決するし、情報を統合して新しい概念をつくりだせるように見える。だからこそそうした人たちは、新奇で馴染みのない難問にも笑っていられるのだ。偏狭な人たちは、新奇な概念に接すると、攻撃的になったり退いたりしがちだ。独断主義の程度を測るための質問紙がある。そのいくつかの項目をつぎに紹介しよう。

・この私たちの複雑な世界で、何が起きているかを知るには、信用できる指導者や専門家に頼るしか方法はない。

・ある人が、自分がまちがっていることを頑強に認めようとしないと、いつも頭に血が上る。

・この世界には2種類の人間がいる。真実を求める人間と、真実に逆らう人間だ。

・たいていの人間は、何が自分にとってよいことであるかを知らない。

・この世界に存在するさまざまな哲学の中で、正しいものはおそらくひとつしかない。

・現在、活字になっている思想のほとんどは、紙のむだ使いである。

まとめの一言

権威主義的パーソナリティが存在する

パーソナリティと社会

CHAPTER 24 権威への服従

知ってる？

私たちはなぜ従うのか？

今世紀の社会心理学は、ある大きな教訓を明らかにした。ある人がどのような人物であるかということと、その人物が陥ったある状況でどのような行動をとるかは、しばしば一致しないということだ。

―― スタンリー・ミルグラム 1974年

timeline

1965
この分野でのミルグラムの最初の実験が行われる

1968
ヴェトナムのソンミ村で虐殺が起きる

1974
ミルグラム『服従の心理』（山形浩生訳、河出書房新社）

アドルフ・アイヒマンは、ホロコーストへの関与で裁判にかけられたとき、自分は「命令に従っていたにすぎない」と申し立てました。ヴェトナムのソンミ村で、カリー中尉の命令に従ったアメリカ人兵士たちも、同様のことを言っています。戦争中に狂気に冒された人間たちがそうした行為に及んだのであり、あなたや私のような人たちにはそんなことは起こらない、そう言い張るのは簡単でしょう。しかし心理学によれば、それは誰にも起こりうるし、また実際に起こっていることなのです。

有名な研究

20世紀の心理学で最も印象的な実験は、スタンリー・ミルグラムの実験(1974)ではないでしょうか。彼の著作はたいへんな騒動を巻き起こしました。その研究は、善良で良識ある中産階級のアメリカ人たちが、ある対になる単語を覚えられなかったというだけで、罪もない人間をショック死に追いやろうとしたことを示したのです。

志願者たちは、人間の学習に関する実験に参加してもらうと伝えられました。彼らの仕事は、一対になった言葉の組み合わせを覚えようとする「生徒」が誤りを犯すたびに、電気ショックを与えるというものでした。志願者たちは、「仲間のボランティア」が椅子に縛りつけられ、糊を塗った電極がその腕にとりつけられるのを見ます。「生徒」が検査者に向かって、私は少し心臓が悪いのだと言っているのが聞こえてくる場合もあります。しかし検査者は、電気ショックは痛みがあるかもしれないが、それは一時的なものであると請け合います。

実験者は「教師」(何も知らない志願者)を別の部屋へ連れていき、ある機械を見せ、これで「罰」を与えるのだと伝えます。一見じつにもっともらしい機械で、15から450ボルトまで15ボルト刻みの数字のついたスイッチが並んでいます。数のラベルの下にあるのは、ショックの特徴を示す別のラベルです。低いほうの端には「かすかな

2000
実験がくり返され、
同様の効果が得られる

2007
ジンバルドー
『ルシファー効果』

ショック」、中間には「強いショック」、つぎには「危険:激しいショック」、そして最後の2つのスイッチには、ただ「XXX」とあります。

教師は生徒に対し、最初に答えをまちがったときに15ボルトのショックを与え、さらに誤りを犯すたびにショックを与えつづけます。そして一度答えをまちがうごとに、ショックのレベルをひとつ(15ボルト)ずつ上げていく。しかし実のところ、生徒役の人間は、実験者の共謀者なのです。そして実際に与えられるショックは、見本として教師に与えられたショックと同じものなのですが、教師はそのことを知りません。

実験は何事もなく始まります。生徒は一対の言葉をいくつか正しく覚えるものの、すぐにひとつまちがい、弱い15ボルトのショックを「与えられ」ます。75ボルトになるまで、教師は自分が生徒にひどい苦痛を与えているとは感じません。ただふたりを隔てている壁ごしにうなり声が聞こえるだけです。120ボルトになると、生徒は実験者に向かって、ショックがつらくなってきたと大声で訴えます。そして150ボルトで、こう叫びだします。「責任者、ここから出してくれ!
もうこんな実験はいやだ!」生徒は苦痛の叫び声をあげつづけ、その声は次第に大きくなり、ショックが270ボルトに達すると苦悶の悲鳴に変わります。このとき実験者と教師が行っているものは、厳密にいえば拷問となんら変わりません。

拷問と死

300ボルトになると、生徒は絶望の叫び声を発し、もはや言葉を答えようともしません。冷酷な権威者である実験者は、志願者の教師に向かって淡々とした口調で、「返答なし」、つまり誤りとして扱い、ショックを与えつづけるように言います。その先になるともう、教師には生徒の声は聞こえず、生きているのかどうかも定かではありません。ほかの事実はどうあれ、この拷問が無意味になっていることは、教師にはまちがいなくわかります。生徒はもはや何も答えようとせず、学習の実験から脱落しています。やがて機械の盤面の端まで来ると、教師は、つぎに「誤り」があれば最後のスイッチを押すようにと言います。教師役の志願者はもちろん、物理的にはいつでも実

賢人の言葉

人間がなすことのできる善はすべて、服従のうちに含まれる。
――ジョン・スチュアート・ミル(1859年)

験をやめ、被害者を苦痛から解放してやれる立場にいます。被害者は縛られていますが、志願者を阻むものは何もありません。

この実験に参加した男性の志願者40人のうち、最後まで実験を続けたのは26人でした。女性でも同じ数、つまり40人中26人が最後まで続けました。完全に従順な志願者たちは、実験者に言われるまで、450ボルトのショックを与えるのをやめなかったのです。

賢人の言葉

従わせるつもりがないのなら、命令してはならない。

――作者不明

詳細研究

この研究は、服従の効果が観察できるようにさまざまな特徴を変更しながら、その後もくり返されました。詳細研究で得られた結果はつぎのとおりです。

・被害者への近接性

被験者が従うほど、苦しむ被害者に近くなる。

・権威への近接性

被験者が従わないほど、命令を与える権威から遠くなる。

・施設や環境

荒れたオフィスビルで実験を行うと、ごくわずかに従順さが減じる。

・適合への圧力

従順な同等の人間たちがその場にいれば、被験者の服従は増す。反抗的な人間たちがいれば、被験者の　服従は大きく減じられる。

・命令を与える人物の役割

人が他者に最もよく従うのは、その他者が正統な権威だと思われるときである。ミルグラムの　研究では、被験者たちは実験者にはおおむね従ったが、他の　被験者たちには従わなかった。

・パーソナリティ特性

ミルグラムの研究では、評価された特性と服従とは弱い相関関係があった。

・文化的差異

異なる文化の中で実験をくり返すと、文化によって多少の変化が見られたが、服従は文化とはほぼ関係なく起こる傾向がある。

・姿勢とイデオロギーの要因
ミルグラムの実験で、宗教的な人々は従おうとする傾向が強い。

ミルグラムの実験で見られる服従とは、志願者が自分の意志を実験者にゆだねるという問題ではありません。むしろ、実験者が志願者に道徳的義務を負いつづけるよう説得することが問題なのです。実験者―志願者の関係の「道徳的」側面が持続されるのは、実験者の態度の非情さが一部の要因となります。

研究者たちは、ある種の人たちがなぜ、どのように抵抗するかに注意を向け、理解しようとしてきました。ミルグラムの実験は今なお、心理学の世界でおそらく最も有名な実験でありつづけていますが、その理由は明らかでしょう。

同調と服従

なぜ人は他者の命令に同調し、従うのだろうか? 服従と同調(CHAPTER 25)は同じものではなく、以下の違いがある。

明示性
服従では、行動の指示(命令)ははっきり表現されるが、同調では、集団に追随する必要性は暗黙のうちに表される。

ヒエラルキー
同調は平等な地位にある当該者の行動を規定するが、服従はある地位を別の地位に接続するものだ。

模倣
同調は模倣だが、服従はちがう。

自発性
同調は暗黙の圧力への応答であり、当該者は自分自身の行動を自発的なものと解釈する。しかし服従は、自発性のない状況で起こるものと公的に定義されており、したがって当該者は、その状況の公的な定義に頼れば、自分のとった行動を完全に説明することができる。

さまざまな説明

評価への不安

人は研究プロジェクトに参加すると、しばしば自分が調査員に評価されていると感じる。そして自分が有用で「正常」だと思われるように、実験者に言われたことをなんでもやる。しかし実際の状況では、必ずしもそうではないだろう。

被験者の役割

人は研究に参加すると、自分の演じる被験者の役割に従って、普段とちがった行動をとるかもしれない。一部の人間は、「よい被験者」の役割を果たそうとして、注意深く指示を守り、研究に必要なことをすべて生真面目に実行する。また中には、悪い被験者や否定的な被験者の役割を果たす者もいるかもしれない。彼らは、研究が取るに足らずつまらないものだと苦情を言いたて、ことあるごとに研究者への協力を拒む。

実験者効果

要求特性とは、ある状況において、特定の振る舞い方が求められると被験者に信じこませるような特徴のことだ。ミルグラムの研究の実験者は、それがまったく「当然だ」という態度をとっていた。

まとめの一言

誰もが権威には服従しやすい

CHAPTER 25 溶け込むこと

パーソナリティと社会

知ってる?

空気を読む?

社会学の教科書には、逸脱を扱った章があり、
心理学の教科書は、同調を扱います。社会学者たちは、
社会の規範や規則に反抗する人々、そこから
逸脱する人々、同調しようとしない人々に
関心を抱き、考えます。「分析の単位」としての
集団や社会に注目するのです。

timeline

1936
シェリフ『社会規範の心理学』

1952
アッシュが最も有名な研究を発表する

賢人の言葉

同調は人間の一面であり、
独自性も別の一面である。
——カール・ユング（1960年）

個人（あるいはせいぜい小集団）を分析の単位とする心理学者たちも、人がなぜ同調するのかという問題について考えます。学校の制服は着たくないといって争う若者たちが、結局なぜみんなと同じ服装をするのでしょうか？ 人はなぜやみくもに「ファッションの奴隷」となり、お金をかけて大勢のまねをするのでしょうか？ どのような現実の、あるいは架空の社会的圧力から、人は他者の行動や指揮に従うのでしょうか？

実験

同調の研究において、2つの有名な実験があります。ひとつは暗い中での推測。もうひとつは、きわめて明白な状況での決断です。80年前にムザファー・シェリフが行ったある研究は、真っ暗な部屋に学生たちを座らせ、たったひとつの小さな光点を見せるというものでした。学生たちは、その光点が動いたとき、どちらへ、どれだけ動いたかを伝えるよう指示されます。実際には、光は静止したまま動いていません。ところがその部屋には実験者の共謀者たち、つまり「サクラ」がいて、光が動くのが見えたと大声で主張するのです。この実験からわかったのは、普通の人たちはサクラの主張に影響され、彼らの判断に影響される傾向があるということでした。そして結果的に、動いてもいない光が動いたと思っていると判断されることになるでしょう。人はあいまいで不確かな状況に置かれると、自信たっぷりで態度が一貫した人物の行動に従う傾向にあります。何が起きているかを知るために、私たちは他者をあてにするのです。

第2の研究は、1952年にソロモン・アッシュという心理学者によって行われました。学生5人からなる各グループが、知覚の実験に参加するよう声をかけられます。そして30組ほどのペアのカードを見せられます。ペアのうち1枚は「標準カード」、もう1枚は「比較カード」です。標準カードには1本の線が描いてあります。比較カードに

1955
同調者のパーソナリティについて最初の調査が行われる

1960年代
同調の文化的差異についての研究が行われる

1980年代
同調の概念がセールスのテクニックに利用される

は3本の線があり、どれも明らかに違う長さで、それぞれにA、B、Cとラベルが貼ってあります。そして学生はただ、その3本の線のうちどれが、標準カードの線と同じ長さであるかを答えるのです。答えは一目瞭然です。ところが被験者は、他の4人の学生のボランティア全員が実はサクラであることを知りません。そして被験者はつねに、他の4人の答えを聞かされたあとで、最後に自分の答えを言うように仕向けられます。他の4人は口々にこう叫びます、A、A、A、A……しかしAは(明らかに)正解ではありません。被験者はどう言えばいいのでしょうか。まちがった(同調者の)答えであるAか、正しい答えのBか、それとも別のまちがった(反同調者の、正しくない)答えであるCでしょうか?

結果は、被験者の3分の1ほどが、グループの意見に同調するほうへぶれてしまいました。正解を言いつづける人たちも、明らかに落ち着かない様子でした。同調を示す重要な結果となりました。

その後の研究

アッシュの実験は何度もくり返され、同調の効果を調べるために、様々な刺激の特徴を変えて実験が行われました。

作業の難しさとあいまいさ

作業が難しいほど、あるいは刺激があいまいなほど、被験者は情報源としての他者に注目し、特に社会的現実に関係のある意見や能力の情報を求める。

刺激の性質

人の同調行動は、どんなタイプの判断をその人が求められるかによって大きく変化する。問題がより事実に即したもので、具体的なものであるほど、結果的に同調は生じにくくなる。

情報源のたしかさ

人が判断に影響を与えるものに対して信頼性や正しさを確信するほど(他者がその決定を下す)、同調する見込みは高くなる。

賢人の言葉

アメリカの理想はとどのつまり、誰もができるかぎり同じようになるべきだということだ。
――ジェイムズ・ボールドウィン(1955年)

賢人の言葉

なぜ、他のみんなのような非同調主義者にならなければならないのか？
——ジェイムズ・サーバー（1948年）

集団の規模
集団の規模と同調の関係が線形的（前者が大きいほど後者も大きくなる）であるか、曲線的（最適な規模があり、それ以外は影響が減る）であるかについては、研究者の見解は一致していないが、同調をもたらすのに最適である集団の規模はたしかに存在するようである。

集団で判断する際の満場一致
集団の判断が一致するほど、同調は起こりやすくなる。大多数の中でごく少数が異なる意見を表明すると、同調反応の大幅な減少を引き起こす。

集団の構造と魅力
高い地位にある人や有名な男性たちの緊密なグループは、きわめて同調性が高くなる傾向がある。グループが魅力的であるほど、人はそこから影響を受けやすい。

集団の容認
高い地位にある人が「特異的信頼」をもって同調しないことができるようになると、ごく低い地位の人間や拒絶された集団の成員も同調しない行動が許される。たいていは集団の中間的な立場の成員が最もよく同調する。

私的な行動、公的な行動
私的にではなく、公的に判断するように、あるいは行動するようにと言われた場合、人はより同調する傾向がある。匿名性は同調に非常に強力な影響を及ぼす。

集団の以前の成功もしくは失敗
たえず失敗してきたグループより、過去に成功の歴史をもつ集団に、人はより同調する。

少数派の一貫性
確信をもって一まとまりになった少数派の下位集団は、多数派の見解に大きな影響を及ぼすことができる。多数派に対してなんらかの影響を及ぼすとすれば、最も重要なのは、少数派が一貫してその立場を守ることである。

なぜ他者に従うのか？

そこで根本的な問題が出てきます。人はなぜ同調するのでしょうか？ 端的に言えば、人は正しくありたい、好かれたいと感じるからです。人は情報の影響、規範的影響に対して反応します。

人は他者に、どう行動するかの手がかりを求めます。何が正しいエチケットなのか？ 自分にはよくわからないと思うほど、そして周囲の人たちがよくわかっていると思うほど、私たちは「大勢に従い」ます。これは合理的な方法に思えます。私たちはまた、社会的受容を得るために「適応」することを好むので、同調します。これは社会的圧力のまさしく本質です。私たちは社会集団に所属しなければならないので、そのために同調するのです。私たちの多くが、自分を社会集団の一員だと考えています。ほとんどの人間は規則と規範に従います。社会的同調は私たちの集団への帰属感、そして現実の帰属関係を維持するのに役立ちます。さまざまな時間やさまざまな場所で、私たちは集団の規範に反応し、あるいは拒絶します。実際に、反同調者になることもあります。

もちろん、同調するその人のパーソナリティや、文化的な判断材料はあります。自己信頼が低く、権威主義的傾向の高い人たちは、より同調します。より成熟し、高度な自我をもつ人たちは、あまり同調しません。同調には文化的要因もあります。個人主義的傾向のある文化では、集団主義的な文化よりも、同調への圧力が小さくなります。同様に、強い宗教的あるいは政治的イデオロギーをもった均質な集団は、同調者になりやすいようです。

賢人の言葉

あなたが属する集団のトーンを感じとることだ。

――チェスターフィールド伯爵（1747年）

承諾を得る

政治家や親、営業マンや教師は、他の人間から承諾を得るためにさまざまな手法を用いる。

「フット・イン・ザ・ドア」(二段階要請法)
ごく小さな、あるいはささいなこと(嘆願書に署名する、小銭に両替する)を頼み、それから大きなことを——こちらが本当にしてほしいことを——頼むようにする。これがうまくいくのは、最初の依頼が、ちょうど相手に自分のしていることを意識させるのに十分な大きさであることと、また、完全に「自由な意志」で、相手がそれを拒めると思わせられるときだ。つまり相手に対して、自分は親切な人間だから、つぎの大きな依頼にも応じられると感じさせるのがミソである。

「ドア・イン・ザ・フェイス」(譲歩要請法)
相手にとって行き過ぎた依頼(「10ポンド恵んでください」「あなたの自動車を貸してもらえますか?」)をしてみて断られたあと、そこから譲歩してずっと小さな依頼を行うこと。この拒絶に対する譲歩と、つぎの懐柔的な依頼が、交換関係を呼び起こす。これがうまくいくためには、最初の依頼が必ず拒絶されること、第2の依頼は同じ人物が行うこと、そして、対象となる人物が依頼に報いようとする圧力を感じさせることが必要だ。

「ザッツ・ノット・オール」(特典付加法)
人にある申し出をしたあと、相手が答える前に、その条件を相手にとって有利なものにすること。例えば、値引きする、量を増やす、おまけをつけるなど。これは先の2つと同じ原理による効果をもつ。あなたが親切で、感じがよい……すると相手もそうなる、ということだ。

まとめの一言

人は同調圧力に弱い

知ってる?

利他主義は存在するのか?

なぜ「犯人を取り押さえたヒーロー」になる人たちもいれば、危機に瀕している人たちの窮状や訴えを無視する人たちもいるのでしょう?
なぜ一部の人たちは、家族のためには喜んで命を投げ出すのに、友人のためには投げ出さないのでしょうか? 本当の利己主義とは何なのでしょう?

timeline

A.D.100
よきサマリア人の寓話

1950年代
ナチスドイツでユダヤ人を救った利他主義者について、戦後の調査が進む

賢人の言葉

〝利他主義者〟は社会に対し、
自分自身および身内への見返りを期待する。
――アンドルー・マーヴェル（1650年）

私たちは毎日のように、社会的交換や社会的経済にいそしんでいます。私たちは、たがいに与えたり、受け取ったりしています。ある人は、利己心を隠そうとして、他者を援助したり、ボランティア活動をしたりします。また、ある人は「利他的に」ボランティア活動をすることで、スキルを学んだり、就職を有利にしたり、グループからの承認や賛同を得たり、後ろめたさを減らしたり、自尊心を高めたり、自分の個人的価値を伝えたりします。

よきサマリア人

誰が見てもまさしく利他的なパーソナリティだというような人間は存在するのでしょうか？ ある研究では、利他的な行為でよく知られる人たちを明らかにしました。調査の目的は、その人たちが共通にもっているものを見つけることでした。調査の結果、最も重要な生活史の要因は、若い頃のトラウマと（心的外傷）となる喪失（例えば親の死）の経験と、その後でほぼ同時に救済を受けるという経験であることがわかりました。研究によれば、のちの利他主義は、依存をめぐる痛みの感情や、喪失に伴う怒りや不安などの感情に対処するための手段として、こうした人たちは身につけてきたようです。

誰でも目にすることでしょうが、立ち往生している車の横を知らん顔で通り過ぎる車もいれば、止まって助けようとする車もいます。なぜ一部の人たちは、他の人たちよりも進んで他者を助けようとするのでしょう？ 男女差という要素はありますが、これは利他主義の量の問題ではなく、タイプに関係があるようです。男性には勇敢、大胆、英雄的、向社会的行動といった特徴があり、女性のほうは育む気持ちや、慈しむ気持ちに富んでいます。

人は自分自身の文化集団に属する他者を助ける傾向があります。つまり自分とは別のグループの人々よりも、ひと目で同じ民族、宗教、

1968
傍観者の介入についての研究

1980
ドーキンズ『利己的な遺伝子』
（日高敏隆・岸由二・羽田節子訳、紀伊國屋書店 他）

1990年代
慈善事業が利他主義の
利用法に注目する

言語、人口グループだとわかる人たちを助けることが多いということです。比較文化調査では、個人主義的な文化の国と集団主義的な文化の国を比べて、どちらの国がより他者を助けようとするかを示そうとする傾向がありました。別の調査結果では、スペイン語の「シンパティコ」――「親切な」「助けになる」「丁重である」という意味――について言及しています。いくつかの調査で、スペイン語圏やラテンアメリカ諸国の人々は、実際にきわめて強い利他主義を示すという結果を示しています。

ある調査で、「気分がよい:よいことをする」という要因が示されました。さまざまな研究から、人は上機嫌なときほど、他人を助けようとする傾向がぐんと強まることがわかっています。ちょっとした贈り物をあげる、軽快で楽しげな音楽をかける、言葉でほめるといったことで、自発的に他者に手を貸すようになるのです。しかし、否定的気分除去仮説を示す証拠もあります。これはつまり、悲しみや悩みを抱える人たちは、うつを振り払ってよい気分になるめに、他者を助けることがあるということです。同様に、後ろめたさを感じている人たちが、おそらくその罪悪感をやわらげるために、人の役に立とうとすることも知られています。つまり、人の気分を左右するごく一時的な要素が、実際に困った対場にいる他者を助けるという行動につながるのです。

フロイト的推論

精神分析医はつねに行動の深い意味を探ろうとします。それが根底にある葛藤を表していると思われるときはなおさらですが、同じ利他的な行動でも、まったくちがった衝動の表れだという場合もあります。気前よく援助する行動が、「被害者」との同一視によって起きることがあります。つまり利他的な人たちは、親や教師など、過去に助けてくれた人物に自分を重ね合わせているのです。

しかしフロイト派は、利他主義は否定的な衝動――不安や罪悪感、敵意に対処するための神経症症候群――への防御もなりうるとも考えています。つまり貧しかった子どもが、惜しみなく分け与える人物になることもあるのです。困った人々のそばにいるだけで何もでき

賢人の言葉

同性愛者の罪悪感、自己破壊、性的な努力や葛藤は、寛容さと愛他主義の根底にある力である。

――ジークムント・フロイト（1930年）

ない無力感を覚えるのでなく、助けの手を差し伸べることで、与える側にもなるし同時に与えられる側にもなるということです。

与えることで、自分自身の貪欲さや嫉妬への罪悪感に対処する人たちもいるでしょう。そうした罪悪感をやわらげるために、借金をする人さえいるほどです。さらに逆説的ですが、敵意に基づいた、反動形成による利他的行動もあります。つまり与える者は、人を助けることで攻撃性が現れるのを隠しているのです。

助けることの*進化心理学

この考え方の中心となる考え方は、**血縁選択**の概念です。ある人(血縁者)があなたの遺伝子を多く分け合っているほど、あなたはよりその人を助けようとします。つまり、あなたは自分の遺伝子をもった人たちを助けることで、あなた自身の遺伝子が生き残るように仕向けているのです。この生物学的に重要なルールは、人間行動に深く植えつけられており、意識的なものではありません。

いっぽう進化論者は、返報性の**原理**を唱えます。これはつまり、他者を助けることで、つぎには自分が助けられる見込みが高まると考えることで、交換に似た行動です。厳密にいえば、これは利他的行動ではありません。しかし、社会の規範や文化を学んで実践する人たちは、最もよく生き延びられるといわれており、それは文化というのはそれぞれに生き残るためのスキルと協力的な行動を教えるものだからです。人々は遺伝学的に、利他主義の文化的規範を学習するようにプログラムされています。それでも、見も知らない人々に対する英雄的な、命まで犠牲にする利他主義を説明するとなると、進化論の説得力はいささか疑わしくなります。

状況と決定

状況の要因は、個人的な要因よりも重要かもしれません。小さな町や地方の人々は、都市の住人よりも、助けの手を多く差し伸べます。**都市過負荷**仮説によれば、人の多い大都市に住む人々は自分の中に引きこもりがちで、田舎の人々と比べて他者を助けようとしません。彼らはあらゆる種類の刺激に攻め立てられて、困惑してしまうからです。

賢人の言葉

私はふたりの兄か6人のいとこのためなら、命を投げ出すだろう。
――J・B・S・ホールデーン(1974年)

*進化心理学については『知ってる?シリーズ 人生に必要な遺伝50』の15章「利己的な遺伝子」も参照

人はある地域に長く住み、そのコミュニティに親近感をもつほど、積極的に役立とうとするようになります。居住者の流動性が高まるほど、コミュニティの安定性は減じ、あらゆる援助は得られにくくなります。共同体的関係にある人たちは、自分たちのコミュニティの長期的な未来により多くを投資するので、援助を申し出るようになるのです。

この分野で最も有名な、最も直観と相容れない現象は、まちがいなく**傍観者効果**でしょう。これは人数の多さが安全にはつながらないことを示しています。要するに、非常時や助けを要する状況で傍観者(あるいは目撃者)が多いほど、どの人も自分では助けようとしなくなるということです。

こうした調査から、傍観者による介入の5段階の決断モデルが考えられるようになりました。人は助けを申し出る前に、5つの段階を経なければならないというものです。

・はっきりと、その出来事に気づく必要がある。急いでいたり携帯電話で話していたり、他のことに気をとられていれば、非常事態に気づかない。

・その場面を、助けが必要な非常事態だと解釈する必要がある。非常事態の多くは混乱した状態である。人はまわりの人たちを見て手がかりを求める。他の人たちが無関心に見えると、人は反応しようとしなくなる。状況のあいまいさが誤解と無関心を生み出す。

・ある種の責任を引き受ける必要がある。助けに乗り出すには、これが他の人たちではなく、自分の責任なのだと決断しなければならない。状況はひとえに、あなたの肩にかかっているのである。

・どうすれば助けられるか、その方法がわかっていると感じる必要がある。人は自分の能力を決めつけるなど多くの理由から、助けの手を差し伸べようとしない。自分には機械のことはわからないと決めつけて、立ち往生した車を助けようとしないのである。

・助けようと決断する必要がある。人が他者を助けようとしないのには、さまざまな理由がある。以前に誰かを助けようとしたのに、状況を誤解した相手からはねつけられたという記憶があり、戸惑いを感じるのかもしれない。訴訟社会では、ある状況(相手が幼い子どもや、引きちぎられた衣服をまとっているなど)で助けを申し出ることの法的な意味合いを心配したり、ただ自分の犠牲(時間、場合によってはお金)が大きすぎると感じたりすることもある。

助けることと利他主義

助けることと利他主義には違いがある。利他主義の本質は、外部のどこかから見返りがあるという期待をまったくもたずに、他者を助けることだ。

心理学者のいう向社会的行動とは、他者を助けるという目的のために行われる行為すべてを指す。動機が利他的であろうとなかろうと、たとえ自分を犠牲にしてでも他の人たちを助けようとするものだ。一部の人たちには、これはまったくの「善良な心」から発する行為である。彼らは困った状況にある人に対して共感を覚えるのだ。

まとめの一言

情けは人のためならず

CHAPTER 27 認知的不協和

知ってる?

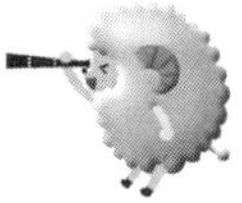

ジレンマに おちいったとき、 人はどうする?

ほとんどの人たちは、自分の行動がいくら奇妙でおかしかったとしても、それを正当化する必要性を感じるものです。タバコを吸う人は、ニコチンへの依存が健康に深刻な害を及ぼすことを知っています。しかし彼らは往々にして自己正当化するのが非常にうまく、こんなことを言ったりするのです。
「タバコはみんなが言うほど危険なものじゃない」
「私のおじさんは、1日60本のタバコを70年間吸っていたけれど、90まで長生きしたよ」

timeline

1930年代
「一貫性の原則」についての論文が発表される

1946
ハイダーの均衡理論

理論

人は自分の信念や考えと矛盾する行動をとったとき、認知的不協和というネガティブな状態を経験します。その矛盾した状態を減らすために、考えあるいは行動（あるいはその両方）を変化させることで解決しようとする、というのが、認知的不協和理論です。つまり、私たちの考え方が変化するのは、自分の信念や思考（認知）の一貫性を保ちたいという気持ちに強く突き動かされるためなのです。私たちは調和が取れていたいという強い動機に駆られます。したがって、行動の変化が考え方の変化につながるという流れは、その逆よりも容易に起こりうるのです。

認知的不協和は「不十分正当化効果」を促します。自分のした行動が、外部からの報酬（例えばお金）や強制（例えば命令）では十分に説明できないとき、私たちは不協和を経験しますが、自分のした行動を正当化することでそれを弱められるのです。

条件

不協和はとても特殊な状況で起こるもので、それは減らさなければなりません。自分の行動が考え方と矛盾することに気づくだけでは、十分ではないのです。第1に、その行動は自由意志によって選ばれた、完全に自発的な、自分自身に責任があると本人が感じるものでなくてはなりません。外部の力や脅し（もしくは選択の余地がない）に強制されて行動する場合、必ずしも不協和は起こりません。ある研究ではそのことを検証するために、学生たちにある物議をかもすテーマについてエッセイを書くよう求めました。学生たちはみな、個人的にはそのテーマを支持していないにもかかわらず、エッセイを書くことを決めた学生たちの意見には、きわめて大きな変化が起こったのです。

1957
フェスティンガーが
認知的不協和を記述する

1960年代
決定後不協和の研究が
初めて行われる

1980年代
「説得的コミュニケーション」
でこの理論が広く利用される

第2に、その人が、自分の考えと矛盾する行動は確固としたもので、もう取り消すことはできないと感じる必要があります。その行動が容易に修正できるものであれば、不協和は弱まります。ある研究では、多くの人たちに、あなたは自分が公然と批判した相手（被害者）とそのあとで顔を合わせられるか、合わせられないかという質問をしました。すると、自分がちゃんと謝れると考える人たちは、自分が言ったことを撤回できないと感じる人たちよりも、不協和を感じないことがわかりました。

第3に、その行動は自分やその他の人々に重要な結果をもたらしたと信じる必要があります。その結果が小さな、取るに足らないものであれば、当人が不協和を感じることはありません。第4に、人が最も大きな不協和の圧力を経験するのは、そこに関わる特定の考えや行動が、自己像や自尊心、価値観の拠り所になっているときです。

別の研究では、学生たちに、自分の意見とはまったく異なる意見を表明するエッセイを書くようにとの指示がありました。そして、何人かのエッセイは無視されるか破棄される一方で、別の何人かには、きみたちのエッセイは広告に使用されるかインターネットに掲載されるだろうと伝えられました。すると、自分の考えに反する見解が人目にさらされる可能性のある学生たちは、不協和を解決するために、自分たちの考えを変更しようという気持ちに強く駆られました。

不協和の逆説

この理論は以下のことを示しています。

・もし自分の信念に反する行動をするように強いられると、その人は不協和を経験する。

・その行動を強制する力が大きいほど、不協和は弱くなる。

・不協和は考え方を変えることで弱められる。

・行動を強制する力が最も小さいとき、逆に考え方の変化は最大になる。

賢人の言葉

手品とは、本質的には不協和をつくりだす芸である。人間が本来、不協和を嫌うものだとしたら、なぜ手品はいまだに盛んに行われているのか？

——R・B・ザイエンス（1960年）

賢人の言葉

アメリカ人には、自分たちの姿勢はそのときどきで一貫していないという自覚、あるいはたがいに矛盾する目的をもっているという自覚がある。〝認知的不協和〟仮説は、そんなアメリカ文化に特有の不快感に基づいた理論であるようだ。

——N・マッチ(1995年)

これは1959年の有名な研究で証明されたことです。3つの学生グループが、長くて退屈でくり返しの多い単調な仕事をするように指示されました。ひとつのグループは1ドルをもらい、別のグループは20ドル、そして対照群のグループは1ドルももらえません。あとで彼らは、その仕事について質問をうけました。すると1ドルしかもらえなかったグループは、自分たちの仕事が20ドルもらったグループの仕事よりも楽しく興味深いものだったと自分を納得させていました。このグループにはジレンマがありました。自分たちが「はした金」で「雇われた」ことを認めることができるか、あるいは認めるべきか?いや、簡単には認められない。それでこの状況を解釈しなおしたのです。20ドルの人たちはそれほど問題がありません。報酬の額が適正であれば、人は多くのことをこなします。

私たちは、自分はまともで親切で道徳的な人間で、罪のない人たちに害や悩みをもたらすことなどありえないと考えます。そのため、人をどなりつける、無視する、あるいはぶつなどして傷つけてしまったときには、不協和が起こります。詫びや償いで行動を「取り消す」ことができなければ、そのジレンマを最も簡単に解決する方法は、相手をさらにおとしめることでしょう。その相手がどんなにひどいことをしたか、悪い扱いをうけて当然だと、そう指摘するのです。

不協和、販売、説得

販売員は、社会では一貫性が重んじられることを知っています。不一致は偽善や不誠実の証だと思われかねません。一貫性はまた、私たちの効率をよくします。新しい状況に直面するたびに、新しい決定過程を経験せずにすむからです。

人は一度選択をしたり、自分の態度を明確にしたりすると、個人的もしくは対人的に、その決定に一致する態度をとるようにとの圧力をうけると考えられます。だから販売員は、「値段が折り合いさえすれば、お買いになりますか?」といった質問をするのです。これは客をできるだけ早く、何も考えさせずにある立場に立たせ、そのことを尊重せざるをえないと感じさせるテクニックです。

医師であれ販売員であれ教師であれ、「応諾のプロ」は、言葉によって確約するように仕向けます。それからその相手に、その確約と一致するような行動を求めるのです。そうした確約は公に、また少しの抵抗のあと、まったく自発的に見えるような形でなされたときに最もよく機能します。人はしばしば、自分が以前に下した決定の賢明さを裏づけるために、新たな正当化を行おうとします。一貫性を保とう、あるいはそう見せようとする衝動は、販売員が客の鎧を貫くうえでの強力な武器となり、私たちに自分にとって最良ではないような行動をとらせることがあるのです。

イニシエーション

認知的不協和理論は、人がなぜ自分が苦しめられたものを好み、是認するようになるかの説明にもなる。例えば、体罰（学校で殴られたり鞭で打たれたりする）を受けた学生は、あれは自分にとっていいものだ、害はない、他のみんなも受けたほうがためになる、などと主張する。同様に、さまざまなグループや社会のつらく恥ずかしいイニシエーション（通過儀礼）を経た人たちは、後にその経験を評価、支持する傾向がある。不協和理論によれば、私たちは自分に苦しみを与えるグループの地位を高めることで、そうしたつらい経験を正当化するのだ。

ある研究では、女性たちに、性についてのひどく退屈で無意味なあるグループ討論を興味深く感じるかどうか判定させた。ただし事前に、女性たちのふるい分けがあった。あるグループはただ、少しだけ性的な意味をもつ言葉（例えば「売春婦」）のリストを読みあげさせられたのに対し、別のグループは、露骨なポルノ小説のわいせつな表現やくだりを音読させられた。目的は、ひどく当惑を感じる女性と、そうでない女性のふるい分けをすることだった。予測は裏づけられた。当惑するグループは、当惑しないグループよりもその「ふるい分けテスト」を正当化し、また討論がずっと興味深いと評価したのだ。

決定後不協和

私たちは折りにふれて、就職する、家を買うといった難しい選択を含む重要な決定を行う。多くの人は、プラスの面とマイナスの面をリストにし、適切な選択を行うための参考にする。こうしたとき、人は自分の認知的不協和を痛感する。

多くの研究から判明したところでは、人は決定を行ったあとで、その結果を高く評価し、却下したほうの決定を貶めることで、自分の判断を正当化する。これは「買い手の郷愁《きょうしゅう》」と呼ばれている。人は自分の買った商品の広告を、実際に買う前よりも買ったあとに、隅々まで熱心に読むことが多い。決定のあとでは、隣の芝生はそれほど青くなくなるのだ。

研究によるとギャンブラーは、何に賭けるかを決めたあとのほうが、決める前よりも自信を感じるという。選挙の投票者は、実際に投票する前よりもあとのほうが、その候補を有望だと感じる。

まとめの一言

人は認知的不協和を弱めようとする

CHAPTER 28 ギャンブラーの錯誤

パーソナリティと社会

知ってる？

人は数音痴である？

親愛なるアビー：私はつい先日、夫との間に
8人目の子どもが生まれました。また女の子だった
ので、本当にがっかりしています。あの子が健康に生まれて
きてくれたことを、神様に感謝すべきだとは思います。
でも、今度こそ男の子のはずだったんです。
お医者さまも、100対1の確率で
男の子のはずだと言ってたのに。

——アビゲイル・ヴァン・ビューレン、
『ディア・アビー』より

timeline

B.C.100
キケロ：
確率に基づいて決定を下すべきではない

1713
ベルヌーイ：
確率は予測できる

賢人の言葉

確率は人生の導き手にほかならない。
——キケロ（BC100年）

古代ローマの哲学者キケロから、ルネサンス期を経て現代にいたるまで、多くの聖職者や数学者、科学者が、確率の法則を解き明かそうとしてきました。しかし多くの人々には、チャンス、リスク、オッズといったものは、いまだに謎のベールに覆われたままです。人生相談のコラム『ディア・アビー』に投書してきた「がっかりしている女性」に、彼女に男の子が生まれる確率は100対1だと言った医者の例を考えてみましょう。実際には、彼女が出産する前に考えられたのは、女の子か男の子かの2つにひとつでした。したがって男の子が生まれる確率は、100対1ではなく、1対1なのです。医師はなぜこんなまちがいをしたのでしょう？ このように誤りを犯してしまう単純な問題の答えは、人の思考のあり方について多くのことを教えてくれます。

錯誤の上に繁栄する街

医師がこの女性に男の子が生まれる見込みが高いと考えたのは、彼女が立て続けに7人の女の子を産んでいたからです。ルーレットをやっていて、これまで7度続けて黒が出たので今度は赤に賭ける、というのと同じ理屈です。しかし問題は、ルーレット盤は何も覚えていないということです。すなわち、それぞれのルーレットを回した結果は、それ以前の結果とは独立しているのです。黒が何度出ようと、つぎに赤の出る確率はいつも同じなのです。同じように、男の子の赤ちゃんが生まれる確率は、それまでに生まれた子の性別とはなんの関係もありません。こうした勘違いを、*__ギャンブラーの錯誤__といいます。**モンテカルロの錯誤**とも呼ばれるのは、それがカジノの街が利益をあげるための基礎になっているからでしょう。ギャンブラーの錯誤は、人がどのように複雑な判断を下すかの手がかりを与えてくれる、心理学者にとって重要なものです。

＊ギャンブラー錯誤については『知ってる？シリーズ 人生に必要な遺伝50』の29章「ギャンブラーの錯誤」も参照

1770
P・シモン・ラプラス：
錯誤とは認知的な錯覚である

1957
H・シモン：
判断は認知能力を上回る

1972
カーネマンとトヴェルスキー：
ヒューリスティックな判断

代表性ヒューリスティクス

判断という課題の多くは、私たちの情報処理能力を超える負担をつくりだします。そうなったとき、私たちは**ヒューリスティクス**と呼ばれる戦略―― 素早く効率的に判断を下すためのショートカット（近道）―― に頼ることで対処します。こうした経験則は直観に似ています。たえず立ちどまって第一原理から問題を考えぬいたりしなくても、うまく働くからです。問題は、ヒューリスティクスは役立つことは多いけれど、誤った判断にも結びつくということです。その一例が、代表性ヒューリスティクスです。これは、簡単に説明するなら、ある事象が起こる見込みを、それが私たちの経験をよく「代表する」かどうかで判断するというものです。例えば、太陽はいつも東から昇る、だから明日もそうだろうと考えるのは正しい推測でしょう。太陽が西から昇ることは決してないので、明日も同じだと考えるのは妥当な推測です。代表性ヒューリスティクスはおおむねよい判断をもたらしますが、いつもそうとは限りません。例えば、つぎの問題を考えてみましょう。

ある街の、子どもが6人いる家庭すべてを調査しました。男の子と女の子の生まれ順が「女男女男男女」である家庭は72世帯でした。調査された家族のうち、子どもの生まれ順が「男女男男男男」である家族はいくつあるでしょうか？

それぞれの子の誕生は独立した事象なので、この2つの生まれ順が生じる見込みは同じ（どの生まれ順でも同じ）です。ところが、ノーベル賞を受賞したダニエル・カーネマンとその同僚のエイモス・トヴェルスキーが大卒の人々にこの質問をしたところ、80パーセントの人々が、後者の生まれ順が生じる見込みは前者の生まれ順の半分しかないと考えていました。彼らの推論はつぎのとおりです。前者は男の子3に女の子3です。この比は、後者の5対1という男女比よりも、人口全体の比をよく表しています。だから前者の方がより「代表的」であり、より起こりやすいと判断するというのです。「がっかりした女性」の医師から見ると、続けて7人の女の子が生まれることは、50対50という人口全体の男女比を代表していません。だからつぎの赤ちゃんは男の子が生まれる確率が高い、とこの医師は予測し

賢人の言葉

視覚が錯覚を起こすように、心も錯覚を起こす。
――ピエール・シモン・ラプラス（1825年）

たのでしょう。

ギャンブルどころでない騒動も

「代表性」はじつに説得力のある経験則であり、健康問題ではパニックを引き起こすことさえあります。例えば、ある特定の職場や学校、病院で、「通常の」数より多くのがん患者が出ているという観察の結果が現れるとします。これはがんの群発発生と呼ばれます。こうしたときよく見られる反応は、例えば高圧線、空気の汚れ、携帯電話のアンテナの放射などといった、環境的な要因を探すことです。世間の圧力を受けて、保健当局は乏しい財源を原因の追究に注ぎこみますが、そういった要因はまず見つかりません。そもそも最初の観察の結果に問題があるからです。どの建物、どの職場にも、人口全体の中に占めるがん患者の割合と同じ比率でがん患者がいると予測することは、どの家族にも同じ数の男の子と女の子がいるということや、ルーレットで必ず赤と黒が同じ回数出ると予測することと同じです。ランダムな事象はときに、ところどころに集団をつくりだします。このことを理解していないと、無用なパニックが起こり、貴重な財源がありもしない問題に費やされ、現実の問題を解決するのに使われなくなってしまうのです。

リスクを理解する

行動経済学者の研究によると、人は統計的に思考することが苦手です。数音痴と呼んでもいいかもしれません。つぎの例を考えてみましょう。

「フレッドは、彼を知る人たちから、無口で勉強好き、内気だと思われています。彼は細かいことにこだわるほうで、あまり自己主張することはなく、社交的でもありません。」

あなたは、彼が図書館司書と営業マンのどちらになる見込みが高いと思うでしょうか？「考えるまでもなく」、彼は典型的な図書館司書になると感じるでしょう。しかし、少し待ってください。この国に司書が何人いて、営業に携わる人間が何人いるでしょうか？ 営業マンのほうが司書よりおそらく100倍多いでしょう。それに営業マンといっても、何を売るかによってずいぶんちがってきます。フレッドはきわめて専門的で高度な機械装置を研究科学者に売る仕事につくかもしれません。こうした問題は、「基準率の無視」と呼ばれます。どのような状況でも、まず全体の確率を知ることです。

全体の確率を知る

ロトくじに当たる確率はどのくらいでしょうか？　雷に打たれる確率、毒蛇に咬まれる確率、飛行機事故にあう確率よりも低いのです。人はよく、30年以上も前に公開された映画『ジョーズ』のせいで、サメなど見かけたこともない海に入るのを怖がります。保険に入るのも同じことです。飛行機事故の保険と強盗に遭ったとき用の保険、どちらに入るべきなのか。もちろん後者です。強盗に遭うほうが多く、前者は（ありがたいことに）ごくまれです。

基準率の問題とは別に、統計学上の錯誤をもたらす、有名な「大きさのバイアス」もあります。これは、人は小さな数よりも大きな数に注意を向けるということです。これは、自分のお金のことをどう考えてどう使うかといった点で、数音痴の人に最もよく見られるものです。『人はなぜお金で失敗するのか』（鬼沢忍訳、日本経済新聞社）という行動経済学の著作を1999年に出した、ゲイリー・ベルスキーとトマス・ギロヴィッチは、統計学的推論の弱さを克服するのに役立つコツをいくつか記しています。

1　短期的な成功で喜びすぎてはいけない。つねに長期的な動向を見る。

2　平均値に注目する。投資では偶然が大きな役割を果たすため、短期的な偶然の要素にだまされやすい。

3　自分にとって有利な時期を知る。始めるなら早めに始め、インフレの力を無視しないこと。

4　基準率に注意し、把握する。

5　かならずきれいに印刷されたものを読む。大きな文字はいいが、小さな文字が消えてしまうと、見落としが生じる。

ロトで大きく儲けるには

心理学の知識を現実に活かす方法を紹介しよう。宝くじのロト6を買うとき、賞金額を最高にしたいのなら、6つの連続する数字（1、2、3、4、5、6や22、23、24、25、26、27など、順番に並んだパターン）を選ぶことだ。これらは、多くの人たちがありえそうな結果だと思うものを「代表」してはいないので、こうした数の並びを選ぶ人はめったにいない。どの並びも当たる確率は同じ（ほぼゼロに近い）なので、あなたがどの6つの数字の並びを選ぼうと、当たりやすくなったり当たりにくくなったりすることはないだろう。けれども、もし偶然にあなたの選んだ並びが当たったとしたら、少なくとも他の誰かと賞金を分け合う必要はなくなるわけだ。

memo

まとめの一言

認識上の錯誤は、心の働きを知る手がかりとなる

CHAPTER 29 判断と問題解決

知ってる？

判断を左右するものは？

「彼は人物を判断するのが得意だ」
「私は個人的に、彼の判断を信用しない」
「彼らはほとんどの場合、問題を解決するよりもつくりだしている」「この決定の重要性を考えれば、委員会を組織する必要がある」問題解決は、思考の心理学のまさに中心にあります。関連しあうさまざまな論点に関わってくるものなのです。

timeline

1957
ブレインストーミングの概念が示される

1961
グループによる意思決定のリスクが示される

問題解決とは、意図的で目的志向の知的活動です。たいていの「問題」はしじゅう起きているために、とても早く、ほぼ自動的に解決されます。しかし中には、再構成したり、洞察したり、計算し直すことが求められるような問題もあります。ゲシュタルト心理学の知見から、ときには先行して起こる経験が適切な問題解決を混乱させ、悪化させることがわかっています。ある特定の問題への対応に慣れていたのに、その問題自体が変化したため、もう当てはまらなくなってしまったときなどに、そういったことが起こるのです。

賢人の言葉

不合理に記憶される事実は、筋道立った誤りよりも有害である。
——T・H・ハックスリー（1960年）

ヒューリスティクス

「ヒューリスティクス」という言葉の意味は、発見することです。心理学で、問題を解決するために用いる方法（近道であることが多い）の説明として使われます。ヒューリスティクスとは「経験則」です。アルゴリズムを含むこともあり、問題解決に向かう筋道であるその手順は、複雑かつ論理的です。

毎日のように意思決定を行っている人は、幅広くシンプルな、おおむね正確で効率的なヒューリスティクスを求めます。これは迅速に決定を下そうとするときには非常に有益なもので、通常は詳細な情報を得るのが簡単でないときに使用されます。実際のところ、あるひとつの問題を解くために、同時に多くのヒューリスティクスが使われることもあります。

私たちは“できるだけ認知的な負荷を減らそうとする”性質があるので、意思決定の際に確信がもてないときに、ヒューリスティクスを利用します。ヒューリスティクスとは進化の過程や学習によって人間に組みこまれた、単純で効率的な法則です。人が複雑な問題や不完全な情報に直面したとき、どのように典型的に決定を行い、判断を下し、問題を解決するかを説明するためのものです。以下の例を考

1972
集団思考が記述される

1982
カーネマン、スロヴィック、トヴェルスキー
『不確かな判断—ヒューリスティクスとバイアス』

2002
心理学者カーネマンが
ノーベル経済学賞を受賞する

えてみましょう。

代表性ヒューリスティクス

これは、グループやカテゴリーに属する中で、特に典型的な（つまり代表的な）ものが最もひんぱんに意識されるというものです。このヒューリスティクスは、基準率の情報や、問題の全体的な発生のしかたや、集団の中のグループを無視する傾向があります。研究によると、人は小標本から取り出された結果も、大標本から取り出されたものと変わらず有効だと信じやすいのです（CHAPTER8を参照）。

利用可能性ヒューリスティクス

これは、容易に頭に浮かんでくる事例や事象と、それが判断に及ぼす効果についてのものです。思い出しやすく鮮明で、想像することが容易な事例は、必要以上に大きく考慮されます。人は記憶に残りにくい出来事よりも、鮮明な出来事や具体的な事例のほうをよく覚えているので、その重要性やもう一度起こるという確率を過度に強調するのです。また別の例としては、人は自動車事故よりも飛行機事故で死ぬことのほうが多いと考えます。これは飛行機事故のほうが広く報道され、記憶に残りやすいためです。

係留ヒューリスティクス

これは決定を行うときに、あるひとつの特性や情報に強く頼りすぎる（「係留する」）という、人間一般の傾向を説明する認知バイアスです。このヒューリスティクスによると、人はまず暗黙のうちに示された基準点（係留点）を基に判断をし始め、そこから自分の見積もる値に達するために、調節を加えます。ある研究で、アフリカの国連加盟国は全体の何パーセントあるかと聞かれる場合、最初に「その数字は45パーセントより上か下か」と聞かれた人たちは、「65パーセントより上から下か」と聞かれた人たちよりも、その数字を低く見積もりました。係留と調節は、その他の種類の見積もり、例えば適正な値段かよい取引かといった認識にも影響を及ぼします。

賢人の言葉

みんなが彼の記憶力について不満を口にしたが、彼の判断の欠如については何も言わなかった。
——フランソワ・ド・ラ・ロシュフコー（1678年）

賢人の言葉

ミスを犯せる能力こそ、知性のより高い段階を示す証拠である。
——H・プライス（1953年）

ビジネス上のバイアス

ビジネス上の問題解決のバイアス（偏り）や錯誤の応用は、行動経済学として知られるようになりました。これはお金のからんだ問題での一般的な意思決定の態度に注目するものです。

・確証バイアス、自分の案を確証あるいは支持する情報だけを探すこと。

・楽観性バイアス、自分の判断は他の人の判断よりもすぐれていて、不運は自分以外の誰かに起こるものだと信じること。

・支配バイアス、自分が組織や国で起こる出来事の結果に、現実よりもはるかに大きな影響を与えられると信じること。

・過信バイアス、自分の予測や判断がつねに最高のものだと信じること。

・精神の固定化、日常の出来事に過剰もしくは過少に反応すること。

こうしたバイアスはまだ数多くあり、自分の判断がすばらしく冷静で合理的なものだと思いこんでいる人たちは、それを読んで深く失望し、意気消沈します。

ブレインストーミング

ブレインストーミングに関する結果は、とりわけ驚くべきものです。人はひとりで仕事をするよりも、各自が発想を出し合うグループの中で仕事をするほうが、より「創造的な」解決策を思いつくことができるといわれます。その発想の根底にあるのは、ある手順（多いほどいい、自由な発言が奨励される、批判はしてはいけない）に従えば、すばらしい結果が出るというものです。しかしデータによればそういったことはなく、ひとりで取り組むほうがむしろ結果はいいのです。なぜでしょうか？ 第1の理由は**評価懸念**です。つまり、人はグループの中では自意識をもっており、周囲から認められないかもしれないと自分で抑制するために、せっかくの案を言わずにすませてしまうのです。第2に、**社会的手抜き**があります。これは単に、人はグループになると、他の人間に仕事をまかせようとするということです。第3に、**生産阻害**があります。人は周囲でがやがやと騒がしくされると、ものがよく考えられないということです。何かをつくりだすという問題では、ひとりで働いた人たちの結果を足し合わせるほうが、ブレインストーミングをしたグループよりもよい答えが多く得られるのです。

グループで決断する

人はグループになったときとひとりのときでは、どちらのほうがよい決定を下すでしょうか? このテーマについては、社会心理学的には興味深いものの、直観とは相容れない知見がいくつかあります。ポイントは、意思決定を行ううえでの多数のステップです。私たちは、まず状況を分析し、それから目標を決めます。つぎに決定の仕方を決め(誰が、いつ、どのように、どこで)、代わりとなるよりよい解決策を探します。それからその代替案を評価し、選択を行い、その選択を評価し、結果から学ぶ、というプロセスをとるのです。ここである重要な問題がしばしば見落とされます。私たちはそれをひとりで決めるのでしょうか、専門家を呼び入れるのでしょうか、それとも、仲間をつくって決めるのでしょうか?

グループの二極化

グループの二極化についても、同様に興味深い研究があります。ほとんどの人が考えるように、もし決定がグループ(取締役会や陪審)によってなされれば、個人がひとりで同じ判断をするときと比べ、比較的穏健な、極端に走らない決定になるだろうと思われます。ところが、グループによる意思決定はしばしば、より極端な決定につながるのです。第1に、多くの人は社会的比較、つまり自分たちを別のグループの人たちと比較します。そうすることで彼らは、公正さ、正当性、リスクなどに関する特定の文化的価値をより強く支持しようとします。また環境汚染や子どもの保護といった問題になると、グループは(個人よりも) 非常に保守的、リスク嫌いになりやすいでしょう。いっぽう転職や休日の楽しみ方のアドバイスとなると、その傾向は逆になります。また、グループの人々が、自信たっぷりで弁の立つ人から説得力に富んだ情報を聞かされると、グループ全体の意見がある立場のほうへ強く揺れ動きます。

集団思考

きわめて不満足な決定を下すグループについて多くの研究が行われ、集団思考という概念が発展することになった。こうした事態が起きるのは、自分たちは無敵だという幻想をグループ全体が抱き、合理化に時間をかけすぎる（目前の問題について合理的であるのとは対照的に）ときだ。自分たちは道徳的、倫理的に他のグループよりすぐれていると信じこみ、他の人たちを否定的に類型化することに多くの時間を費やしてしまう。彼らはまた、「規則に従う」「忠誠心を表す」といった、強くて不健全な同調への圧力を経験する。このことが自己検閲につながり、提案に異議を唱えたり、重要で実のある反論をしたりできなくなるのだ。実際にこうしたグループにはしばしば「心の番人」がいて、全員が同じように思考することを求める。それが、空虚な全員一致の印象をもたらすのだ。

まとめの一言

判断はしばしば、文脈の影響を受ける

CHAPTER 30 今さら投資はやめられない

合理性と問題解決

知ってる?

投資をやめられなくなるのは?

あなたの好きなアーティストの公演が近づいてきました。
あなたはそのチケットを持っています。ところが当日になって、
悲しい知らせを2つ聞かされます。あなたのお目当てのスターは
体調をくずしてしまい、代役が立てられることになりました。
しかも交通機関がストライキ中で、会場にたどり着くのも
家に帰るのも非常に不安です。もしそのチケットが、
得意客か友人から感謝のしるしにもらったものだとしたら、
あるいは自分で1枚に100ドル払ったのだとしたら、
あなたはどうするでしょう?

timeline

1968
最初の古典的な実験

1979
プロスペクト理論が論じられる

賢人の言葉

愛して失うことは、まったく愛さないよりよほどいい。
——アルフレッド・ロード・テニスン（1880年）

埋没費用の誤謬は、人は自腹でチケットを買った場合、自分の知らない人のコンサートでさえ、何としてでも出かけようする傾向があるということを、はっきりと示しています。ポーカーでも同じことがいわれています。人は金を多く注ぎこむほど、なかなかゲームからおりたりやめたりしなくなるのです。これは古典的な**損失回避**の例です。使われないチケットは損失を意味します。もっと悪くいえば、お金を無駄使いすることなのです。

あなたは仕事から帰る途中、すばらしいお買い得品があるのに目をとめます。とびきりおいしい持ち帰り料理が、いつもの値段の25%引きで売られていました。あなたは喜んでひとつ買って帰りますが、家に着いたとき、友だちと一緒に食事をしたいと思い立ちました。そこで、友達に電話をし、了解をもらったので、あなたは同じ料理を買いに走ります。ところが不運にも、料理の安売りはもう終わっていて、あなたは同じものを正規の値段で買わざるをえなくなりました。さらに悪いことに、あなたは両方の料理を温めていたところ、友人から、急用ができたので行けなくなったという電話が入ってきました。あなたの前にあるのは、温めてしまった2つの料理です。とっておくことはできないので、ひとつを捨てるしかありません。こうした場合、どちらもまったく同じ料理なのに、人は必ずといっていいほど正規の値段で買ったほうを食べるのです。

経済的思考

経済学者たちは、合理的な決定をするときには、埋没費用を考慮に入れてはならないことを主張します。古典的な例を示しましょう。あなたは映画のチケットをまちがって買ってしまう。もう払い戻しはできない。これが埋没費用です。あなたにはつぎの2つの選択肢があります。

1985
この主題についての
主要な論文が発表される

1999
ベルスキーとギロヴィッチが、
損失回避について有益な発表を行う

2000
コーエン『相場を動かすブルの心理、ベアの心理』（椿正晴訳 主婦の友社）

・チケットの代金を払ってしまったのだから、見たくなくてもその映画を観る。

・チケットの代金を払ってしまったけれど、ただ「ついてないわ」と言って、もっと楽しいことに時間を使う。

チケットを買ったことは悔やまれても、あなたの現時点での決定は、そもそも映画を観たいかどうかに基づいて行われるべきでしょう。その映画が無料だとして、観にいくかどうかを考えるのです。合理的に思考する人なら、第2の選択肢に含まれる悩みはおそらくひとつだけ（お金を無駄に使ってしまったこと）ですが、第1の選択肢には2つ（お金と時間を無駄にすること）含まれるため、第2の選択肢のほうが明らかに好ましいといえるでしょう。

多くの人は、資源を「無駄にする」のを嫌います。本当は観たくなくても、義務感に駆られて映画に行く人は多いでしょう。そうしなければ、チケット代が無駄になってしまうからです。苦労して稼いだ税金を引かれた後のお金を、どぶに捨てるようなものではないでしょうか。これが埋没費用の誤謬です。「誤謬」という言葉に注意してください。厳密には、この行動は不合理なものです。決定とは関係のない情報を頼りに、まちがったところに資源（時間）を割り振るために、非効率的なのです。

埋没費用はしばしば、驚くべき費用のムダづかいをもたらします。埋没費用の一例としては、ある工場や機械、研究プロジェクトに投資したところ、期待よりもその価値が低いか、あるいはなんの価値もないことがわかる、というものです。また、政府が現実に必要な原子力発電所に5000万ポンドを費やしたのに、資金が尽きてしまったとします。施設が未完成である以上、現在の価値ほぼゼロです。しかし2000万ポンドの追加があれば完成させられ、あるいは完全に放棄してしまえば、まったく別の環境にやさしい風力発電の施設を、わずか1000万ポンドで建設できるとします。元の計画を捨てて代わりの施設を建てると、最初の投資は完全に失われることになりますが、そのほうが合理的な決定といえます。投資された5000万ポンド

賢人の言葉

過去は外国である。
そこでは今とはちがった物事が行われる。
——L・ハートリー（1950年）

賢人の言葉

夢はつねに過去に存在する。
——A・フィリップス（1993年）

は埋没費用となります。それなのに、どうして政治家たちは、（経済的には）不合理な、原発計画の完了のほうを選ぶのでしょう？

心理学者によると、埋没費用がたびたび決定に影響を及ぼすのは、損失回避のせいです。払った金は無関係であるべきなのに、過去に払った代金が現在および未来の価値の水準点になるのです。これは不合理な行動です。人は過去にとらわれます。損失を取り戻すために、悪い決定の埋め合わせをしようとするのです。

この埋没費用は、ヨーロッパでは「コンコルド効果」と呼ばれることもあります。1950年代から60年代にかけて、英仏の両政府は夢の超音速旅客機コンコルドの共同開発を行いました。やがてこの飛行機が経済的な状況にそぐわなくなってからも、両国は出資をやめず、お金は失われるばかりでした。イギリス政府は非公式に、この計画は「商業的には大失敗」であり、着手するべきではなかったということを知っていました。しかし、単に悪い意思決定というだけでなく、そこには要人たちの面子や政治的な要請がからんでいたのです。

悪いことのあとで、さらに大金を捨てる

行動経済学者たちは、損失回避と埋没費用の誤謬に陥りやすい人たちの特性を知っています。すでにそのプロジェクトに投資していて、そのうえで重要な支出の決定をするかどうかが典型的な特徴である、と彼らは言います。損失回避は、投資したお金を失うのがいやでうまくいっているときに売ろうとしたり、株価が下落したときに市場からお金を引き上げたりする傾向と関連があります。あなたがよりよい決定を下せるように、彼らはつぎのようなアドバイスをしています。

・リスク耐性を評価する、つまり状況が悪くなったときの損失およびパニックに対する境界線を調べることで、少なくとも自分のことをより意識できるようにする。

・多角化の戦略をとることで、事業／投資／仕事のうちひとつの面がうまくいかなくなったとしても、あまり感情的にならず、冷静に対応できるようにする。

・全体像に焦点を当て、長期的な目標や戦略を見つめることで、状況が悪化したときに衝動的に過剰反応するのを避けやすくする。

・過去は忘れる。過ぎてしまったことはしかたがない。不運や悪運の犠牲者になってはいけない。過去を正当化するのではないことを覚えておく。過去ではなく、現在と未来の状況を見つめることだ。

・損失を利益としてとらえなおそうとする。損失は価値ある教訓を教えてくれるかもしれない。税の負担が減るかもしれない。過去は変えられなくても、過去についての考え方は変えられる。

・利益を大きく引き延ばし、損失を小さくまとめる。好ましい結果はさまざまなときにやってくるが、悪い知らせは一時にしかやってこないようにすれば、いいときはうまく対処でき、悪いときには抜け出しやすくなる。

・気持ちを明るく保ち、投資のほうにあまり注意を向けないようにする。株の動きを毎日読むのはやめて、週一度にすること。損失回避に陥って心の平和を脅かされないようにする。

賢人の言葉

過去を制する者は、未来をも制する。
――ジョージ・オーウェル（1948年）

古典的研究

1968年に古典的ともいえる埋没費用の実験が行われている。2人の研究者が141人の競馬愛好家を対象に実験を行った。72人が30秒前までに2ドルのお金を賭けたばかりで、残り69人はこれから30秒以内に2ドル賭けるところだった。研究者たちの仮説は、自分の考えを行動に移した（2ドル賭けた）ばかりの人たちは、自分が勝ち馬を選んだと強く信じることで、決定後の不協和は減っているだろう、というものだった。そして、ギャンブラーに、自分の選んだ馬が勝つ可能性を7段階で評価するように求めた。すると、今から賭けようとする人たちが、自分の馬が勝つ見込みを評価した点数は平均3.48で、「勝つのは五分五分」と考えるのに相当する値だったのに対し、賭けを終えたばかりの人たちの点数は4.81で、これは「勝ち目がある」とするのに相当するものだった。彼らの仮説は裏づけられた。2ドルの賭けを終えたあとでは、人は自分の賭けが上手く行くという確信を強めるのである。この研究者たちは、馬主たちにも追加の実験を行い、（正規化の手順ののち）、ほぼ同じ結果を得た。

まとめの一言

埋没費用が、
正しい判断のじゃまをする

CHAPTER 31 合理的な意思決定

知ってる？

あなたの意思決定は正しいか？

人間はなぜ、後悔するのだろうか。
そのような気持ちを振り払おうと努めたとしても、
どうしてある自然な衝動に従ってしまったのかと感じる。
そしてなぜ、自分の振る舞いは後悔すべきものだと
さらに感じるのだろうか。こうした点で人間は
下等な動物とは大きく異なっている。

―― C・ダーウィン　1862年

timeline

1947
意思決定の規範理論

1981
フレーミングの重要性が記述される

賢人の言葉

後悔のない人生や、慰めのない人生はない。
——A・ベネット（1995年）

問題解決は意思決定と似ていますが、同じではありません。問題解決では、なるべくよい解決策を見つけようとしますが、意思決定では、その解決策のどれかを選択します。人はそれぞれ習慣的なやり方で決定を行う傾向があります。それはプラス面とマイナス面をリストにしたり、他の人に相談したりします。決定はひとりで行われたり、他者とともに行われたりします。冷静に、あるいはたっぷりと感情をこめて。

人はほぼ誰でも、自分はおおむね合理的な決定を行うと信じたがります。これは経済学の専門用語で、効用最大化と呼ばれます。人は最も起こりそうなことを（確率論的に）探りあて、その結果が自分にもたらす価値（効用）を考えます。そしてその2つを掛け合わせて、最良のものを選ぶのです。これは規範理論と呼ばれます。しかし、ひとつ重要な問題があります。意思決定を行う人たちを扱った研究から、とりわけ損失と利益のことになると、人はそのようには行動しないということが示されています。人は利益よりも損失の可能性のほうに引き寄せられるのです。

プロスペクト理論

カーネマンとトヴェルスキーは、プロスペクト理論に関する功績によって、2002年のノーベル経済学賞を受賞しました。この理論は、リスクを含むさまざまな選択肢——不確かな結果を伴い、その確率がわかっているもの——からどのような決定を行うかを説明するものです。

研究によると、人々は利益よりも損失のほうにずっと敏感であり、だからこそ損失を避けるために、しばしば進んで深刻なリスクをとろうとすることを示しています。つまり、市場が下落したときに（不適切にも）株を売ったり、古くて故障がちの自動車を、もう何度も修理し

1984
プロスペクト理論が提出される

2000
意思決定科学が盛んになる

2002
カーネマンとトヴェルスキーがノーベル賞を受賞する

てきたからという理由で、またくり返し修理したりもするのです。

人々は、どのような結果を基本的に同じとみなすかを決め、参照点を設定して、それより低い結果を損失、高い結果を利益と考えます。非対称的なS字曲線は、「損失があったときの感情的反応は、利益があったときの反応の2倍である」というウォーレン・バフェットの知見を表しています。人は利益との関連においてはリスク嫌い（安全第一）ですが、損失嫌い（損失を避けるためにギャンブルする）でもあります。大きな利益の主観的価値は、小さな利益と比べてあまり大きくないため、利益の規模を高めるためにギャンブルをしようとする動機はほとんどありません。

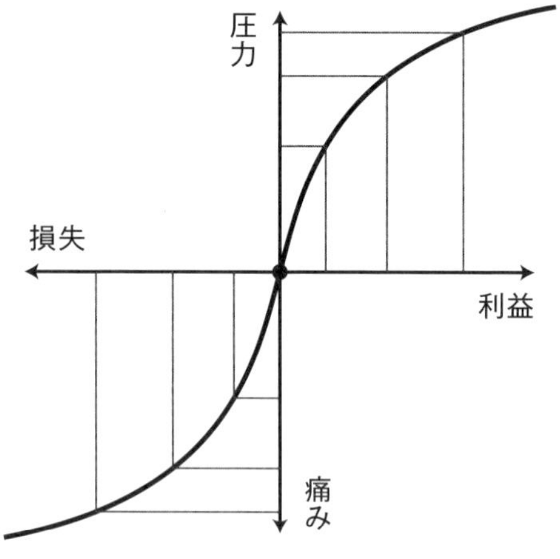

S曲線

プロスペクト理論の重要な意味は、リスクの高い状況のフレーミングです。以下の例は、フレーミングが人々にどのような効果をもたらすかを浮き彫りにするものです。

多くの人々が、あなたは科学者となって、600人の命を奪うと予想される病気に取り組んでいると想像するように言われます。この病気と戦うために、2つの異なるプログラムが提案されています。そして被験者の第1のグループは、つぎの2つのプログラムからひとつを選ぶように言われます。

プログラムA：200人が救われる。

プログラムB：600人が救われる確率が3分の1で、
ひとりも救われない可能性が3分の2である。

このグループでは、被験者の72パーセントがプログラムAを選び、残りの28パーセントがプログラムBを選びました。
第2のグループは、つぎの2つからひとつ選ぶように言われます。

プログラムC：400人が死ぬ。

プログラムD：ひとりも死なない確率が3分の1で、
600人が死ぬ確率が3分の2である。

この意思決定フレームでは、78パーセントがプログラムDを選び、残りの22パーセントがプログラムCを選びました。しかしプログラムAとC、プログラムBとDは、実質的に同一です。被験者の2つのグループで意思決定フレームを変えたことが、第1のグループはプログラムA／Cを、第2のグループはプログラムB／Dを選ぶという、選択の逆転を生んだのです。

フレーミング効果

ある状況をどのように提示し、あるいは提示の仕方をよくしたり、フレーミングするかによって、人々の反応のしかたに強い影響を及ぼします。あなたは5パーセントの値引きをしてもらうほうがいいでしょうか、それとも5パーセントの追加料金を避けられるほうがいいでしょうか？ 実質的な値段は変わらなくても、ちがったようにフレーミングされると消費者行動に大きな影響を及ぼすため、これはマーケティングの世界では非常に重要な分野となります。そのために、こういった広告が生まれるのです。「15日までに加入なさらないと、あなたは大きなチャンスを失うことになります……」

選択に利益の可能性がからんでくるとき、人はリスクを避ける傾向がありますが、選択に損失の可能性がからんでくるときは、その損失を最小化するためにリスクをとろうとします。あらゆる経歴をもつ人々、あらゆる年齢の人々がすべて、利益の喜びを最大化するより、損失の不快さを最小化するほうを選ぶのです。

ある研究では、健康に関するビデオが2種類つくられました。女性たちに乳房検査とマンモグラフィを同時に受けるよう説得するためのビデオでした。どちらも内容はほぼ同じで、同じ医療的、統計的事実を提示しています。しかし、ひとつはスキャンを受けることの利点を強調しているのに対し、もうひとつはスキャンを受けないことのリスクを強調するものでした。すると理論が予測するとおり、リスクに焦点を当てるビデオを見た女性たちのほうが多くスキャンを受け

賢人の言葉

決定が下せないということだけが習慣になっている人間ほど、悲惨なものはない。
――W・ジェイムズ（1890年）

ることを選んだのです。

もし大勢の人たちに健康上の予防処置（避妊具やコンドームの使用）をとらせようとするなら、そうした処置の良い点を強調するのが最良のメッセージだという研究もあります。しかし検査薬（HIV検査など）を試させたいのであれば、否定的な面に焦点を当てるのが一番でしょう。ある行動を低リスクと見るか、高リスクと見るかは、損失重視のメッセージか利益重視のメッセージのどちらが最も効果をあげるかによって決まります。

重要なのは実際の損失ではなく、その損失の知覚なのです。人はなんらかの理由でいったん多くの時間、金、エネルギーを費やしてしまうと、それが良い考えでなかった、価値のない支援だったと納得することはきわめて難しくなります。

起業家的リスク負担

リスク負担は根本的にパーソナリティ要因なのでしょうか？ 人には明らかにリスク嫌いのタイプと、リスクをとることをいとわないタイプがいます。リスク嫌いの人たちが安全に深く関心を寄せるのに対し、リスクをいとわない人たち、特にリスク追求型の人たちは、利益への欲求に突き動かされているのでしょうか？ リスク追求型の人たちは、損失が起こりうるときに気概を示す一方、リスク嫌いの人たちは、利益の可能性があるときに元気になります。

成功した起業家たちについて調べた結果によれば、彼らはたしかに、リスク嫌いではありません。非常に活動的、好奇心旺盛で、進んで「ほどほどの」リスクをとろうとします。精力的で、業績志向で、楽観主義的です。失敗を受けとめ、ミスから学ぼうとする気持ちの用意があります。そして、たえず機会を追い求めます。プロスペクト理論の用語でいえば、損失回避性とリスク回避性が低く、リスク追求型です。彼らは前向きになれるように意思決定フレームを変更する傾向があり、麻痺に陥って決定が下せないということはめったにありません。

賢人の言葉

医者が考えているうちに、患者は死ぬ。
——ことわざ

決定麻痺

プロスペクト理論から、人はなぜ行動すべきでないときに行動するのか、また行動すべきときに行動しないのかが説明できる。興味深いことに、人は人生の中で選択の幅が広いほど何もしない傾向が強く、魅力的な選択肢があればあるほど先延ばしや麻痺はひどくなる。また決定を行うのを長く延ばすほど、ためらいを克服しにくくなる。ある研究では、対象の人々に、質問表に回答してくれればそこそこの報酬を出すと伝えたうえで、何人かには締め切りは5日後と言い、また何人かには締め切りは21日後と言い、残りのグループには締め切りはないと言った。すると、5日のグループは66パーセントが質問表を返したが、21日のグループは40パーセント、無期限のグループは25パーセントしか返さないという結果が出たのだ。

決定麻痺になりやすい人たちに、以下のアドバイスを送ろう。

・決定しないこと自体が、ひとつの決定であることを知ろう。先送り、受動攻撃性、引き延ばしは、現状に対するなんらかの信頼を示すためのよい方法ではない。

・機会費用を過小評価してはいけない。何もしないことのコストは、「次善の」何かをするコストよりも高いかもしれないということだ。

・一定のルールに従い、多くの決定を抱えて苦しまないようにすむために必要な、自動操縦システムをもつこと。

・あえて異を唱えてみるのを忘れないこと。最初の前提を疑い、現在の位置からではなく、まったくのゼロから始める。問題を逆にして考えてみる。

まとめの一言

つねに合理的な決定を下せるとはかぎらない

CHAPTER 32 過去の記憶

知ってる?

思い出がよみがえるのはいつ?

記憶はふとよみがえる、日陰の乾いた
ゼラニウムから、裂け目の埃から、街路の栗の匂いから。
隠された部屋の女の匂い、廊下のタバコの匂い、
バーのカクテルの匂いから。

―― T・S・エリオット 1945年

timeline

1880年代
ゴルトンが自伝的記憶に注目する

1913～27
プルースト『失われた時を求めて』(鈴木道彦訳、集英社 他)

賢人の言葉

記憶される内容の大半は、蓄えられた断片から再現される。
――J・フォーダー（1975年）

ある歌やにおい、味がきっかけで、「何もかもを思い出す」という経験は、おそらく誰にでもあるでしょう。特徴のあるにおいは、直接的な、強い記憶を引き出します。青年期に聞いた歌はすぐに、長く忘れていた時代やその頃の感情へと人をいざないます。そして子どもの頃や故郷の食べ物の味は突然、まったく思いがけないような記憶をよみがえらせることがあります。

マーケティングに携わる人たちは、そのことを熟知しています。彼らは店の中を季節感のあるにおいで満たしたり（クリスマスの松毬、夏のココナツ油）、買い物客の気分が変わると思われる質感（清潔感や暖かみ）を強調したりすることで、購買意欲をそそろうとするのです。またムード音楽をかけることで、同じ効果を得ようとします。

自伝的記憶

人はみな、過去の記憶をもっています。子どもの頃、学校時代、青年期、初めての仕事など。きわめて具体的な出来事の記憶も、より一般的な出来事の記憶もあります。非常に特定的で、確認するのが可能な事実に関する記憶もあるかもしれません（結婚式の日の天気、初めて乗った車の型式）。振り返ると、人は人生の2つの時期の記憶が最もはっきりしています。思春期から青年期（例えば12歳から25歳）の記憶、そしてここ5～6年の記憶です。

ほとんどの人は、**幼児期健忘**といって、幼い頃のことをほとんど覚えていません。このことを説明するのに、さまざまな説明が考え出されてきました。脳が未発達である、情報を蓄えておけない、あるいは記憶を蓄えるための複雑な言語を知らない、といった理由が考えられます。子どもが世界を見る目は、大人のそれとはまったくちがっているため、記憶が残っていても、実際にそこにアクセスする手段がないのかもしれません。

1920
個人データの研究が始まる

1970年代
日記の研究が始まる

1977
フラッシュバルブ記憶の概念が導入される

この現象を研究する方法としては、子どもとその母親に質問をする、例えばきょうだいが生まれたときのくわしい話を聞くというものがあります。質問は、母親が病院へ行ったかどうか、それはいつのことか、その間誰に面倒を見てもらったか、何回お見舞いに行ったか、どんなふうに行ったかなどです。この手法を用いた研究でわかったのは、子どもは自分の母親の記憶の3分の2くらいはあるにもかかわらず、3歳より前のことはほとんど何も覚えていないということです。

ここで重要になってくる疑問は、人がどの「事実」を覚えていて、どの「事実」を忘れるのか、そして、それがシステマティックに歪められるのかどうかということです。たしかに、過去を想起する私たちの能力は、さまざまな事柄から影響を受けるかもしれません。例えば日記をつけていたかどうか、さまざまな出来事の音声や画像の記録をとっていたかどうかといったことです。時間がたつうちに、記憶は歪められ、構成され、再構成されます。特にその出来事がしばしば語られたり、めったに語られなかったりする場合、その傾向は強まります。人は細部よりも出来事の意味や意義を解釈します。同様に、ひとつか2つのごく強いイメージ（映像、音）によって、それが全体へと統合されます。自伝的な事実と、一般的・個人的な記憶にはきわめて大きな違いがあります。

方法

イギリスの偉大な心理学者サー・フランシス・ゴルトンは、1880年代に、人の個人的な記憶に初めて注目しました。彼は多くの人たちに「家」や「父親」といったひとつの単語を与え、その名詞に関連する特定の出来事を思い出すように言い、その詳細さ、強さ、鮮やかさをすべて評価したのです。別の研究者たちは人物や出来事についての個人的な記憶をマッピングし、それが起こる過程を理解するような面接のスケジュールを開発してきました。科学的な研究を進めるための真の問題は、こうした実際の記憶を検証することなのです。

自分の自伝的記憶を6年間にわたって調べた、あるオランダ人心理学者の魅力的な記録もあります。彼は毎日、自分に起こる出来事を記録しつづけ、それは全体で2400以上に及びました。それからそ

賢人の言葉

記憶とは、私たちには制御できない権威によって調べられ、その後ばらばらな状態でもどされるカード索引である。

——シリル・コノリー（1950年）

の記憶に対する自分の記憶を12カ月ごとに検証し、誰が、何が、どこで、いつといった問いに自分が答えられるかどうかを調べました。すると「いつ」の問いが最も答えづらいことがわかったのです。また、これは驚くことではないかもしれませんが、出来事が珍しく、強い感情がからんでいるほど、その記憶はたしかなものでした。興味深いのは、記憶は不快なものであるほど、忘れ去られるのが早いということです。完全に忘れていたように思えるある事柄が、何かのきっかけや刺激で、ほぼすべてよみがえってくることもあります。

記憶を調べる方法がその想起に影響を与えるという研究があります。出来事を再生するよりも再認するように求めた方が影響は大きく、後者よりも前者の方が思い出しやすいことがわかっています*。また、出来事が日記にきちんと記録されているかどうか（ビデオ日記でもいい）という点も、大きく左右されます。

＊再生とは思い出したことを自由に答えてもらうこと。一方、再認とはYes／No判断のように、二者択一的に答えられるもの。再認の方が再生よりも記憶の成績がよいことが知られている（訳注）

歪み、曇り、作話

真実と正確さの間には、ひとつの重要な区別があります。もしある人がある状況の全体像（全般的な経験や感じたこと）を思い出せれば、それは真実と呼ぶことができます。しかし正確だといえるには、それがあらゆる点で正しくなければなりません。その意味で、ほとんどの自伝的記憶は真実といえるのです。ほとんどの普通の人たちの自伝的記憶は、自分の人生のおおよその輪郭を正しく覚えているという意味では、比較的誤りは少ないでしょう。しかし、こまかな情報を要求すると、いろいろなまちがいが生じます。

脳の損傷によって健忘になった人たちの中には、記憶が曇らされている人もいます。これは、あるときには物事を覚えているようなのに、別のときには忘れているという意味です。つまり、情報を蓄えているのに、ときどきアクセスするのが難しくなるように見えるのです。しかし、他の脳損傷の患者の中には、きわめて具体的であるにもかかわらず、明らかに誤った自伝的記憶を持つ人たちがいます。本物の記憶とつくられた記憶の区別がつかない人もいて、これは「遂行機能障害」と呼ばれ、きわめてまれな例です。

個人データ

過去は現在を予言する、と主張する人は多くいます。つまりあなたのこれまでの生い立ちは、あなたがどのような人物であるかをほぼ説明しているというのです。そのために伝記への関心が高まっています。臨床心理学者だけでなくビジネス心理学者も、この現象に興味を抱き、その人がいくつの学校に通ったか、最初に生まれた子ども、つまり長子かどうか、学校でクラス委員に選ばれたか、何歳で結婚したか、などを考慮に入れることで、その人が特定の仕事でどれくらい良い成績をあげるかを予測しようと試みています。通常、これらのデータは、個人の教育、仕事、個人史にまつわるもので、健康状態、血縁関係、趣味、金銭習慣、個人的習慣なども含まれます。この選抜方式は、伝記的事実だけを証拠として認めることで確実なものにしようと試みています。

忘れること

高齢者の多くは、去年のことよりも中学校時代のことのほうがずっと明瞭に思い出せる。興味深いことに、私たちが人の顔を見分ける能力は、その名前を言い当てる能力よりもはるかに長持ちするようだ。もしあなたが学校や大学である言語を教わったとすれば、その後2～4年の間にかなり多くの部分を忘れてしまうだろうが、記憶に残ったものはきわめて強固で、40年以上もほぼ同じままでありつづける。泳ぎ方や運転のしかた、スケートなどは一度覚えると、そのスキルは容易に保たれる。それはつまり、いわゆる閉ループ――ひとつの動きがはっきりとつぎの動きにつながっていく――を含むスキルである場合だ。タイピングのように、動きが関連しあわない開ループのスキルでは、同じことは起こらない。

フラッシュバルブ記憶

これは非常に印象的な、ある大きな出来事をめぐるごく特定的、個人的な記憶を指す用語だ。これが導入されたのは1977年で、1963年のジョン・ケネディ暗殺の記憶についての調査が行われた年だった。フラッシュバルブ記憶に関連する要素は6つある。

・場所、つまり、どこでその出来事が起こったか。

・進行中の出来事、つまり、そのときあなたは何をしていたか。

・情報提供時の状況、つまり、あなたはどのように事件を知ったか。

・他の人たちへの影響。

・あなた自身の感情的な反応。

・その出来事の直後の様子。

自伝的記憶の一部もこれに似ているが、自伝的記憶は通常、有名な歴史的事件に注目する。

まとめの一言

さまざまな刺激が記憶を呼び起こす

CHAPTER 33 目撃者の見たもの

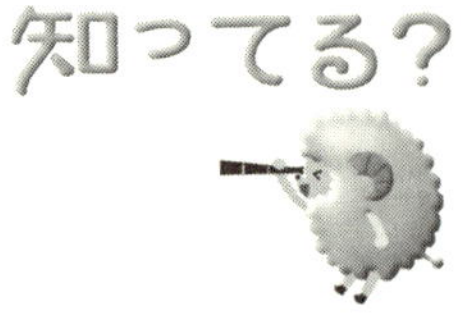

目撃者の証言は信用できる?

今朝の新聞を買った相手を、あなたは正確に
特定できるでしょうか? 押し入った泥棒のせいで
目を覚まし、ほんの一瞬しかその顔を見なかったとき――
昔ながらの面通しの場で、確実にその人間を「指さす」ことは
できますか? 獄中で長くわびしく暮らしている人たちの中に、
いわゆる「犯罪者タイプ」に見えるために、自信たっぷりに
まちがって特定された囚人はどれだけいるでしょうか?
そして、ひとり以上の目撃者から特定されなかったおかげで、
重罪を免れている人間はどれだけいるのでしょう?

timeline

1890
ウィリアム・ジェイムズが
想像された記憶について語る

1904
事件の想起についての研究が始まる

目撃者による識別の心理学は、心理学と法律の分野が交わる、応用心理学の最も重要な分野です。弁護士、裁判官、警察、心理学者たちは、誤った確信のせいでしばしば誤審が起きることを強く意識しています。特にその証人が明晰で自信に満ち、言葉も巧みである場合、陪審員の決定に与える力はきわめて大きいものであることを、彼らは知っています。

陪審員は目撃証人の報告の重要性を過大評価します。たったひとりの証人の証言で、有罪判決の下る率は20パーセントから70パーセントにはねあがるのです。ほとんどの人は、いかに多くの要因が事件の記憶に誤った影響を及ぼすかをまったく知りません。目撃した状況の悪さ、目撃した時間の短さ、ストレスなどはすでに確立された要因ですが、さらに期待、バイアス、当人のステレオタイプな見方、誘導訊問といったすべての要因が入りこみ、誤った報告をもたらすのです。

目撃者

いくつかの要因が個々の目撃者に影響を与えています。それには性別、年齢、人種のほか、パーソナリティや教育もありますが、おそらくより重要なのは、人物や出来事を観察する訓練と経験であり、こうしたすべてが正確に想起することに影響をもたらしうるのです。女性は男性とはちがった点に目をとめますが、目撃の正確性において男女差を示す証拠はごく限られています。高齢者は視力や記憶力が劣っている可能性があります。こうした課題については、若い成人がよい成績を示すことが知られています。また、人は自分の人種グループに属する人間を同定することに長けています。

文脈の要因

目撃された事件に関連する状況要因は数多くあります。その中には

1976
イギリスで目撃者証言に関する法律委員会が開かれる（デヴリン判事）

1979
ロフタス『目撃者の証言』（西本武彦訳、誠信書房）

1988
認知面接法が考案される

犯罪のタイプも含まれていて、複雑性、持続時間、事件への実際の関与だけでなく、現場の暗さ、時間帯、その場にいた他の人間の数が挙げられます。目撃者はストレスが強いほど、正確に思い出せなくなります。また、すでに立証された「凶器注目効果」がありますが、これは銃やナイフが事件に関わっていると、そうした凶器が注意をひきすぎ、目撃者による正確な同定が難しくなるというものです。

社会的要因

法廷の制約や規則、質問者の社会的地位に関連する社会的要因があります。周囲の人々の期待は非常に強力な影響を及ぼしえます。文化的バイアス、潜在的な偏見、政治的姿勢など、すべてが影響してくるのです。

ある有名な研究では、自動車事故の描写にさまざまな言葉が使われました。

「衝突する（bump）」
「激突する（collide）」
「接触する（contact）」
「ぶつかる（hit）」
「破砕する（smash）」

こうした言葉は、のちの想起に影響を及ぼします。もし使われている言葉が「破砕する」なら、「衝突する」が使われている場合よりも、壊れたガラスを見たと誤ったことを言う可能性が高まるでしょう。

訊問の問題点

面通し、モンタージュ写真、似顔絵といった訊問の手法およびツールに関連する重要な要因も多くあります。「ラインナップ」のように、単純でありながら重要なものについて考えてみましょう。第1の疑問は、ずらりと並んだ人の列、つまりラインナップの中に本当の犯人がいるのかどうかです。これまでの研究結果から、実際には真犯人がいないときでも、容疑者がきわめて高い確率で特定されることがわかっています。目撃者が、この中には犯人がいるかもしれないし、い

賢人の言葉

目撃者の記憶は、特に質問のしかたに応じて、弱みを示すように見える。

——S・フリスクとS・テイラー（1991年）

ないかもしれないと知らされれば、犯人が必ずいると思いこんでいるときと比較して、誤りを犯す可能性はぐっと下がります。

ラインナップを行う人は、情報を「洩らす」ことで、目撃者にたやすく影響を及ぼしえます。したがってその役割は、事件に無関係な人間が務めることが推奨されます。つぎに、目撃者が「確実に無実である」人間——人数合わせのためにラインナップに入るよう言われていて、犯人とは特定されないはずの人物——を選んだ場合、その誤りについてフィードバックするのがいいでしょう。もちろんその無実の人物は、目撃者が説明する犯人の特徴を備えている必要があります。犯人が長身で、はげ頭で、やせていて、眼鏡をかけているなら、ほかの人間もみなそのとおりでなくてはなりません。こうした特徴のある人物なら誰でも（有罪であろうと無実であろうと）指摘される可能性が高くなるからです。また、ラインナップがひとりずつ順番にではなく、全員同時に見せられると、誤りが起こりやすくなることもわかっています。

人が目撃証人として判断を下すときは、必ず何かしら疑わしい要素があります。しかし、判断するときにはあまり確信がなかったとしても、後になると自信をもって口にする傾向があります。「かもしれません」や「おそらく」が、しばしば「たしかに」に変わるのです。したがって誤りを減らすために、目撃者の自信の程度を、最初の識別を行った時点で記録しておくことが望まれます。

実験研究

この分野のある初期の実験では、被験者たちに自動車の衝突事故のフィルムを見せ、両方の車がたがいに「接触した」、あるいは「破砕した」ときの速度を見積もるように言いました。その反応は、使われた動詞が含意する強さに直接関連していて、時速32キロから41キロまでの幅がありました。誘導訊問がもたらす知見の多くは再現性が高く、言葉使いをほんのわずか変えるだけでも、証言に劇的な影響があります。「・・・を見ましたか？」と「その・・・を見ましたか？」を比較した研究は、ひとつの単語が応答する側に影響を及ぼしうる一例です。

ほとんどの目撃者は熱心に協力しようとしますし、また凶悪犯罪や暴行事件になるほど、警察が凶悪犯人を検挙できるよう役立ちたいという動機が強まります。目撃者は、警察は有力な容疑者がいないかぎりラインナップをしないだろうと思っています。けんめいに真犯人を特定しようとしても確信がもてないとき、あるいはラインナップの中に記憶と正確に一致する人間がいないとき、目撃者は、自分の犯人の記憶と最もよく一致する人間を特定しがちです。そしてその選択は誤りであることが多いのです。

陪審員は、凶器注目効果のように目撃証人の知覚を妨げうる要因や、容疑者同定での事前暴露の効果のように記憶の保存を妨げうる要因を知らない可能性があります。205件の誤認逮捕の例を調べた結果、その52パーセントが目撃者の誤った証言に関連していたのは、それが理由かもしれません。

断定的、肯定的に伝えられる証言は、より正確で事実に即したものだと考えてよいでしょう。事件が起きてから時間がたつほど、記憶が薄れることはわかっています。また場面が鮮明であったり、印象的であったり、目新しかったりするほうが、平凡な場面よりよく覚えていられることもたしかです。目撃者の記憶を改善するために、認知面接法といったさまざまな手法が考案されています。この手法は特定のさまざまな手順をするように求められています。それは、まず順を追って話させ、つぎに最後からさかのぼって話させ、さらに別の視点から話させる。どんな小さなことでも、覚えている細部すべてを報告させる、などです。

賢人の言葉

そうした記憶を〝再生〟させるといわれるすべての手法——その代表的な例は仮説にすぎない——は信憑性に欠けることがわかった……テープレコーダー理論は誤っている。

——ヘンリー・グライトマン（1981年）

考慮すべき要因

弁護士と陪審員は、目撃証人の証言を本格的に検討する前に、いくつかの問題点を考慮するよう促されることがある。

・証人はその人物を観察する機会が十分にあったか？

・証人の能力がアルコールや薬物、傷で損なわれていたか？

・証人と被告はたがいに面識があるか？

・ふたりは同じ人種か？

・事件が起こったのはどのくらい前か？

・被告はどのようにして特定されたか（写真か、ラインナップか）？

・最初の特定のとき、目撃者にはどの程度自信があったか？

まとめの一言

目撃者による同定は、しばしばまちがっている

CHAPTER 34 人工知能

機械は人間のように思考できるか？

電子計算機によって心のしくみを説明することが
可能になったなら、もう“心の中身”や“精神力”によって
心の性質を説明しようとしてはならない。

—— M・G・ケンダル 1950年

timeline

1941
最初の電子計算機

1955
最初のAIプログラムが開発される

賢人の言葉

書物が何も記憶できないのと同じように、機械は思考できない。
——L・S・ハーショー（1987年）

事実かフィクションか？

知能をもった機械をつくることを、多くの人たちが夢みてきましたが、それが実現したかに見える例も中にはあります。自動車を組み立てるロボット、チェスでグランドマスターを負かせる機械などがその例です。古代の神話にも、奴隷のような自動人形や、つくりだされたとたん制御不能になる恐ろしい怪物など、思考する機械について述べているものもあります。SF作家たちは20世紀を通じて、機械があらゆる単調な労働をしてくれるすばらしい世界、あるいは人間のかわりに機械が世界を引き継ぐ話を書いてきました。そして現在、人工知能（AI）は、ロボットや医学的診断から精巧な玩具の開発まで、あらゆるものの中心に存在しています。

*AIの定義

現代のAIの定義は、知的エージェントの研究と設計です。**知的エージェント**とは、自らの環境を知覚し、成功の確率を最大化するような行動をとるシステムのことです。AIという言葉は、機械やプログラムの特性を説明するのにも使われます。研究者たちは、機械が理性、知識、プランニング、学習能力、コミュニケーション、知覚、動いて対象を操作する能力などを示すことを期待しています。**汎用知能**（つまり「強力なAI」）はまだ実現しておらず、AI研究の長期的目標となっています。

歴史

AIは、生まれてからまだ60年になるかならないかです。才能あふれる数学者やエンジニアたちが、複雑な論理的問題を解き、歌を歌うことさえできる初期のコンピューターとプログラムをつくりました。各国の政府や大学がこの研究に資金を注ぎこみ、1960年代にはそうした機械が実現するだろうという楽観的な予想がありました。しかしその後の1980年代から2000年までは、失望と幻滅の連続で

＊AIについては『知ってる？シリーズ 人生に必要な哲学50』の9章「チューリングテスト」も参照

1964
ファジー理論の概念が導入される

1970
エキスパートシステムが考案される

1997
ディープブルーがガルリ・カスパロフを破る

した。21世紀に入ってから、AIは大きな復活を遂げましたが、それはごく特定的な問題の解決に役立てようとする試みに加え、コンピューターの機能の飛躍的上昇によるものです。

方式

一部の機械は、特定の仕事を遂行するうえでは人間を上回るよう開発されています。有名な例はディープブルーで、当時のグランドマスターのガルリ・カスパロフを1997年5月のチェスの試合で負かしました。こうしたプログラムはひとつの分野だけに限定されており、その知識の基礎は人間によってつくりだされたものです。

AIの研究者たちは、人間が困難な仕事をこなすのを助けるために、数多くのツールや方式を開発しています。そうした中には検索機能、つまり対象を探査する機能も含まれます。つぎに必要なのは論理システムです。これはやがて、結論にいたるための確率論的システムへと発展します。この研究の中心にあるのは、情報を分類するのに役立つシステム、そしてその情報が分類されたあとで、実行を制御するシステムです。

経験から学習するコンピュータープログラムが開発されており、その例がSoar(状態、操作子、そして結果)です。このプログラムは初期状態から始まり、結果の状態が達成されるまで操作子を応用しつづけることで、問題を解決します。Soarは行き詰まった状態を創造的に打破することができ、経験から学習する能力をもち、解決策を蓄え、将来に同様の問題が起きたときに利用できます。これは広範な問題をより効率的に解決できるという、AIの開発には重要な要素です。しかしさらに重要なのは、Soarは問題を解決する人間と同じように行動するということです。経験から学び、問題を解決し、同じ形の学習曲線をつくりだすという点で、どちらも同じなのです。

「私たちがしたかったのはこういう質問だ。
“デジタルコンピューターはその定義どおり、
思考することができるのか?”言い換えるなら、
“正しいデータを入力すれば正しい出力が得られる、

賢人の言葉

本当の問題は、機械が思考するかどうかではなく、人が思考するかどうかである。
——B・F・スキナー(1969年)

そうした正しいコンピュータープログラムの実例を示し、
あるいは実行できれば、それは思考することと同じである
といえるだろうか？”……答えは明らかに“ノー”だ」
——ジョン・サール（1984年）

知能をもった機械には何ができるか？

強力なAIの支持者たちは、機械は人間の思考力、問題解決能力、学習能力を上回るはずだし、実際にそれは実現可能だと考えています。この計画の中心となるのは、第一に研究者たちの、効率的かつ正確に、そして堅実に問題を解決する能力でした。そこには、暗号を解読する、パズルを解くといった作業をするためのアルゴリズムを書くことが含まれていました。そのために、機械に推論する——論理的に演繹する——ことを教えられるように見えたのです。多くの心理学的研究から、人間は問題解決にあたってしばしば非論理的、非合理的、非効率的であることが知られていますが、その点も研究者にとっては、AIが人間を上回れることを示そうとする理由でした。さらに最近では、研究者たちが、機会が不完全で関連のない、歪められた情報からでも決定を行うことができることを示しています。

計画、貯蔵、学習

AI技術は、未来について予測し、未来のための計画を立てることに利用されています。そこには当然、プランニングの機能が含まれます。私たちは、目標や標的を定めたり選んだりし、そして実際に達成できるような、知能をもった機械をつくりだせるのでしょうか？

AI研究者たちは、ただの「思考」だけでなく、知識にも関心を寄せています。AIの基本的な問題は、機械がどのようにして知識を獲得し、分類し、アクセスするかということです。これに関わってくるのが、学習の概念です。機械に学習することを教えられるのでしょうか？ 機械は正しい行い、正しくない行いを記憶し、前者を増やして後者を減らすことを学べるのでしょうか？ 最初に施されたプログラミングを基に、まったく新しい情報を処理することができるのでしょうか？

機械はまた、精巧な知覚をもつようにプログラムされています。信号を見る（カメラ）、聴く（マイク）、感じるなどして、さらにそれを現実の物体として認識するのです。そして機械は今、物体認識から、顔および人物の認知というはるかに刺激的な世界に移ろうとしています。

AI研究はまた、自然言語処理という重要かつ厄介な分野でも進歩を遂げています。多くの人が、自分の口述する文章をタイプして出力してくれる機械を夢みてきました。同様に、本を読む（音読する）機械や、ある言語を別の言語に正確に翻訳する機械を夢みる人々もいました。こうしたすべての最前線で、研究はつねに進められています。

創造的な機械？

私たちは創造的な機械を設計できるのか？　創造性とは通常、新しいと同時に有益なものをつくりだすという意味です。また同様に論議を呼んでいるのは、人は社会的、感情的に知能のある機械をつくりだせるかという問題です。そのためには、機械が別の人間（あるいは機械）の感情を読みとるか感じとるかしたあと、その人間なり機械なりに対して、ふさわしい反応を示すことが必要になります。感情的知能と社会的スキルを備えた機械は、ただ礼儀正しいだけでなく、感受性があり、相手に報いければならないのです。

チューリングテスト

1950年にイギリスの数学者アラン・チューリングは、きわめて単純な基準を考案しました。それは、コンピューターが人間に対して、自分は人間であると信じさせるように騙すことができた場合にのみ知能をもつというに値する、というものです。

1960年代初頭、PARRYと呼ばれるパラノイア*のコンピュータープログラムが開発されました。このプログラムは2つのモード、つまり軽いパラノイアか、重いパラノイアのどちらかに設定できます。実際のテストでは、実際に資格をもつ精神科医のグループが、テレタイプによって「患者」に面接しました。すると面接担当者は誰も、自分たちの面接している相手がコンピューターだとは思わなかったのです。さらに興味深いのは、その精神科医のグループのもとに、何人かの

＊パラノイア
偏執症。内因性の精神病の一種。偏執的妄想を抱くが、その論理は一貫している（訳注）

本物のパラノイア患者と、コンピューターがつくりだした患者たちのさまざまな面接の記録を送ったときの結果でした。彼らは明らかに、その両者の区別をつけることができなかったのです。

チューリングテストの基準に従えば、私たちはずっと以前から知能を備えた機械を持っていたことになります。つまりプログラム可能な、人と言っても通用するコンピューターです。1960年までにコンピューターは、精神科医との面接での受け答えも含め、あらゆる話題での会話ができる——正確に受けとめ、質問に答えられる——ようになっていました。ただし厳密にいえば、コンピューターが聞いたり話したりするわけではなく、こちらが質問を入力すると、コンピューターも入力された答えを返してくるのです。そして相手が本物の生きた人間を相手にしていると信じられれば、テストは合格でした。

AIの倫理

批判者たちは、以前から最もAIに関心を寄せていたところは、国防機関や大企業、とりわけコンピューター会社だったことを指摘する。このことは、私たちがAIの倫理を考慮すべきだということを意味しているだろうか？ たしかにあらゆる科学の発展は、社会的な意義を持つ。知識は力であり、本来は中立的でも、さまざまな方法で利用されるものだ。例えば私たちはいま、原子力を手にし、核兵器を手にしている。犯罪者も、犯罪の防止に携わる聡明なプロたちも、データを入手・処理するためにまったく同じ機械を使う可能性があるのだ。

まとめの一言

人工知能の研究はつねに進められている

CHAPTER 35 偶然の夢

知ってる?

夢は無意識を教えてくれる?

私たちはなぜ、夜がきて眠るたびに、
幻想の世界に入りこむのでしょう? なぜ架空
の出来事を体験し、架空の行動をとるのでしょうか、
またその意味は何なのでしょうか?
自分の無意識への入口なのでしょうか?
夢は本当に解釈できるものなのでしょうか?

timeline

A.D.50
聖書に数多くの言及が見られる

1899
フロイト『夢判断』
(高橋義孝訳、新潮社 他)

賢人の言葉

夢とは、想像力の深い底にある無意識の生のうねりの反映である。
——H・アミエル（1989年）

夢はあなたを怖がらせたり、安心感を与えたりします。不可能で非論理的なことがたしかに起こりうるという意味で、夢は幻想的です。夢の中で、あなたは飛ぶことができます。死んだ人たちが生き返り、命のない物体がしゃべったりもします。

レム睡眠

大半の人たちは、1晩で平均1時間から2時間ほど夢を見ます。夢のほとんどは完全に忘れられるため、自分は夢など見ないと言い張る人たちもいます。研究によると、人はレム（REM、急速眼球運動）睡眠の直後に目覚めると、見た夢をかなり正確に思い出せるそうです。レム睡眠の最中に目覚めさせられた人は、ほぼいつも夢を報告し、それはしばしばきわめて詳細であったりします。このような報告が示しているのは、人は睡眠中の経験をいつも覚えているわけではなくても、ずっと意識があるということです。脳波の研究から、レム睡眠中の人はきわめて活動的な状態にあることがわかっています。また、男性は勃起し、女性は膣に流れこむ血液が増える傾向があることも知られています。

夢のタイプ

「夢（dream）」という言葉は、「喜び（joy）」「音楽（music）」を表す言葉からきているといわれます。多くの人が、さまざまな種類の夢の話をします。すばらしく明瞭な夢もあれば、漠然とした夢もあり、悪夢や美しい夢もあります。3歳から8歳までの子どもはしばしば悪夢を見ると訴えますが、3歳か4歳以前には、自分自身が夢に登場することはないようです。多くの子が何度も同じ夢を見ると言い、それを恐れる子もいれば、待ち焦がれる子もいます。その夢が正夢だと信じる子もいます。そして3分の2の人たちが、これまでに見たことがある夢を見たことがあると言います。

1934
ユング『思い出・夢・思想』（河合隼雄訳、みすず書房）

1957
レム睡眠と夢の関連

2004
ローフ『夢の規則』

文化を超えた、あらゆる時代のあらゆる人間に共通の夢が、たしかに存在するようです。空を飛ぶ夢は一般的なものです。鳥のように飛べた、水泳の平泳ぎのようにして飛んだ、といった報告が聞かれます。落ちる夢の報告もあります。高い建物から落ちる、暗い縦穴の中へ長い間落ちていくといった夢です。ただ何度も転ぶといった夢もあります。他の人たちの前で急に裸になってしまい、ひどくばつの悪い思いをするという夢も少なくありません。追われる夢もよくあります。ほとんどの場合、誰かに容赦なく追いかけられるか、自分が誰かを追いかけるかです。学生たちには、テストや試験の夢には馴染みがあるでしょう。テストを受けていて、勉強したのに何も思い出せないか、さらに悪い場合は、麻痺したように何も書くことができないのです。歯を失う夢も、驚くほど一般的です。

解釈

当然ながら、こうした夢にはさまざまな解釈が提示されます。歯の夢は、自分の身体的な魅力をひどく気にかけているという知らせなのか？　あるいは力の喪失や加齢か、自分の話を聞いてもらえない、監視されているという不安を表しているのかもしれません。あなたの歯は口の武器を表していて、それが抜け落ちるということは、他の誰かについて真実でないことを言っていたためかもしれません。それが金にまつわることだということは、昔からよく言われます。歯の妖精が現れて、大金をくれることを望んでいるというのです。

しかし、裸になる夢はどう解釈すればいいのでしょう？　すべて無防備さと恥に関わることなのでしょうか？　あなたは何か情報を隠していたり、ある関係を秘密にしていたり、罪悪感を覚えることをしているのでしょうか？　さらに悪いことに、何かが露見して恥をかき、あざけられることを恐れているのでしょうか？　あるいは、ある重要な試験や仕事に対して、あなたがあまり準備をしていないように感じていることもありえます。ひとつのおかしな特徴は、あなたは自分が裸であることに気づいていますが、他の誰もその事実に注意を向けていないように見えることです。これは、あなたが心配事を抱えているが、本当はそれが根拠のないものだと感じているということなのか

賢人の言葉

夢は、その人物の人生の文脈においてのみ意味をもつ。

——D・ブロードリブ（1987年）

賢人の言葉

その一日の残滓《ざんし》は、夢作業によって夢へと変換され、睡眠によって無害化される。

——ジークムント・フロイト（1932年）

もしれません。

フロイトの概念

ジークムント・フロイトは、夢は無意識の欲望と、そうした欲望を実行に移すことについての社会的な禁止との間の葛藤から生じる、と考えました。このようにあらゆる夢は満たされない願望を表し、その内容は象徴的に形を変えています。隠れた内容は顕在的内容（プロット）に変形され、それが当人の無意識の欲望を明らかにするものとして説明されねばなりません。夢は象徴的なもの、つまり影に隠れた真の感情の隠喩なのです。

夢解釈は、この葛藤を理解するためにフロイトが好んでいた方法であり、彼は自分の見た夢を自由に話すよう多くの人たちに勧めました。フロイトの見解では、夢はその人の過去と現在に関わっていて、内なる未知の場所から生じてきます。あらゆる夢の根幹は、願望充足の試みであり、夢は「無意識への王道」なのです。夢の中ではさまざまな変化が起こっています。例えば**圧縮**は、いくつかのテーマが合わさって、開いたドアや深く流れる川といったひとつのイメージになることです。分析者が特に関心を寄せる**置換**は、物事やある種の活動がたがいに置き換えられることです。そして**変形**は、人がより大きくまたは小さく、より若くまたは老いた、より力の強いまたは弱い存在に変えられることです。

フロイトの理論は、夢が判断されることによって、さまざまな予言をもたらします。例えば男性は、女性がペニスを羨む夢を見る以上に、去勢不安の夢を見るはずでしょう。男性の夢には同性である多くの他人が現れ、その相手（発達時のエディプス・コンプレックスの段階における父親）と戦わなくてはならなくなるはずです。

批判者たちからは、つぎのような指摘があります。第1に、夢がただの願望充足だというなら、なぜこれほど否定的な夢が多いのか？第2に、フロイトの理論は、患者が覚えていて、はっきりと表現できるごく一部の夢（10パーセント未満）に基づいたものであること。第3に、夢解釈の信頼性には、セラピストによってまったくちがった解釈を施すといった深刻な問題があること。第4に、ユングが指摘したとおり、その社会が抑圧的かリベラルかどうかにかかわらず、夢は時間と文化を超えて等しい内容をもつように思われること。

賢人の言葉

フロイトの言う、夢が〝ファサード（表面）〟であり、その裏に意味が――既知であるにもかかわらず、意地悪にも意識から遠ざけられている意味なるものが――隠されているという説には、私は同意できない。

――カール・ユング（1963年）

物理的研究

研究者たちが提唱している夢の説明には、無意識の葛藤や欲望とは無関係なものもあります。レム睡眠の状態では、脳橋にあるアセチルコリン分泌ニューロンの回路が活発になり、急速な眼球運動、大脳皮質の活性化、筋麻痺を生じさせるので、そのために映像を見るのです。ある人が夢を見ている間の眼球の動きは、その夢の内容とかなり一致しています。それは、夢の中の出来事が実際に起こっているとしたらこうだろうと予想できるような目の動きなのです。映像はしばしば、最近起こったエピソードが組み合わさった記憶や、当人が最近考えていることを呼び起こします。関連する回路が最近使われたことで、おそらく通常よりも興奮しているのでしょう。大手術を待っている患者は、術前の2晩か3晩の間に見る夢の中で不安をあらわにします。そうした不安は、メスや手術室といった直接的な形で表されることはまれで、その内容は間接的な、凝縮、象徴化された形をとります。夢はしばしば、その人の現在の人生で最も重要なことを伝えるのであって、心の奥底にある願望充足の概念を伝えるものではないのです。

進化心理学

進化心理学は、夢の多くには脅威や危険が関わっていることを指摘する。その機能とは、日々の現実の脅威を示すことで、そうした脅威に直面し、さまざまな反応をとれるように準備することだというのだ。もしそれが事実だとすれば、非常に多くの人から、現在あるいは過去の環境的な脅威にまつわるリアルな夢を見たという報告があるはずだろう。しかしこの説明には、3つの問題点がある。第1に、夢の多くは、性的満足感に代表されるように、肯定的な感情および事象に関わっている。第2に、夢の多くは、その当日か近い過去に起こった、必ずしもストレスや脅威とは関係のない情報の「処理」に関わるもののように思える。第3に、進化心理学の核となる、夢が脅威への適応を教えたり促したりするという概念は、実際にはどのように行われるのかがはっきりしない。

まとめの一言

フロイトの解釈は今も死んでいない

CHAPTER 36 忘れようとすること

認知

知ってる？

人は忘れたいことを忘れる？

子どもの中のある部分を変えたいと思ったら、
まず私たち自身の中にも同じものがないかどうかを
見定め、やはり変えたほうがいいもので
あるかどうかを考えることだ。

―― カール・ユング 1954年

timeline

1894
フロイト『ヒステリー研究』

1915
フロイトの「抑圧」

賢人の言葉

文明と高等教育は、抑圧の発達に大きな影響を及ぼした……その結果、かつて好ましく思えたものが今は受け入れがたいものとなり、起こりうるすべての心的な力によって拒まれている。
――ジークムント・フロイト（1920年）

抑圧の概念の本質は、何かを避けたり追いやったりすることです。心理学では、苦しみや悲しみといった感情を避けるために、特定の心的内容を意識から締め出すこととして考えられています。

よみがえった記憶

「よみがえった抑圧の記憶」を通じて、児童虐待で告発される例が多く見られます。暴力行為を行った犯罪者がその犯罪を正確に覚えていないように見えるのは、その記憶が抑圧されるせいかもしれません。セラピーにかかった成人は、長らく抑圧されてきた子どもの頃の記憶を呼び起こされるといわれています。犯罪者も犠牲者も、ともに恐ろしい出来事を抑圧する理由があるだけに、これを立証するのは非常に困難です。また過去の記憶は、セラピーや法廷でどのように聞き出されるかよって、とても簡単に歪められるという主張もあります。実験研究では、正常で健康な人間でも、誤った不正確な記憶が本物だと信じこむことが非常にはっきりと示されています。臨床医によると、人が「抑圧されていてよみがえった記憶」ではなく「錯覚」をもつようになるのは珍しくないといいます。

よみがえった記憶はたしかに、似通った特性をもつことが知られています。その多くは女性たちのもので、彼女たちが満8歳になる以前に、父親によってなんらかの不適切な性行為が行われたというエピソードの記憶です。こうした記憶がセラピーによってよみがえらされ、その5分の1が警察に通報されます。興味深いのは、立証された虐待の例を調査してみると、その虐待の年齢は8歳よりもあとで、父親や義父によるものはごくまれであるという事実です。

フロイトと抑圧

私たちがいつも意識しているものは、氷山の一角にすぎません。私たちの思考や認識の大部分は、その時点ではアクセスできないも

1957
多重人格が記述される

1961
抑圧者と感作者

の（前意識）か、あるいはまったくアクセスできないもの（無意識）です。無意識のほとんどは抑圧を通して存在しています。抑圧を通じて、脅威や不快感をもたらす経験は「忘却」されます。そして私たちの意識から遠ざけられ、近づけないようにしまいこまれます。これが**自我**防衛の主要な形です。フロイトはこの働きを、「精神分析という構造物全体が拠って立つ」特別な基礎であるとして特に選んでいます。つまり最も重要な部分なのです。

抑圧はさまざまな思考を無意識の中へひきずりこみ、痛みを伴う思考や危険な思考が意識へと浮かび上がるのを防ぐ過程です。その結果が、傍目には説明のつかない純真さや、記憶違い、自分自身の立場や状況に対する認識の欠如などです。感情は意識されますが、その背後にある考えは意識されません。

フロイトによれば、私たちがみな持っている内的な葛藤はほぼ同じ輪郭をもっています。***イド**から生じる衝動と、それに関連するさまざまな記憶が意識まで押し上げられるとき、葛藤が始まります。しかしそうした衝動はおさまらないで、代わりのはけ口を見つけます。その結果、元の抑圧を強化するために、別の防護壁が多く築かれます。それにより、イドの流れがせき止められ、自我が利己心を維持することができます。抑圧は**イド**と**自我**の対立の核にあるものです。

＊イド
人格の原始的、無意識である部分のこと。本能エネルギーの源泉（訳注）

フロイトはヒステリーを研究する中で、この概念を発展させました。抑圧は意識と**自我**を分かち、パーソナリティの分離をもたらすと考えたのです。抑圧の過程は、健全で正常な感情や興奮のほとばしりを妨げます。つまり抑制するのです。また、ある観念が別の観念と結びついて信念がたがいにうまく統合される、という働きを妨げます。抑圧は基本的に、パーソナリティを弱めるものです。その内的な妨害工作は、解離と亀裂を引き起こします。フロイトは後になって初めて、それが正常で健全な、よくある防衛機構だと考えるようになりました。

人が抑圧へ導かれる段階は2つあります。一次的抑圧は、自己とは何か、他者とは何か、何が善なのか、何が悪いのかを判断する過程です。この段階の終わりで、子どもは欲望、不安、自分、他者の区別がつけられるようになります。二次的抑圧が始まるのは、子どもが欲望に基づいて行動すると不安がもたらされることに気づいたときです。この不安は欲望の抑圧につながります。こうした形の不安に関連する罰の脅威は、いったん内面化されると**超自我**となり、外部からの目立った脅威がなくても、**自我**の欲望をとりなそうとします。

心的外傷をもたらす体験は抑圧されるとよくいわれますが、むしろ心的外傷はしばしば、高まった感情的、身体的な興奮を高めることにとって、記憶をより高めるように思われます。客観的な調査の視点から生じる問題のひとつは、「記憶」はその人物の行為や意識的な表現によって測定・記録されなければならないもので、それは現在の思考や動機によって解釈される恐れがあるということです。

賢人の言葉

抑圧の過程は、生まれてから4年目かそのくらいで始まるが、意識の中では一時的に停止される。

――カール・マルクス（1920年）

抑圧の特性

1960年代初頭の心理学者たちは、人は抑圧者か、もしくは感作者であると言っていました。例えばある人が、数週間後に大きな手術を受けなければならないとします。そのことを心の隅に押しやり、何か気がまぎれるような活動で時間を埋めようとする人（抑圧者）がいる一方、手術の話をたえず口にする人（感作者）もいるでしょう。どちらも別々の方法で不安に対処しているのですが、どちらが心理学的に健全で適応的であるかについての疑問が出されました。こうした考え方が1990年代に息を吹き返したのは、研究者たちが抑圧者を、2つの要因――不安と防衛――によって決定されるパーソナリティ特性であるとしたことがきっかけでした。抑圧者は不安の度合が低く、きわめて防御的な人々で、自分が否定的な感情を抱くタイプでないと思いこみ、他の人以上に積極的にそうであろうとします。こうした人たちが興味深く、変わっているのは、自分は健康で適応しているといつも主張しているにもかかわらず、出来事への生理的、行動的な反応――特に否定的な反応――を測定してみると、実際にはきわめて強く反応しているところです。彼らは自分自身を騙しているか、あるいは事実とはほど遠くても、自分はタフで回復力があって落ち着いているという印象を与えようとしているように思われます。

認知心理学

「動機づけられた忘却」の理論は、その動機は無意識と嫌悪によるものですが、この理論は統制された研究では実証されていません。認知心理学者にとって、抑圧とはただ単に、不快なものを忘却することです。このような研究では、実験者が何かを学習しようとしている人たちに意地悪く(あるいは感じよく)接し、その後で学習者の記憶を調べたところ、実験者がポジティブではなくネガティブに接したときに彼らの記憶が低下することを示しています。

8歳までの子ども時代のことを聞かれた場合、50パーセントの人たちはほぼ肯定的な記憶をもち、30パーセントが否定的、20パーセントが中立的な記憶をもっているという研究があります。しかしこのことには、抑圧は働いていないかもしれません。ただ単に、ほとんどの人が本当に幸せな子ども時代を過ごしていたということもありえます。また別の研究では、抑圧のよい証拠を示しています。出産したばかりの母親に、さっきまで耐えていた痛みの質と量についてたずね、そして数カ月後にまた同じ質問をしたところ、彼女たちはみな前回の答えよりも痛みを少なく報告したのです。

抑圧に関する別の記述的理論は、単に検索の失敗の特殊な例であるというものです。おそらく記憶は検閲によって抑えこまれるのではなく、ただ関連する検索手がかりがないために、到達するのが難しいのでしょう。不安はここである役割を果たします。補給を遮断するか、あるいは検索手がかりを妨げるのでしょうが、それ自体は原因ではありません。抑圧の検索ブロックという解釈は、より全体的なアプローチの一部です。

カウチ、映画、法廷

抑圧は診察室、研究室、法廷で研究されてきた。あらゆる心理学的事例の中で特に魅力的なものには、本質的に抑圧が関わっているものがある。例えば**ヒステリー性健忘**の事例は、人が完全に記憶を喪失する*遁走状態のことで、通常は心的外傷の結果として起こる。もうひとつは、**多重人格**の珍しい事例だ。これはひとりの人間がきわめて異なる複数のパーソナリティをもつもので、それぞれのパーソナリティはたがいに何も知らないように見える。こうした事例は、とりわけ小説家や映画製作者にとって魅力的だ。

＊遁走状態

解離状態のひとつで、突然家庭や職場から離れて放浪し、過去のことを思い出すことが出来ない状態（訳注）

memo

まとめの一言

抑圧は無意識に行われ、記憶は忘れ去られる

言葉が出てきそうで出てこないのは？

テレビのクイズ番組を見ているとしましょう。あなたの得意なテーマの問題が出題されます。あなたはたしかに答えを知っているはずなのに、その答えが出てきません。知っているという感覚はあります。Bで始まる言葉で、3音節であることもわかっているのに、どうしても出てこない。想起がブロックされているのです。ある研究では、ドイツ風の名前である「ケプラー」を思い出そうとする人物に注目しました。その人名が「外国のもの」で、Kで始まることまではわかっていたので、ケラー、ケレット、ケンドラー、クレンペラーと順に試していきました。すると、ケラーがいちばん近いのにもかかわらず、それでも正解にはたどりつけなかったのです。

timeline

B.C.300
アリストテレスが、TOTは主に名前で起こることを報告する

1965
最初の「既知感」研究

想起は自動的な過程です。刺激に応じて記憶から情報を読み出すことは、記憶の自動的な機構の一部です。ときどき苦労するのは、その情報を検索するきっかけになるものを心の中で引き出そうとするときです。潜在記憶の検索は自動的です。ある刺激は自動的な反応を引き起こします。例えば、自動車に乗る、ある人の名前を書くといったことは、どうして自動的に、正しく行っているのでしょうか？

舌の先（ティップ・オブ・ザ・トング）

ところが、記憶にはしばしば欠陥が生じます。私たちはミスをし、何とかして求めている情報をけんめいに検索しようとします。この現象はなぜ起こるのか？ そして人の記憶の仕組みについて何を示しているのか？ と心理学者は考えます。この分野における大きなテーマが、舌の先（ティップ・オブ・ザ・トング）まで出かかるという現象（TOT）、つまり知っていることがすぐに思い出せないという例です。TOTは、ほぼ万人に共通する、よく知っているはずの言葉や聞きなれた名前を想起するのに苦労するという経験です。TOTを経験するとき、人はそのブロックされた言葉を思い出す寸前まできている、と感じます。その言葉が口に出せないにもかかわらず、「舌の先まで出かかっている」という感覚があるのです。TOTの定義の2つの重要な特徴は、到達不可能性と切迫感です。TOTに示されるような、適切な反応を呼び起こすような刺激を積極的に探すことが、想起と呼ばれます。

初期の研究

最初の実証的研究が始まった1966年以来、この現象は広範囲にわたって研究されてきました。舌先まで言葉が出かかるという経験は、誰でも多くの例を思い出せますし、その話をすればすぐに理解されることもたしかです。その後の研究者たちは、「醜い姉妹の効果」と

1966
最初のTOT研究

1984
最初の「醜い姉妹の効果」研究

1991
最初の総説論文

呼ばれるものの証拠を見つけました。これは、正しい言葉を求めて記憶を探っているにもかかわらず、何度もまちがった／別の言葉が浮かんでくるという現象です。そうした「醜い姉妹の」言葉は、表面的には似ているけれど、ブロックされた当の言葉よりもひんぱんに使われるものであるようです。

そうしたときは、自分の「ブロックを外す」ためにあらゆる方法を試してみても、ひどく歯がゆいことになりかねません。例えば正解を求めて自分の内面や外の世界を探索します。ある者はアルファベット文字をひとつずつ当てはめ、関連するものを思い浮かべようとします。ときにはその言葉がひとりでに、特になんの理由もなく、ただ「ぽっと浮かぶ」こともあります。興味深いことに、ヒントや手がかりを与えることによって、それが悪い影響を与え、ますますうまくいかなくなる場合があります。自分の記憶を探っても、浮かんでくる手がかりは、ただ正解を遠ざけるものでしかありません。

これまでにわかったことは？

第1に、これは万国共通ではないにしても、ごく一般的な経験だということです。ある研究者が51の言語を調べたところ、そのうち45の言語に、「舌」を意味する単語を用いてTOT状態を表している表現が見つかりました。第2に、そうひんぱんに起こるわけではなく、おおむね週に1度くらいですが、この現象は年齢とともに増えていきます。第3に、そういった言葉は固有名詞が多く、また言葉の最初の文字だけは思い出せることが多いということです。ある人の趣味や職業、髪の色は思い出せるのに、名前だけが出てこないのです。第4に、ありがたいことに、その問題は時間がたてば、ほぼ50パーセントは解決します。

理論

この現象が起こる理由について、ある理論は、TOTの原因が言葉の音にあるからではないかと主張します。意味情報――言葉の意味――の重要性に焦点を当てるのではなく、言葉の音のほうがより重要なのではないかとする考え方です。言葉には以下のようなタイ

賢人の言葉

失われた言葉のリズムは、たとえ本来の音をまとっていなくても、そこにあるのではないか。忘れられた詩節の空ろなリズムを、頭の中を落ち着きなく踊りまわり、言葉で満たされようとするそのもどかしい効果を、きっと誰もが知っているはずだ。

――ウィリアム・ジェイムズ（１８９０年）

プの情報が含まれます。

・意味情報（意味）
・語彙情報（文字）
・音韻情報（音）

これらのタイプの情報は、記憶の別々の部分に蓄えられます。もちろんたがいに結びついてはいて、例えば「ヴェルクロ」という文字を読むと、その文字情報が関連する音の情報と意味情報を呼び起こし、この言葉がどういった発音か、どのような意味をもつかを教えます。ある言葉を与えられるのでなく、自ら思い出そうとするときは、たいてい意味から始めます（くっつけるときに使うもので、片方は細かいけばがあって、もう片方には細かい刺がついている）。もしその意味情報と音情報の結びつきが強くなければ、記憶の中から検索するのに、音情報が十分に活性されません。

他の理論家たちは、TOTが生じるのは、言葉の意味と音の結びつきが弱いためだと考えます。何度もその言葉が使われれば、結びつきは強められます。使われたばかりのときも、結びつきは強くなります。年をとることも、その結びつきを弱める要因であるかもしれません。これはまちがった言葉が急に浮かんでくる理由の説明になるかもしれません。おそらくターゲットとなる言葉の響きと似たようなものを経験しているからでしょうか。

TOTは、異なる3つの下位領域によって研究されています。その3つとは、心理言語学、記憶の観点、メタ認知です。最初の2つは直接アクセスと一致しており、語彙検索の一時的な故障としてのTOTに注目します。このアプローチはTOTを別の話し言葉の誤り、例えば言いまちがいや頭音転換などと結びつけます。TOTは、うまくいかなくなった検索過程のしるしです。心理言語学的アプローチでは、TOTを語検索のための窓として見ます。

心理言語学と記憶の観点による直接アクセス説は、3つの基本的な仮説に分けられます。第1は、ブロック仮説で、TOTが起こるのは、人がブロックされている言葉を不正確に認識してしまい、正しいけれど抑制されたターゲット語を取り出せなくなるためだとするものです。第2は不完全な活性化仮説で、これは記憶の中にあるターゲット語の存在を感じとりながらも、その対象を意識的な記憶にまで取り出せないことが、TOTの原因であると考えます。第3の仮説は、伝達不足モデルです。TOTは、語の意味論的表象が活性化されているにもかかわらず、ターゲット語の完全な音韻論的表象が十分に伝わっていないために起こるとする仮説です。

直接アクセス説を支持するものとして、TOTターゲットの再認や、TOT対象に部分的な情報を与える能力についての調査があります。TOTを体験したあとで正しいターゲットを再認したときのほうが、被験者がTOTを経験せずに正しいターゲット語を再認したときよりもはるかにすばらしいことがわかっています。さらにまた、人は通常、例えばその単語の最初の文字や、音節の数、アクセントといったもののように、TOTターゲットと結びついた音韻的情報を思い出すことができます。

メタ認知的モデルは、モニタリングおよび制御の過程が認知に果たす役割に焦点を当てるものです。このアプローチはTOTを、思い出すものに対してアクセス可能で、非ターゲット情報に基づいた推論として捉えます。

賢人の言葉

記憶はときとして、とても従順でやさしくて消えず――また、ひどく乱れていて弱く――また、ひどい暴君で手に負えないこともある。

――ジェイン・オースティン（1810年）

既知感

心理学には、既知感（FOK）、つまり知っているという感覚についての複雑な実験および理論がある。**内部モニター**と呼ばれる説では、FOKは「ディレクトリにある項目のリストが見つからない」ときに起こるというものだ。主要な議論となるのは、この現象が起こる理由だ。それは私たちが情報を符号化するやり方のせいなのか、それとも解読するやり方のせいなのか？ つまり、情報が検索されるときではなく、貯蔵される場所や方法によって決まるのか？
私たちにはまた、思い出すという主観的な状態と、知っているという状態とが容易に区別できることもわかっている。思い出すことは、意識的な想起を伴うものだ。一方、知っているとは、思い出せなくても馴染みがあると感じることである。

memo

まとめの一言

記憶のしくみを明らかにするミスがある

CHAPTER 38 心理＝性的発達段階

知ってる？

フロイトの発達理論とは？

フロイトの性の概念は、とても融通がきき、また漠然としているので、ほとんどの事例をあてはめることができる。

―― カール・ユング 1960年

timeline

1901
フロイト『日常生活の精神病理学』（高田珠樹訳、岩波書店）

1908
フロイトが肛門性愛について記す

フロイトは、私たちが自分自身について考え、語る方法を変えました。彼の基本概念の多くが大衆化され、その理論にある「肛門性愛」「男根象徴」「ペニス羨望」といった用語が日常的な言葉へとあふれ出しています。フロイトはきわめて独創的な思想家であり、まちがいなく19世紀から20世紀にかけての最大の思想家のひとりでしょう。彼はパーソナリティ形成、精神的健康や疾患について、きわめて物議をかもす理論を展開しました。

フロイトの理論——その基本

フロイトの理論は多くの仮定から成り立っています。

・行動とは、強力でしばしば無意識的な動機、衝動、欲求の間で起こる闘いと妥協の産物である。
・行動はきわめて微妙な、あるいは隠ぺいされたやり方で、ある動機を反映するものである。
・同じ行動が、別々の時期の、別々の人々の、別々の動機を反映していることがある。
・人は自分の行動を導く力と、その力を生じさせる葛藤に、多かれ少なかれ気づいているかもしれない。
・行動はあるエネルギー系に支配されているが、どの時点でも使えるエネルギーの量は比較的一定している。
・行動の目標は快楽（緊張の減少、エネルギーの解放）にある——快楽原理。
・人は本質的に、性的で、攻撃的な本能に突き動かされている。
・こうした衝動の表現は、社会の要求とは矛盾しかねない。したがってこうした衝動の実現によって解放されるエネルギーは、別の解放の手段を見つけなければならない。
・生の本能（エロス）と死の本能（タナトス）の両方が存在する。

1949
ブラムが心理性的発達理論に関する最初の大規模な研究を行う

1968
クラインが肛門性格への取り組みを始める

1980
クラインが、口唇タイプと肛門タイプを測定するための質問紙を考案する心理＝性的発達理論の説明の前に、つぎの2つのことを言っておく必要があります。

第1に、人の精神には3つの層があるということです。すなわち意識（気づいているもの）、前意識（注意を向ければ気づくことができるもの）、そして無意識（よほどのことがないかぎり、気づくことができないもの）。セラピーは、無意識の段階のものを意識の段階へと正確に引き上げることを目的としています。

第2に、パーソナリティはある構造をもちます。これは3つの要素から成り立っています。それは無意識の、つねに存在する**イド**——パーソナリティの生物学的基礎となる——、部分的に意識される**自我**（エゴ）——生まれてから最初の1年で発達し、パーソナリティを心理学的に統制する——、**超自我**（スーパーエゴ）——3歳から5歳までに発達し、パーソナリティの社会的、道徳的の構成要素となる——の3つです。

フロイトの心理＝性的発達理論は、4つの段階——口唇期、肛門期、男根期、性器期——を前提としています。それぞれの段階は、快感を主に代弁する性感帯の違いによって特徴づけられます。この理論では、ある段階からつぎの段階へ以降する際の問題が、成人のパーソナリティの問題の中心にあると考えます。もし、固着や退行といった危機を経験せずにある段階を通過するのであれば、その成人のパーソナリティには何の影響や痕跡も残さないでしょう。しかし、いずれかの段階で問題が生じれば、その人の人生に何らかの影響を残すことになるでしょう。つまり、幼児期の経験からその人のパーソナリティ特性が形成されるのです。さらに逆のパターンも、同じ問題への反応として見られます。

学習

この理論によれば、私たちはみなこうした段階を通り過ぎて、その人の特徴を形成づけているのです。これがフロイトのパーソナリティ理論の中心にあるものです。生物学的心理学が、パーソナリティ特性を生理学的過程によって外向性－内向性が決定される、と捉えるのに対して、フロイト派はパーソナリティの発達を、忘れられた乳幼児期の経験から生じるものと見ます。このように、いくぶん倫理的ではないかもしれませんが、理論的には、その人のパーソナリティはその人の乳幼児期に経験したことによって形成されるということが言えるでしょう。

口唇期

第1の段階である口唇期は、生後18カ月まで続きます。授乳に関わることが重要な論点となります。性感帯は口、唇、舌です。離乳食から固形食に移るだけでなく、歯が生えれば噛むということが問題となります。

この段階で問題を抱えた子どもは、乳離れする時期が早すぎたり遅すぎたり、あるいは、口唇での要求が十分に満たされなかったり、過度に与えられると、その結果、口唇期的パーソナリティとなります。成人の活動は、食べる、飲む、キスをする、話す、タバコを吸う、咀嚼する、など口で行うものが非常に多くあります。この理論に従えば、口唇での要求を剥奪された悲観論者は、罰として口を使っているのかもしれません。ある者はたいへんな皮肉屋になり、弁護士や歯科医のような口に関する職業を選ぶかもしれません。ある者は健康のために特定の食品に熱中したり、またある者は禁酒主義者になるかもしれません。言語の使い方に極端にこだわったり、爪を噛んだり、ペンを噛んだりするかもしれません。ドラキュラ映画を好んで観たり、菜食主義の良い所を信奉したりするようになるかもしれません。

その一方で、口唇での要求に耽溺した楽観論者は、砂糖やワインや食べ物の専門家になったり、ユーモアのある人になるかもしれません。タバコを吸い、弦楽器や打楽器よりも管楽器を演奏し、温かいミルク状のマイルドな食べ物を好むようになるかもしれません。このように、口唇愛に関わる楽観論者（耽溺）と悲観論者（剥奪）

心理＝性的発達段階の特性

口唇期の特性	
異常 ←― 正常	―→ 異常
楽観的	悲観的
だまされやすい	疑い深い
操作的	受動的
称賛	嫉妬
生意気	自己卑下

は、幼い頃に授乳の問題を抱えているという意味では同じであるにもかかわらず、たがいにまったく異なる生き方をしているのです。

肛門期

第2の段階は肛門期で、その葛藤の根源は排泄訓練にあります。それはコントロールに関することで、子どもは自分が排便をコントロールし、出したり我慢したりすることで、親を喜ばせられることを知るのです。この段階はのちの敵意や、サディスティックで強迫的な行動に関連していると、フロイト派は考えます。

肛門期的な特性は、几帳面、けち、頑固などです。時間、清潔さ、金がこの段階と結びつき、関連しているとされます。肛門 - 排出の人物は、気前がよくだらしなくて乱雑である一方、肛門 - 保持の人物はけちで細かくて注意深い特徴を持っています。これは小役人や品質管理者、銀行家に適した性格です。これによって、肛門期固着と肛門愛の概念が私たちの一般的な言葉にまであふれ出すようになりました。

肛門期の特性

異常 ←	正常	→ 異常
けち		気前がよすぎる
収縮性		拡張性
頑固		黙従
整然		乱雑
時間にきびしい		時間に遅れる
きちょうめん		不潔
正確		あいまい

男根期

男根期を特徴づけるのは、有名なエディプス・コンプレックスとエレクトラ・コンプレックスです。性感帯は性器に移り、この状態は2歳から5歳まで続きます。フロイトはこれを神経症の核となるものとみなしました。5歳の男の子は、母親への深い愛と父親への憎悪を(無意識に)もつとされます。しかし近親相姦を認める社会はありえません。このことが去勢コンプレックスに結びつくのです。父親が息子の嫉妬した怒りを去勢することで復讐を果たし、そのコンプ

男根期の特性

異常 ←	正常	→ 異常
慢心		自己憎悪
傲慢		謙遜
盲目的勇気		臆病
厚かましい		内気
社交的		孤立
派手好き		質素
純潔		乱交
陽気		悲哀

レックスを取り消すという考え方です。

この段階は、成人期における慢心や無謀さ、あるいはその逆の性質によって特徴づけられます。この時期の葛藤がうまく解決されないと、極端に淫乱になったり、あるいは純潔すぎる性格になるかもしれません。親に固着したり、過去のことばかりを絶えず気にする性格になる可能性もあります。傲慢と疑念、大胆さと臆病さが、この男根期に関連づけられるパーソナリティ特性です。

男根期のあとには**潜伏期**が訪れ、つぎに**性器期**となりますが、これが起こるのは成人期以降です。葛藤を引き起こす源は多種多様であり、すべての人間が経験する多くの困難な出来事に関するものです。これは健全な人間関係を築き、仕事につき、人生を楽しむことに関わってきます。つまりフロイト派が呼ぶ、適応した健全な防衛機制を見つけることです。

賢人の言葉

乳幼児期には、昔ながらの偏見によって否定されかねないような、性的な名前のついた身体活動のしるしがあることがわかっている。
——ジークムント・フロイト（1920年）

批判

フロイトの概念は今でも、不信や憤りを招き、非難を浴びている。いくつかの概念は実際に検証されて、不十分だとされている。この理論の諸段階がたしかに正しいことを示した研究者もいる。50年以上にもわたって、これらの概念の多くはくり返し検証されてきた。特定の仮説に対してある一部分を支持するものはあっても、多くは厳密な科学的実験に耐えられるものではなかった。こうした概念や心理＝性的発達段階に基づいたセラピーを支持する心理学者はほとんどいないにもかかわらず、これらの多くの用語はいまだに一般の人々には熱狂的に受け入れられているようだ。

まとめの一言

心理性的発達には4つの段階がある

CHAPTER 39 認知期

発達

知ってる?

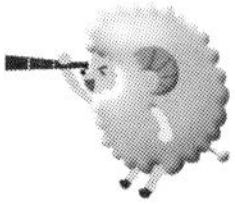

認知はどのように発達するか?

道徳の諸段階の存在は、道徳的発達には
基本的な構成要素があることを示唆する。一方で、
道徳的発達には動機と情緒が関与し、これらは
思考パターンの変化によって主に仲介される。

—— ローレンス・コールバーグ 1973年

timeline

1929
ピアジェ『児童の世界観』
(大伴茂訳、同文書院)

1932
ピアジェ『児童道徳判断の発達』
(大伴茂訳、同文書院)

フロイトが子どもという存在を「多形倒錯」と呼んだことはよく知られています。これは倒錯が多くの形をとりうるという概念です。非合理的、非論理的で、自己中心的な赤ん坊が、どうして機能的、合理的で、論理的な大人に育つことができるのでしょうか？ このことを説明するという手強くも魅力的な課題に、すべての発達心理学者たちは直面します。どのようにして8歳児は、6歳児にはわからないことを理解するのでしょうか？ どのようにして子どもたちは周囲の世界に適応することを学ぶのでしょうか？

発達心理学の分野で最も有名かつ影響力のある人物は、フランス語圏のスイス人心理学者、ジャン・ピアジェでしょう。彼は4段階からなる認知発達の理論を展開しましたが、これは今日でもいまだに議論や論争を巻き起こし、批判の対象となっています。

中心概念

ピアジェは、子どもがどのようにして自分の世界に適応することを学ぶかという点に注目しました。その理論は、適応と順応を通じた成長に関わるものです。そこには多くの重要な概念があります。第1の概念は**スキーマ**（シェマ）と呼ばれるものです。スキーマとは、世界を理解し、知ることに関わる心的な活動や物理的な活動の両方を表します。スキーマとは、私たちが世界を解釈、理解するのに役立つ知識のカテゴリーです。スキーマには知識のカテゴリーと、その知識を得る過程が含まれます。

以前から存在するスキーマを修正、追加、変更するためには、経験とともに新しい情報が使用されます。たとえば、ある子どもがペット、たとえば犬についてのスキーマを得たとしましょう。その子が大きな犬と接した経験しかなかったとしたら、犬はみんな大きく乱暴で攻撃的なものだとその子は考えるかもしれません。それからその子

1966
コールバーグの道徳的発達理論が初めて発表される

1971
ピアジェ『生物学と知識』

1980年代
ピアジェへの批判が始まる

が、とても小さな抱き犬に出会ったとします。すると子どもは新しい情報を取り入れ、この新しい情報を含めることで、もともと存在していたスキーマを修正するでしょう。

第2の概念は**調節**で、これは人が社会的、物理的環境のなかで新しい概念に対処するために変化あるいは適応することです。第3の概念は**同化**です。人は自分の認知スキーマによって環境に対処します。つまり、自分のもつ情報に基づいて新しい情報を処理するということです。古いものを新しいものに同化するのです。

これは第4の概念、**均衡**につながります。子どもは認知発達の段階を通じて成長するので、以前の知識を当てはめること（同化）と、新しい知識に対処するために行動を変えること（調節）のバランスをとることが重要です。この過程は均衡化と呼ばれ、どうして子どもが思考のある段階からつぎの段階へ進んでいけるかを説明するものです。子どもは不快な不均衡の状態を止めるために、新しい知識とスキルを使うことを動機づけられます。そして先へ進むことで問題を解決するのです。

賢人の言葉

知ることとは、現実の複製をつくることではなく、むしろ現実に反応し、現実を変容させることを意味している。
——ジャン・ピアジェ（1971年）

4つの段階

1　感覚運動期

この段階は、生まれてから2年ほど続きます。これは活動における知性の段階です。幼児は物体を蹴ったり、引っぱったり、つまんだり、自分の周囲の環境のなかを動きまわるといった活動から、多くの知識を習得します。ここで得られる重要なものは、対象の永続性の概念です。つまり子どもが、その対象物は自分の目に見えないときでも存在していると認識することです。

2　前操作期

この段階は2歳から7歳まで続きます。言葉と遊びの発達とともに起こります。物事はまだいくぶん謎めいていて、現実は確たるものではありません。この段階での思考は知覚に支配されていて、子どもは物事がいつも見えるとおりのものではないことに気づきます。この段階の子どもたちは、与えられた状況の一部にしか注意を払いません。これは**中心化**と呼ばれ、保存の研究で示されるような誤りを生み出します。保存とは、対象にさまざまな変化が起こっても、そのある側面は変わらないと理解することを指します。

これは有名な話ですが、ピアジェは子どもに、形も大きさも同じで、同じ量の水が入ったグラスを2つ与えました。その子に、どちらのグラスにも同じ量の水があることを納得させてから、一方のグラスの水を残らず、より高くて細い別のグラスに空けます。すると前操作期の子どもたちは、あきらかに水の量は同じであるにもかかわらず、新しいグラスのほうが水が多い(「高いから」)と言うか、あるいは元のグラスのほうが水が多い(「広いから」)と言うのでした。子どもはひとつのレベル(高さか幅の広さ)にのみ注目するのです。

前操作期の子どもには、**可逆性**と呼ばれるものが欠けています。これはいったん実行された操作を、頭のなかでなかったことにしたり、元にもどす能力のことです。知覚に頼りすぎることに加え、前操作期の子どもは自己中心性も示します。自分の物事の考え方が唯一の考え方だと思いこむのです。

3　具体的操作段階

この段階は7歳ごろから11歳ごろまで続きます。この時期の子どもの思考は、知覚に頼ることがずっと少なくなり、論理学的－数学的操作が使えるようになります。これらの操作には、＋ － ÷ × ＞(より上) ＜(より下) ＝ といった一般的な記号で表される行為が含まれます。「より大きい」といった操作は、「より小さい」とセットで考えるべきものです。子どもは「AはBより大きい」と言われても、それが「BはAより小さい」と同じ意味であることに気づくまでは、その意味を把握できません。しかしこの段階では、子どもの思考は具体的な状況に向けられます。直接的な現実の限界を超えて抽象的観念の領域に入っていく能力は、第4の段階で初めて見出されるものです。

4　形式的操作段階

子どもは11、12歳から、最後の発達段階に入ります。この段階では、世界のありうる状態(ただの現実世界ではなく)という点から思考できる能力が発達します。言い換えれば、形式的操作の段階にある子どもは概念を操作し、具体的操作段階にある子どもよりもずっと広い範囲まで概念を操作することができるのです。この段階の子どもは、思考はつねにより抽象的で、形式的論理性の原理に従います。複数の仮説をつくり、抽象的な命題を生み出し、「まるで〜のように」「もし〜だとしたら」といった命題論理学的な思考までできるようになります。

ピアジェの理論が、当然のように批判を受けながらも影響力をもちつづけてきたのは、そこには、子どもたちは学ぶ準備ができているから、様々な段階で学ぶ事ができるということを示唆しているからです。そしてまた、どのように子どもたちを教えるべきか、特におもちゃや活動を通じての自己発見の過程を通じた点について示唆しています。この理論は子どもたちが教わるべきものについて明確に表しています。

段階的か連続的か

ほぼすべての、段階を唱える理論には——それが認知的／心的段階であろうと、喪失への適応の段階であろうと——つの重要な前提があります。ひとつ目は、それぞれの段階は連続的なものでなく、離散しているということです。段階という言葉には、それぞれがたがいにはっきり区別されており、ある段階でその子が考えていたり、行動できたり、信じていたりすることは、前の段階やつぎの段階とはまったくちがっている、という意味が含まれています。発達の用語を使うなら、これは、ある段階で特徴づけられるこうした能力や認知的な容量は、前の段階にはまったく存在しない、ということを意味します。

2つ目は、厳密な意味での連続の概念です。これはつまり、人は各局面あるいは段階を、厳密に定められた順序どおりに経ていかなければならないということです。ひとつ飛ばしたり、前の時期に後戻りしたりするようなことはありえません。心理学的な反動段階を唱える一部の研究者たちは、発達が実際に進むだけでなく「もどる」ことも可能だと言います。しかしそうした事例は、認知発達関連の文献ではあまり見られません。

認知発達の段階は、理論家たちの主張ほどすっきりとした明確なものではありませんが、しかし発達の順序があきらかに存在することは、証拠がはっきりと示しています。7歳児は、4歳児には習得できない概念を習得できます。実際に、教育的指導や子育てのアドバイスの多くは、論理的な発達段階を備えながら連続性をもつという考え方に基づいています。

現在の考え方

ピアジェの認知発達の段階に関する現在の研究からは、ピアジェとその同時代の研究者たちは子どもの能力を過小評価していたという指摘がなされている。また現在の考えによれば、遂行（仕事をすることができる）と理解（何かを知る）の区別をつけることが重要になる。子どもたちをテストすると、彼らはしばしば、遂行能力よりも大きな理解能力を示す。そうした事実が、この理論の検証に多くの意味をもつだろう。

まとめの一言

ピアジェの理論は大きな影響力をもつ

CHAPTER 40 アヒルの行列

知ってる?

アヒルのひなが学ぶのは?

ときどき、自分はみんなとは別の種だと「考えている」
動物の話題を目にすることがあります。
自分がネコだと思いこんでいるイヌ。明らかに
イヌのように行動するヒツジやブタ。
自分の親が人間だと思いこんでいる
アヒルまでいるのです。

timeline

B.C.1000
古代の農夫が、畜産のために
刷り込みを利用する

1871
ダーウィンが本能的行動について記す

賢人の言葉

雌のニワトリに育てられた水鳥は通常、
性的にもニワトリに刷り込みされるようなことはない。
——コンラート・ローレンツ（1973年）

ローレンツ

この現象の最も有名な心理学的な知見は、ノーベル賞受賞者で動物行動学の権威であるコンラート・ローレンツ（1907-89）の仕事に見られます。ローレンツは、孵卵器で孵化させられたハイイロガンのひなが、生まれてから36時間というごく特定的な時間の枠内で最初に見た動くものを親だと思いこむことを発見しました。彼はその過程を「刻印される」と表現していますが、一般的には「刷り込み」と呼ばれます。そしてこの特定の時間の枠は、臨界期として知られるようになりました。ローレンツの黒いウォーキングブーツに刷り込みされたひなは、まるで母鳥について歩くように、彼について歩くようになったのです。ローレンツがひなを連れて歩いているところや、自分の「子どもたち」と一緒に泳いでいるところを撮った魅力的な写真が数多く残っています。ローレンツは、自分への刷り込みがなされたコクマルガラスたちが、おいしそうな虫をくれた（しばしば耳の穴に入れようとする）ことも記しています。しかし幸いなことに、そのコクマルガラスたちは、発情期になると他のカラスを探しにいきました。ある種の行動は、他の行動よりも刷り込みの影響を大きく受けるということです。ひなは赤い風船や段ボール箱のような無生物にさえ刷り込まれることがあります。

この現象は、厳密には子の**刷り込み**と呼ばれ、生まれたばかりの子が親を認識しはじめることです。これは生まれたばかりの子が親の声を区別して聞き分ける前に始まることさえあります。刷り込みは生得的、本能的なもので、学習ではないと考えられています。生命と生存にとっては不可欠なものです。しかし生得的な行動も、学習によって変更されます。ネコはネズミをとるように「本来できて」いますが、ネズミとりの技術は母親から学ばなければなりません。同様に、鳴き鳥たちもさえずることはできますが、まわりの仲間たちから「歌を学ぶ」必要があるのです。

1900
科学としての
動物行動学が始まる

1935
ローレンツが刷り込みに関する
初期の論文を発表する

1957
精神医学者たちが
ジェンダーの刷り込みに注目する

現在の見方によると、刷り込みの過程は、当初考えられていたよりもはるかに「可塑的」であり「緩やか」です。ふさわしい目標(つまり社会的結合のための「母親」)であるためには、どんな動物でも無生物でも、慰めを与える存在でなくてはならないのです。

実験的な刷り込み

刷り込みは、視覚、音、においに関わっています。基本的に刷り込みは、個々の動物の特定の種に対する好みをはっきりさせます。さらにいえば、その動物にストレスがかかっているとき、刷り込みはより強くなります。

この概念は、列車との接触で親を失くし、親から学ぶ機会をもてなかった鳥たち(コンドル、ワシ、ガン)を助けるために利用されてきました。こうした鳥たちは、超軽量飛行機を親だと思って行動させ、必要な場合はそのあとについて従来の渡りのルートをたどっていくよう教えこむことができます。

刷り込みの機能は、同じ種を認識させること、社会的なきずなの形成とつがいの相手の選択に役立つことです。動物は生まれるとすぐに、自分を守りえさを与えてくれる親を認識しなければなりません。それは親と子の強い社会的な結びつきを保証する仕組みなのです。

性的な刷り込み

これは動物が、自分自身の属する種ではなく、自分が刷り込みされた種に基づいて性的な好みを発達させはじめる、つまりつがいの相手を選択することです。これはある部分においては、人がよくゴムや毛皮や靴といった物質に対して示す、奇妙な性的フェティシズムの一部の説明になると考える人たちもいます。

逆向きの性的刷り込みのパターンも見られます。これは明らかに、悲惨な結果を招きかねない近親交配を防ぐために進化してきたものでしょう。この効果が意味することは、生まれてから最初の数年間に(5～6歳になるまで)近隣のいくつかの世帯で一緒に成長する人たちは、その後おたがいを性的に魅力的だとは感じなくなるというこ

賢人の言葉

結婚して長くたった夫婦には、しばしば夫と妻がきょうだいのように見えるような共通の特徴が見つかる。同様に、長い時期をともに過ごしてきた飼い主と犬にも似通った点が見られ、それは感動的であると同時にこっけいでもある。

——コンラート・ローレンツ(1954年)

とです。その一方で、遠く離れて生まれた男の子と女の子は、その後もし出会えたとすれば、たがいに性的に魅力的だと感じることが多くなります。*

*要は近親相姦しないように刷り込まれているということ(訳注)

人間の刷り込み

鳥類における刷り込みの現象は、すでによく知られています。しかし、哺乳類ではかなりまれです。霊長類はひどく未成熟な脳を持って、ずっと無力で「不完全な」状態で生まれてきます。母親は非常に重要な供給者、保護者、擁護者、付き添い役です。きずなをもって成育させること(きずなと成長)は、さらに長期間にわたって続きます。

人間のパートナーへの刷り込み

人はよく、自分の友人はいつも同じ「タイプ」を好きになるようだと言います。ある男性の友人はいつも背が低くて髪の黒い女性をガールフレンドにする、ある女性の友人は必ず長身でそばかすのある男性を追いかける、といった例です。フロイトの後期の著作以降、人は自分の親を思い出させる相手に特に惹かれる(あるいは嫌悪を感じる)といわれるようになりました。これも刷り込みの概念です。幼い頃に親のある特性に触れると、のちの異性の相手への好みに影響が生じるという考え方です。

高齢の父親をもつ娘は、年上のパートナーを選ぼうとします。国際結婚をした夫婦の子は、そうでない夫婦の子よりも、自分とは別の人種のパートナーを選ぶ傾向があります。髪と目の色も、調査の対象となっています。

人は自分にとって同性である親の影響に加え、自分にとって異性であるほうの親に似たパートナーを選びます。また、同じ色の目と髪をした相手を選ぼうとします。

こうした人間における刷り込み効果は、社会的学習の一形態です。これがある特定の段階／年齢で起こるのか、あるいは誰にでも起こるのかといったことは、決して定かでありません。必ずしも幼児期に起こる必要はないのです。

臨界期

臨界期は敏感期と呼ばれることもある。これは誕生後まもない、時間的に固定された時期だ。

・アヒルやガチョウ——孵化から24～48時間
・ネコ——生後2～7週間
・イヌ——生後2～10週間
・霊長類——生後6～12カ月

刷り込みは、本能と学習が交わる場所だ。ただの学習ではない。この考え方を支持する3 種類の証拠がある。

1　刷り込みは固定した厳格な時間枠の内で起こる

これが臨界期。この時期が過ぎると、その後の学習の効果は弱まる。

2　刷り込みの過程は取り消せない

学習されたことは忘れられず、定着する。

3　それぞれの種に特有のものである

どのような個体差があろうと関係なく、特定の種のすべての動物に起こる。

賢人の言葉

人々は自由に好きなことをしていいというとき、たいていはおたがいのまねをする。

——エリック・ホッファー（1955年）

時期／段階的学習

ある人の人生で、学習のためにきわめて重要な時期は、たしかにあるようだ。そして人生の特定の時期に起こるすべての種類の学習を表すのに、「刷り込み」という用語が使われる。例えば、第二言語の学習のために重要な期間があるという証拠がどんどん見つかっている。第二言語を流暢に話せるようになるには、5歳までが最良の時期のようだ。また、どんな（まれに見る不運な）人も、思春期になるまでまったく言語に触れていなければ、その後の人生で「母国語」の文法をまともに身につけることはできない。第二言語の学習に「生物学的に決められたチャンス」があるという主張は、激しい議論を呼んだ。その時期がたしかに重要だとしても、発音の点だけだという意見もあれば、文法と語彙の両方で重要だとする意見もある。

音楽のスキルや作曲、好みについても、習得のために重要な時期がある、と一部では考えられている。また、社会的スキルと感情知能の習得については、思春期前後に重要な時期がくるようだ。

まとめの一言

「刷り込み」にもいろいろな形がある

CHAPTER 41 タブラ・ラサ

発達

知ってる?

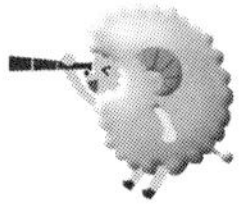

人は「白紙」で生まれるのか?

マルクス主義および共産主義の最も根本的な教義は、
人々のパーソナリティが経済的階級および階級闘争における
役割によって規定されるということだ。これは想像しうる
かぎり、最も環境決定論的な立場である。

—— ジョージ・オールビー 1982年

timeline

B.C.300
アリストテレスが
この概念を定義する

1700
ロック「自由な書き手」の概念

賢人の言葉

わが子は、進むべき道を進むように育てよ。年をとっても、その道から離れることがないように。
——ことわざ

タブラ・ラサ、つまり白紙状態の仮説とは、人は生まれたときには遺伝的、生得的、進化的な内容や過程をもっておらず、それらは時間とともに発達、あるいは発現していくとするものです。つまりそれは空の状態の新しいディスクのようなもので、そこに書き込みやデータが蓄えられていくことで、その人の個人的な経験が、自分が何者か、何になるか、何を信じるかといったことを決定すると考えます。

歴史

こうした急進的な「生育」あるいは「環境」の考え方をとる学派は、「自然」あるいは「遺伝」の学派と対立していますが、アリストテレスと聖トマス・アクィナスは前者を支持していたようです。この考え方に対立するのは、本質的にはプラトン流の、人間の精神はより完全な形で天上に「すでに存在して」いるという考え方を好む一派でした。現代の概念は主に、17世紀イギリスの経験論哲学者ジョン・ロックからきています。ロックは、生まれたときの人間の精神は空白であり、いかなる知識も、知識を獲得し蓄える過程もないばかりか、あらかじめ何かが決定されていることも生得的な動機もないと見ていました。こうした意味で、人は自分自身の運命や同一性を自由につくりだすことができる。人は船の船長であり、人生の支配者であり、自分の精神と……運命の書き手である、ということです*

＊つまり、ロックは人間の心は何もない状態で生まれてきているので、人の心は成長するにつれていろいろな知識を「刻みこめる」ことができると考えている（訳注）

タブラ・ラサ論争はある程度まで、「遺伝か環境か」の論争として特徴づけられてきました。反タブラ・ラサの伝統を強く唱える優生運動などの強力な運動によって、心理学はばらばらに分裂したのです。実のところ、この両極の立場を振り子のように揺れ動くものもあります。したがって性同一性障害、同性愛などは、ほぼ完全に遺伝的に決定されたものであるか、あるいはすべて「社会的につくられた」ものであるとみなされます。

19世紀
すべての行動の原因としての優生学

1960年代
タブラ・ラサの環境決定論が盛んになる

2002
ピンカー、『人間の本性を考える』（山下篤子訳、NHK出版）

多くの人は、実際に遺伝と環境を切り離すことなど不可能だと論じるでしょう。それでも自由意志対決定論の論争は、しばしばタブラ・ラサ論争の背景となっています。

賢人の言葉

タブラ・ラサに書かれた最初のメッセージは、必ずしも、最も消しづらいものではないかもしれない。
——ジェローム・ケイガン（1976年）

人間性についての信念

ジェレミー・ベンサム（1748-1832）は、理性をもった人間は、啓蒙された利己心から選択と決定を行うものと述べました。一方ギュスターヴ・ル・ボン（1841-1931）は、集団になった人間の非合理性と衝動性を強調しています。トマス・ホッブズ（1588-1679）は人間を利己的で危険で暴力的な存在とみなし、その闘争を強力な政府によって抑制しなければならないと説きました。ジャン・ジャック・ルソー（1712-78）は自ら文明の抑制を、自然な人間、すなわち「高貴な野蛮人」の理想を損なうものとしました。

実験心理学者、社会心理学者は、さまざまな「人間性の哲学」の決定因、構造、結果を詳細に説明しようと試みてきました。ある心理学者は、人間性には6つの基本信念（およびその逆の信念）があると論じています。

1 人間は本質的に信頼でき、道徳的で、責任感がある（あるいはそうでない）。

2 人間は自分の言動の結果を制御でき、自分自身を理解している（あるいは自己決定ができず、非合理的である）。

3 人間は利他的で、利己的ではなく、他者に心からの関心をもっている（あるいはその逆）。

4 人間は集団の圧力に逆らっても自らの信念を維持できる（あるいは集団や社会の圧力に屈してしまう）。

5 人間はたがいにパーソナリティや関心がちがっているが、時間がたてば変われる（あるいは時間がたっても変わらない）。

6 人間は複雑で、理解することが難しい（あるいは単純で簡単に理解できる）。

賢人の言葉

盗人や殺人者は、慈善家と同じ程度に、自然に従っているのだ。
——T・H・ハックスリー（1873年）

これらの信念は2つの次元にまとめることができます。その2 つとは、否定－肯定（意志の力、信頼、独立、利他主義）、そして多重性（変わりやすさ、複雑さ）で、おおむね相互に独立しています。

生物学、進化、*白紙状態

タブラ・ラサの見解に対する最も明快で声高な反論は、進化心理学者から出されるものです。彼らはタブラ・ラサや高貴な野蛮人の神話を、科学的な事実ではなく政治的な要請だと見てはねつけます。決定論ないし不平等の概念を恐れたり嫌ったりする人たちは、進化の圧倒的かつ有力な証拠を拒んでいる、ということです。

進化心理学の考え方はきわめてはっきりしています。それは、人間（身体と心）は自然淘汰によって特定のやり方で行動するようにできている、というものです。脳は進化的適応の産物です。私たちは特定のやり方で行動するように「組み立てられて」います。そういう意味では「運命づけられて」いるのです。私たちは「裸のサル」のままです。つまり誰もが幼児期に「甘いもの好き」なのにはまっとうな理由があるのです。

配偶者選びは基本的に生殖に関わっている、という議論があります。人は健康な子どもを一緒につくれる相手を進んで探し、そのことによって自分の遺伝子を残そうとします。だから男性は女性を、主に子どもを産む能力に基づいて魅力的だと感じるのです。体の大きさ（体格指数）と体型（腰と尻の比率、脚と胴の比率）は、多産性を表すきわめて重要な信号です。男性は若さと健康の指標を求めるよう「プログラムされて」います。したがって大きな目、きれいな皮膚、対称性、金髪（白人のみ）を重要だと評価します。いっぽう女性は、健康、優位、富のしるしを求めます。だから長身で、肩幅が広くて胸が厚く、腰の締まっている男性を探すのです。富も重要な要素となります。女性は富を、幼い子どもの世話をするための資源とみなすためです。

進化心理学者によれば、私たちは配偶者の質を感知するようにできていると考えられています。男性は無意識に、生殖能力の盛りに

*白紙状態については『知ってる？シリーズ 人生に必要な遺伝50』の16章「白紙状態」も参照

ある女性にひかれる一方、女性は男性に対し、魅力などの要素よりも、高い地位（特に長期的な関係における）を重視するようになるというのです。これはつまり、男性の地位が高いほど、資源を支配する能力が強まるからです。ほとんどの社会で、高い地位は富や力と結びついています。知性や情緒的安定性、誠実さといったそれ自体好ましい特性とも結びついているかもしれません。結果的に、女性たちをひきつけようとする男性同士の競争の焦点は、資源のありかを示すことにあるのです。つまり男性における美しさとは、ある人たちが冷ややかに言ったように、「財布の豊かさ」にすぎないのかもしれません。

その一方で男性たちは、女性の生殖能力の盛りを感知するという問題を解決するために、例えば地位を示す特徴よりも、高い生殖能力を示す特徴、つまり若さや繁殖力を優先します。こうした特徴には、豊かな唇、なめらかな肌、澄んだ目、つやのある髪、筋肉の正しい緊張と体脂肪の分布、はずむような若々しい足取り、生き生きした顔の表情、高レベルのエネルギーなどが含まれます。男性も女性も、配偶者には同じ特性（魅力、地位、情緒的安定性など）を求めるかもしれませんが、進化がもたらした結果により、そうした特性の評価は男女でちがっています。

賢人の言葉

私に健康で十全な幼児10人と、そして私が彼らを育てるために必要な世界を与えてみたまえ。私はその中からひとりを無作為に選び、いかなるタイプの専門家にでも訓練してみせよう――医師、弁護士、芸術家、商人頭、それに、そう、物乞いや泥棒にでもだ。その子の才能や嗜好、傾向、適性、祖先の人種などとはまったく関係なしに。

――J・ワトソン（1930年）

賢人の言葉

自然はつねに、教育よりも大きな力をもつ。
——ヴォルテール（1739年）

人間性の政治

政治的な文書は、人間性の起源について、明白な信念と暗黙の信念をともに伝えようとする。そのために共産主義は、人間というものの利己的で競争的な、自己権力を拡大しようとする一面は、決して自然なものではなく、社会経済的、政治的条件の産物であると仮定しなければならない。同様に自由主義は、人間はすべて完全な自由への強い欲求をもっていると仮定し、保守主義は人間を否定的にとらえ、人はもともと利己的、攻撃的、無政府主義的な存在だと考える。

人間性の特性についての信念は、やはり予想されるとおり論理的に、当人の政治的志向と強く結びついているのだろうか？　例えば、左派の人々は、人間のほとんどの特性の起源は環境にあると考え、その一方で右派の人々は、むしろ遺伝にあると考えることが多い。ただし考慮される特性によっては、多くの差がある（例えば、パーソナリティと身体的特性）。したがって、ある人に「遺伝か環境か」といった問題についての見解をたずねることで、その人の政治的志向を判断することが可能かもしれない。

まとめの一言

「環境か遺伝か」の議論は決着していない

CHAPTER 42 条件づけ

知ってる?

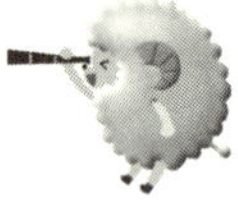

反応は学習できるか?

このようなことを伝えても無分別のそしりを受ける
ことはないだろうと思うが、動物の高度な神経活動についての実験は、人間の教育や自己学習に関しても
少なからぬ方向性を示すはずである。

—— I・パヴロフ 1928年

timeline

1870年代
パヴロフが条件づけを実証する

1940年代
スキナーがこの概念を大きく拡張する

1944
罰への注目が始まる

サーカスの動物が調教師の「命令」を聞き、いかにも喜んで芸をしてみせる様子は、かつて私たちの親や祖父母の世代を魅了しました。今でも大きな水族館などで、人々はアザラシやイルカ、シャチなどの芸を見て楽しんでいます。そこで疑問が湧いてきます。こうした興味深く見事な課題を動物に演じさせるには、どのように訓練すればいいのでしょう?

賢人の言葉

釣竿を使うのを惜しむ男は、息子を憎む。
——ことわざ

犬とベル

条件反射は、ノーベル賞を受賞したロシア人生理学者イヴァン・パヴロフ(1849-1936)によって発見されました。彼の概念は、有名な「パヴロフの犬」によって、今や伝説の一部となっています。空腹の状態にあるすべての動物は、好きな食物を見たりそのにおいを嗅いだりしたとき、唾液を出します。これは食物を食べて消化する過程を促すのが目的の、自然な反射です。パヴロフは当初、犬が食物を効率的に消化するために必要な唾液の量と質を測定しようとしていました。

やがてパヴロフは、犬が肉を見た直後に何度もベルを鳴らすと、そのうち肉が見えなくてもベルの音がしただけで唾液が出るようになることを発見しました。ベルの音そのものが生理学的な消化系にはたらきかけるのです。この過程は人でも見られ、またどんな食物でも、多くの異なる音でも機能しました。条件づけがよりはたらくのは、無条件刺激(食物)とほぼ同時に条件刺激(ベル)が起こるとき、また両方の刺激が強烈であるとき(大きく汁気たっぷりのステーキ、非常に大きなベルの音)です。

理論

条件反射は、特定の条件の下で起こります。いわゆる中立の(あるいは無関連の)刺激が、つねに特定の反応を生み出す特定の刺激と組

1958
系統的脱感作法が導入される

1969
ヤホダ『迷信の心理学』
(塚本利明・秋山庵然訳、法政大学出版局)

み合わせられたときです。この操作が何度もくり返されると、無関連刺激がそれ自体の力をもち、特定の反応を生み出すようになります。これが反射を引き起こす条件刺激です。つまり、条件反応を引き起こす無関連刺激なのです。反射を維持するためには、この関連づけをさらに続けなくてはなりません。ベルが何度鳴っても肉が出てこなければ、やがて反応は起こりにくくなります。つまり、以下のとおりです。

・食物は無条件刺激である
・食物に反応して唾液が出るのは、無条件反射である
・ベルの音は条件刺激である
・ベルの刺激に唾液が出るのは、条件反射である

条件反応とは、ある行動が起こる可能性を刺激して増大させる、あるいはその逆の可能性を増大させてその行動を禁じようとすることといえるでしょう。結果ははっきりしていて、常識に沿ったものです。つまり条件づけの強度は試行のたびに増大するものの、試行のたびに強度の増え方は小さくなります。言い換えるなら、しばらく時間がたつと、強化の力は弱まるということです。

条件づけられた迷信

心理学者の言う「迷信行動」を証明する有名な話があります。ある動物心理学者が、実験室いっぱいのハトを飼っていました。そのハトたちは、さまざまな形や色を認識し、区別できることを自ら実証していました。そして、「正解を出せば餌がもらえる」のパターンにすっかり慣れていました。

ある週末、研究者がハトの自動給餌機のスイッチを切るのを忘れて、帰宅してしまいました。やがて30分後、機械が一食分のおいしい餌を出します。その食物は当然、ハトたちにとっては、それまで自分やっていたことのほうびだと思われました。それ以降ハトたちは、30分たつごとに同じ行動をくり返し、そのたびにほうびは現れました。ハトたちは「自分なりの芸」をやる気満々になりました。あるものはケージをついばみ、あるものは翼を持ち上げ、あるものはケー

賢人の言葉

さまざまな種類の習慣が、訓練、教育、なんらかのしつけに基づくものであるのは明らかであり、これは条件反射の長い連鎖にほかならない。
――I・パヴロフ（1928年）

ジの下でピルエットを踊り、あるものは楽しげにクークーと鳴く。食物は無条件に出てくるにもかかわらず、ハトたちは「関連性」と因果関係を見てとり、自分の行動がほうびをもたらしたと思いこんだのです。

別のある有名な、3～6歳児を使った研究があります。実験者はたくさんのビー玉が入ったプラスティックの箱と、子ども並みに大きな、ボボという機械仕掛けの道化師の人形を置きました。実験の始めに子どもたちは、それぞれ自分が手に入れたいと思う小さなおもちゃを選ぶように指示されました。そしてボボを紹介され、この道化師はときどきビー玉をくれるから、それをプラスティックの箱に入れるように言われました。そして十分な数のビー玉がたまったら、その子はおもちゃをもらえるのです。ボボは子どもたちの行動とは無関係に、一定の間隔をおいてビー玉を出すようプログラムされています。実験は1日に8分間ずつ、6日にわたって続けられ、子どもたちの様子がマジックミラーごしに観察されます。その結果、75パーセントの子どもたちが、明らかな迷信的反応を示すようになりました。何人かの子どもはボボの前に立って顔をしかめてみせ、また顔や鼻に触る子たちもいました。ある女の子はボボに笑いかけ、またある子は鼻にキスをしました。どの場合でも子どもたちは、数日にわたって何度もそうした行動を見せました。みんな自分の行動がビー玉をもたらしたと思っていたのです。これは古典的条件づけの例といえます。

賢人の言葉

学びて思わざれば則《すなわ》ち罔《くら》し、思いて学ばざれば則ち殆《あやう》し。
（思考を伴わない学習は無益であり、学習を伴わない思考は危険である）。
——孔子（BC551～479年）

音楽の力

広告業者は、人々がある特定の曲を特定の出来事、気分、製品と結びつけること、そのことが消費行動を左右することを知っています。人々はたしかに、後ろに流れる音楽をはっきり意識してはいなくても、その音楽の刺激に影響されるのかもしれません。

ある音楽にまつわる研究で、心理学者が店の客たちに、フランスの伝統音楽（アコーディオン）とドイツの伝統音楽（ビアホールのブラスバンド）を聞かせました。そして実験用に同等の価格と味のフランス産ワインとドイツ産ワインを並べた棚から、何が売れるかを観察しました。フランスの音楽を流した日には、売れたワインの77パーセントがフランス産でした。ドイツ音楽の日は、73パーセントがドイツ産でした。つまり客たちは、音楽に合わないワインの3倍から4倍の確率で、音楽に合ったワインを選んだのです。

条件づけられた不安

古典的条件づけは、行動のみならず感情にも影響を及ぼします。動物をある信号に反応するよう条件づけたあとでも、そうした反応は、電気ショックを与える、冷水を浴びせるといった不快な事象と関連づけることで、すぐに抑えることができます。人間のレベルでも、条件づけによって病的恐怖症を引き起こしたり治療したりすることは可能です。例えば、小さな子どもをネコ嫌いにするには、その子がネコを見たり触ったり鳴き声を聞いたりするたびに、ひどく大きな音が響くようにすればいいのです。その子はごく短時間で「ネコ恐怖症」になってしまいます。けれどもこの効果は、報酬としての刺激をくれるネコに少しずつ慣れさせていくことで、消去することができます。

*系統的脱感作法は、新行動主義者のジョゼフ・ウォルピ(1958)が初めて考案しました。そしてこの方法は、特定の対象に不安を覚えるクライエント、例えば閉めきった部屋や、人前でしゃべることへの不安を感じるクライエントにとっては有効であることがわかりました。クライエントたちは、特にそうした不安と結びつく場面を想像するように言われ、その間セラピストたちは、クライエントがリラックスした状態を維持できるように援助します。リラクセーションと反対の不安とを組み合わせることにより、「逆制止」の過程を通じてそうした不安を減らすのです。

*系統的脱感作法
クライアントが不安をもたらすものをイメージさせて、それに対してリラックスする方法を教えることにより、不安や恐怖を取り除く方法(訳注)

もしクライエントが、不安を呼び起こす刺激にさらされながらもリラックスした状態を保っていられれば、その刺激は効力を失うことになります。

消去

しかし、条件づけは変化する。行われるときと劣らず、容易に元の状態にもどるのだ。これは実験的消去と呼ばれるものを通じて起こりうるし、強化試行の結果として起こる。もしベルのあとに食物が出てこなければ、やがて犬はベルの音を聞いても唾液が出なくなる。しかし唾液の反応が消えても、条件づけの状況にもどれば、また条件づけは可能になる。実際に、明らかに効果が消えたあとでも、再強化の試行が始まれば、元にもどるのに長い時間はかからない。さらに、消去された反応は、長い間隔を置いてふたたび表れることがある。これは自発的回復と呼ばれる。

memo

まとめの一言

条件づけには利用価値がある

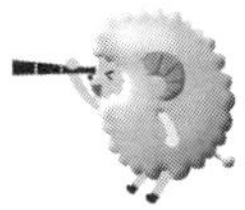

CHAPTER 43 行動主義

行動の心理学とは?

行動主義者はあらゆる時代遅れの概念を一蹴する。
自分の語彙から、感覚、知覚、イメージ、欲望、
思考や感情といった主観的な用語を
すべて除外するのだ。

—— J・B・ワトソン 1926年

timeline

1913
ワトソンが行動主義を提唱する

1927
パヴロフが核となる概念を提供する

哲学

行動主義の哲学的起源は、論理実証主義やイギリスの経験論といったさまざまな哲学運動にあります。論理実証主義者は、実証という原理を強く唱えます。つまり、精神的概念とは実のところ行動上の傾向を指すものであり、行動の用語で明確に記述できるし、またそうしなければならないということです。イギリスの経験論者は、人は実験と観察（のみ）を通じて世界を理解できると主張しました。彼らはまた、人は経験（あるいは刺激）と概念（あるいは行動）をつなぐ連合学習によって、自らを取り巻く環境、そして他者についての知識を得られると信じていました。つまり人は、古典的な連合を通じて世界の因果構造を理解するということです。

自分たちの心理学は行動の心理学である（まちがっても精神や心、魂の心理学ではない）と主張する行動主義者たちは、信念や記憶といった内的な心的事象を説明しなくても心理学的過程は理解できると論じます。彼らは、内部状態を表す用語は心理学から完全に追い出し、厳密に行動的な概念に置き換えるべきだと、激しく主張します。行動主義は、物理学や動物学のような自然科学として見られることを望んでいるのです。

当然ながら、長い年月がたつうちに、少しずつちがった形のものが現れてきました。古典的な生理学的行動主義があります。これは独自の用語を発展させてきました。例えば、犬やネズミはある課題——音が起こるか明かりがついたとき、レバーを押したり特定の動きをしたりする——をこなしたあとにだけ食物を与えられると、その行動をくり返すようになります。つまり、音や明かりは弁別刺激であり、動いたり押したりする行動は反応であり、食物は強化であり、くり返される行為は学習履歴ということです。

1938
スキナー『生体の行動』

1950年代
行動主義の隆盛

1977
バンデューラ『社会的学習理論』
（原野広太郎訳、金子書房）

方法論的行動主義は、許容可能で経験的、科学的な研究のしかたについての原則です。あらゆる内的、精神的な事象は、関連のない私的な観念にすぎません。行動主義はしばしば、「行動の実験的分析」という用語を好んで使います。実際にさまざまな学会や学術誌が、まさにこの名前をつけて創設されています。

他のどれよりもよく知られているのは、B・F・スキナーの徹底的行動主義でしょう。スキナーは行動主義者のユートピアについての小説を書き、自分が固く信じている厳密な原則に従って娘を育てたほどの熱狂的な人物でした。徹底的行動主義は、心的状態の存在と「実験」を考慮しようとしません。しかしこのタイプの行動主義は、行動が引き起こす感情も考慮せず、むしろ一部の行動が感情を現すものとします。

行動主義者は、巧みに計画された強化スケジュールによって形成される非常に特別で確認可能な行動に注目する傾向があります。それでも一部には、人は単なる個人的な強化の歴史の産物という以上のものであることを受け入れようとする研究者もいます。人は個人的な生物学的要因にも影響されるし、文化——要するに私たちの一族あるいは集団に共通する行動——から影響を受ける例もあります。

行動主義者たちはさまざまな学会や学術誌を作ってきました。彼らの推奨するセラピーは、当然ながら行動療法と呼ばれるものです。精神疾患の患者や神経症の子どもたちのほか、特定の問題を抱えた「正常な」成人の治療にも用いられています。

賢人の言葉

行動の科学的分析は、ある人物の行動が、最初の動因である当人によってではなく、当人の遺伝的、環境的な履歴によって制御されることを前提としなければならない。

——B・F・スキナー（1974年）

自由と威厳を超えて

おそらく最も有名で声高で、最も明快な行動主義者であるB・F・スキナーは1971年、『自由への挑戦』（波多野進・加藤秀俊訳、番町書房）という一般向けの本を著しました。スキナーは、頭の中にいる**ホムンクルス**、つまり「小人」（心や意志や魂のことを指すのでしょう）の存在を信じていると言って、心理主義者を嫌いました。

スキナーの行動主義は決定論であり、技術的なものです。さらに彼は、行動主義は善をもたらす力となりうるもので、人口過剰、戦争などの社会問題の解決に役立つと信じていました。彼の見方によれば、個人の自由や尊厳などは誤った思考であり、彼は私たちがそうしたあいまいでむだなものについて語ることをやめさせようとしたのです。

スキナーは自由意志を信じず、したがって人がある行為によって功績を認められる、あるいは責めを負うべきであるといった考えを信じていませんでした。人の行動は、過去の強化の履歴によって形成されるものなのです。また罰についても、人が自分の行動を自由に選択できることを前提とするものであるという理由から、信じませんでした。ある人が特定のやり方で行動するように訓練あるいは強要、強制されているとみなせば、その当人はほとんど自由意志をもたないのだから、称賛や責めに値するとは考えにくくなるでしょう。私たちの行動はそのように形成されている、ということです。

スキナーは、ブラックボックスの心理学、もしくは「空虚な生活体」の心理学としての行動主義という考えを拒絶しました。けれども、人がその環境、その学習、そしてとりわけその強化スケジュールの産物であることは認めています。

社会的学習理論

アルバート・バンデューラ(1925－)は社会的認知理論、もしくは社会的学習理論を考案しました。これは純粋な行動主義、つまり徹底的行動主義を発展させたものです。あらゆる行動主義者と同様、バンデューラは社会的学習の役割を強調し、人は選択もしくは偶然によってその人が立たされた社会的、物理的文脈あるいは環境を十分に考慮したときにのみ、その人の行動を本当に理解できる(したがって予測できる)と考えました。

さまざまな重要な概念があります。まず、**観察学習**つまりモデリングです。人はしばしば観察によって学習し、他者をモデルとして模倣します。そして他者が行ったことで報酬あるいは罰を得るのを見るとき、代理強化を獲得します。そのために、魅力的で信頼できる俳優が、なんらかの報酬のためになんらかの行動をするテレビや映画は、行動上の変化を促す力をもつのです。

社会的学習理論の中心となるのは、**自己効力感**です。これはある個人がもつ、特定の状況に対処できる自分の能力、あるいは特定の課題をやり遂げられる自分の能力にまつわる信念のことです。あらゆる状況での自己効力感の評価は、4つの事柄において行われます。まず、その人の学習の履歴や、同様な状況での成功および失敗。つぎに、顕著な代理経験（同様な状況で他人がどのように行動するかという知識）。つぎに、言葉による／社会的な説得もしくは強化、つまりそうした状況で他者がその人にどのように行動するよう促したり説得したりしたか。そして、失敗の可能性にまつわる感情的な刺激や不安の感覚や苦痛。自己効力感の判断は、学校や職場やセラピーでの動機づけ、目標設定などに重要な役割を果たします。人は自分のやるべきことはわかっていると信じ、成功の経験をもち、失敗を避けたいと感じるほど、成功をめざそうとするのです。

最後の概念は**自己制御**、つまり思考／信念を用いて行動を制御しようとすることです。これは個人的な能力で、自己報酬的、自己処罰的行動のひとつの形です。自分自身の行動を観察し、その行動がどのようにして起こるのか、他者の行動とどのように比較できるかを判断できる人たちによってもたらされるものです。人は成功に対しては喜びと誇りの、失敗に対しては痛みと自己批判の反応を示します。自己制御の過程は、人が自尊感情を増すようなことをくり返し、自滅や自己嫌悪につながるような行動を避ける傾向があることを意味しています。自己制御は人々に、自分に何が達成できるか、つまり自己効力感を増すことができるかの基準を定めるよう促します。内的要因――自己観察、自己反応、自己強化――が原動力とみなされるのです。

賢人の言葉

行動主義は、つぎのように正確に、そして端的に形容することができる。すなわち、心理学を除外する心理学である。

――G・D・マーティン（1976年）

行動主義の歴史

行動主義は100年以上にわたって、心理学の優勢な勢力だった。イヴァン・パヴロフ(1849-1936)から、人に自由意志や道徳的自律性があることを否定したB・F・スキナー(1904-90)まで、行動主義は少しずつ形を変えながら、心理学の思考と研究を50年以上にわたって支配してきた。

行動主義者は、ゲシュタルト心理学者、精神分析学者、人間性心理学者にとっては大きな敵だった。ジョン・B・ワトソンら初期の行動主義者たちは、いわゆる「内省」の概念を捨てた。行動主義は、人が観察し、確実に測定できるもの、すなわち行動(のみ)の科学だった。そして素朴な経験論を喧伝したのだ。

行動主義は、核となる規準や信念、原理をもつイデオロギーである。理論を実証するには、観察できる行動上の証拠が必要になる。したがって、2つの精神状態(姿勢、信念、評価など)があるとしても、それぞれの状態と結びつく特定の行動を観察し測定できるのでないかぎり、私たちはそれを区別できないということだ。

まとめの一言

行動は経験に影響される

CHAPTER 44 強化スケジュール

行動を
強化するものは？

私の科学的な立場を説明するいくつかの
強化子の中で、他者の意見というものが高い位置を
占めることはないとは予想していなかったが、
どうやらそれは真実のようだ。

―― B・F・スキナー 1967年

timeline

1920年代
パヴロフが始めて「強化」
という言葉を使う

1953
スキナーが負の強化について語る

賢人の言葉

幼児の泣き声に対する反応は、泣くことを強化する以上の働きをもつことが多い。それは環境への積極的な対応を強化し、人々や対象からのフィードバックを得るために働きかけさせる。

——L・ヤロー（1975年）

心理学でいう強化とは、反応を強めることです。動物の調教師にとっては大きな「武器」となります。ジャングルのゾウであろうと、サーカスのライオンや実験用のシロネズミであろうと、動物は特定の活動あるいは行動したあとでおいしい食べ物が与えられます。この食物が強化子（強化刺激）です。その目的は、同じ条件下にある動物が、できるだけ素早くひんぱんにその行動をくり返すよう促すことにあります。ほうび、つまり報酬はどんなものであれ、それを受け取ったあとの行動を素早く恒常的に変化させるという点によってのみ、強化子としての役割を認められます。

さまざまな強化子

行動主義では、さまざまなタイプの強化子が区別されます。まず、第1の強化子（食物、セックス）は、あらゆる動物が一生を通じて求め、必要とするものです。その力は彼らが置かれた状態（空腹か、睡眠不足か、など）に左右されます。第2の強化子は、行動と反応を結びつけることを学習するときに生じます。夕食の鐘とともに唾液が出る、消毒薬のにおいで病院を思い出す、などです。あらゆるものが第2の強化子になりえます。金のようにごく一般的なものも、ごく具体的なもの（ある特定の音やにおい）もあります。ある個人（もしくは種）にとっての強化のヒエラルキーをつくり、さまざまな強化子の相対的な力を示すことも可能です。

訓練者、指導者、経営者などは、強化スケジュールを多くの人たちに課します。複雑な反応が望まれるときには、「シェーピング」が有効になる場合があります。これには、より複雑な反応を望ましい反応が得られるまで、細かく分けて正の強化を行うことが含まれます。

1967
アーガイルが社会心理学で「報酬を与える」という言葉を使う

1974
スキナー『行動工学とはなにか』（犬田充訳、佑学社）

1994
コーン『報酬主義をこえて』（田中英史訳、法政大学出版局）

学習理論による動機づけのテクニック

手続き	職場で	行動に表れる効果
正の強化	仕事が期限どおりに仕上がったとき、経営者が従業員をほめる	望ましい行動を増やす
負の強化	仕事の仕上がりが遅れるたびに、経営者が警告の文書を書く	望ましい行動を増やす
罰	仕事の仕上がりが遅れるたびに、経営者が従業員の仕事を増やす	望ましくない行動を減らす
消去	仕事の仕上がりが遅れたとき、経営者が従業員を無視する	望ましくない行動を減らす

人は肯定的な結果をもたらす行動や、心地よい活動に従事することを学びます。人が望ましい結果をもたらす行為を学習する過程は、**正の強化**と呼ばれます。正の強化子として報酬を与えるには、求められる特定の行動のあとに付随しなくてはなりません。

人はまた、ある行為によって望ましくない事態を避けられる場合、その行為を行うことを学習します。叱責、拒絶、解雇、降格、終結といった不快な出来事は、職場で一定の行為をとりつづけることで避けられる事態です。この過程は**負の強化**、あるいは**回避**と呼ばれます。

罰には、ある望ましくない行動に対する反応として、不快な、あるいは嫌悪を伴う結果を提示することが含まれます。負の強化は、嫌悪刺激を除去し、それによりその除去につながる反応の強さを増大させることで、そうした刺激を取りのぞくものであるのに対し、罰は嫌悪刺激を与えることで、その刺激の提示につながる反応の強さを弱めるものです。*

*要は、罰は不快な刺激を与えることで望ましくない行動を減らすもの(訳注)

強化の随伴性の4パターン

	刺激の望ましさ	随伴性の名前	反応の強さ	ビジネスでの例
刺激の提示	快	正の強化	強まる	監督者の称賛が、ほめられた行動の継続を促す
	不快	罰	弱まる	監督者の批判が、罰せられた行動を思いとどまらせる
刺激の取り下げ	快	消去	弱まる	協力的な行為をほめなかったことが、将来の協力を減らす
	不快	負の強化	強まる	監督者の望むとおりにしたことで、将来の批判が避けられる

行動とその結果の結びつきは、**消去**の過程によっても弱められます。かつて報酬を与えられていた反応に対し、もう報酬が与えられなくなると、その反応は弱まる傾向があります。そしてそれは次第に消えていきます。要求や行動を無視することは、消去を起こす最も一般的な方法でしょう。

強化の随伴性

4つの強化の随伴性は、快い刺激あるいは不快な刺激を提示したり取り下げたりするという観点から定義できるかもしれません。正や負で強化された行動は強められた、罰あるいは消去による行動は弱められたものです。

強化スケジュールには基本的に、次の4つのタイプがあります。

1　定間隔強化スケジュール

一定の時間が経過したあとの、最初に望ましい行動が起こったときに強化が行われるというものです。報酬は決まった時間に一定の基準に基づいて与えられます。定間隔スケジュールは広く利用されていますが、望ましい仕事の遂行を維持するうえでは、とりたてて効果的ではありません。

2　変間隔強化スケジュール

強化が行われる間の時間間隔が変化するというものです。例えば、平均して8週間おき（あるときは6週間後、あるときは10週間後に訪問する）でさまざまな支社を抜き打ち訪問する監査役は、変時隔スケジュールを利用しているといえます。従業員はいつ報酬が与えられるか正確にわからないため、比較的長期間にわたってよい仕事ぶりを見せる傾向があります。

3　定比率強化スケジュール

ここでは、特定の回数の行為が行われたあと、最初に望ましい行動が起こったときに強化が行われます。いかなるタイプであれ、出来高払いのシステムはすべて、固定比率の強化スケジュールです。

4　変比率強化スケジュール

強化が行われる間に、望ましい反応の回数が（なんらかの平均値に基づいて）変化するものです。変比率スケジュールの効果の典型的な例が、スロットマシンです。

これに対しては通常、この概念はただ循環しているだけ——反応の強さは反応の強さを増す物事によって強められる——という批判があります。しかしこれを支持する人たちは、強化子は行動に影響を及ぼすのだから、そうしたものである（逆向きになることはない）と指摘しています。

報酬によって罰せられる

子どもたちは、金の星や賞品、あるいはお金といった報酬で強化されれば、学校での態度がよくなるのでしょうか？　出来高払いは職場の生産性を高めるのでしょうか？　結果に対して金を払うより、称賛したほうがいいのでしょうか？

ある研究によれば、問題を解いた生徒に報酬を与えることにすると、報酬とは無関係な生徒たちに比べ、かえって問題を解くのが遅くなるということです。創造的な芸術家は、注文を受けると創造的でなくなります。禁煙をする、シートベルトを締めるといった良識的な行動に対して報酬を与えられる人たちは、長期的に見ると、報酬を与えられない人たちよりも行動を改めない傾向があります。

強化の大原則に反して、アルフィー・コーンは、人はなんらかの活動（生産性、学校での成績、創造性）を強化されるほど、その活動そのものへの興味を失うと主張しました。つまり、外発的動機づけ（報酬を得られる）が内発的動機づけ（その活動を楽しむ）を減らすということです。

コーンによると、報酬システムは安価で（例えば金の星など）、実施しやすく、すぐに効果が出るようですが、長期的に見ると、さまざまな理由で失敗することが多いといいます。

今や多くの学術的、実験的論文が本質的に、コーンの立場を支持するものであるかどうかに関して、多くの論争が行われています。論争はなおも続いていますが、学校や職場での強化スキーマの利用、場合によっては乱用について、人々が真剣に考えるきっかけとなりました。

まとめの一言

行動はその結果によって形成される

CHAPTER 45 複雑なものを習得する

学習

知ってる？

すべては条件づけで説明できるか？

心理学の定義にはある傾向が存在するが、
それは私には興味深く、また根本的に非科学的なものに思える。行動か、情報の処理か、環境との低レベルの相互作用としか関わりがない……
そして私が能力（competence）と呼ぶものの研究を心理学から除外しようとする。

―― N・チョムスキー 1977年

timeline

1960
バンデューラが観察学習を実証する

1965
チョムスキーが言語革命を開始する

1960年代頃まで、心理学は3つの勢力に分裂していました。昔ながらの精神分析学者、新興の行動主義者、そして少数派の人間性研究者（人間を自由意志を持つ主体的な存在として捉える立場）です。しかし1960年代に入ると、ひとつの運動が起こりはじめ、それはこの世紀の終わりまで続くことになりました。いわゆる認知革命です。その主な理由は、私たちがより高次のスキル——話し、推論し、学習する——をどう習得するかについて、行動主義者がまったく不完全な説明しかもたなかったことにあります。

観察的学習

行動主義者が、人は事実上すべてをオペラント条件づけによって学ぶと主張するのに対し、社会的学習論者は、人は観察を通じても早く効果的に学習する、と論じます。私たちは他者（モデル）をよく観察することで、知識とスキルを広げる。子どもも大人もまったく同じで、他の人たちのやることやその行動の結果を見ることで、まるで自分が体験したように物事を学んでいるのです。

例えば、多くの人たちは、子どもがテレビの影響を受けることを心配します。子どもがテレビで見るもの、つまり悪い言葉、攻撃性、身勝手な行動などのまねをするのではないかと心配するのです。しかし面白いことに、そうした人々は、テレビを利用して美徳やよい行動を教えることにはあまり関心がないようです。子どもは攻撃的なモデル、利他的なモデルの両方を模倣します。

人形を使ったある有名な研究では、幼い子どもたちが3つのグループに分けられ、そして全員が映画を見せられました。その映画の中では、まずひとりの大人の役者が現れ、空気でふくらませた人形に対して攻撃的な態度を示し、ハンマーで殴ったり、空中にほうり投げたり、マンガのような「ドカッ！」「パーン！」という台詞を叫んだり

1980年代
潜在学習への取り組みの始まり

1990年代
人がいかにして専門家になるかの研究

2000
学習の認知的神経心理学が発展する

します。そのあと、第1のグループでは、別の大人が映像中に現れ、その役者の見事な演技をほめてお菓子をあげます。第2のグループでは、その大人が人形にひどい振る舞いをしたと言って最初の役者を叱り、お尻をたたきます。第3のグループの映画では、何も起こりません。すると予測どおり、攻撃的な態度を示したことで報酬をもらうモデルを見た子どもたちは、自分たちも攻撃的な態度を見せることが多くなりました。

潜在的学習

学習していることを意識せずに学習することはできるでしょうか？潜在的学習では、人が正確に何を学んだかを意識的には思い出せなくても、実際に複雑な情報を獲得していることが示されます。

潜在的学習とは対照的に、顕在的学習には脳のさまざまな部位が関わっているという証拠があります。潜在的学習のあとに顕在的学習が続くのか、あるいはその逆なのかは、まだ明らかになっていません。したがって私たちは、人が意識して言葉で説明できる顕在的記憶について語ることはできても、潜在的記憶のほうはそうはいかないのです。そうした違いは、宣言的記憶と手続記憶と呼ばれることがあります。才能に恵まれ、熟練したスポーツ選手をよく観察し、さらに話を聞けば、その好例であることがわかります。彼らはあらゆる巧妙な身体の動きを学んでいますが、自分のしていることをはっきりと言葉にすることはできないのです。

言語の学習

言語を学習するのは、基本的には生存のためです。しかし自国語や母語をマスターするのは、明らかにきわめて複雑な過程であるはずなのに、ほぼすべての子どもたちが難なく達成しているように見えます。

行動主義は、言語は他のあらゆる行動レパートリーと同様に習得されると主張します。子どもが言葉を口にする。それで報酬を与えられる、つまり強化されれば、その子は同じ言葉をくり返します。子どもは親や保護者から強く絶え間なく熱心に報酬を与えられること

賢人の言葉

人々や対象からの
フィードバックを得るために働きかけさせる。
――L・ヤロー（1975年）

で、継続的に正確な発話のほうへ近づけられていきます。その過程は初め、単純な古典的行動主義の原理によって、模倣から始まります。

さまざまな研究から、親はたしかに子の言語の発達に大きな関心を寄せることがわかっています。しかし親は、その発話が文法的に正しいかどうかだけでなく、「やさしくて正直である(誠実で真実である)」かどうかの判断に基づいて報酬を与えます。

行動主義理論の問題点は、言語の習得が模倣と強化の原理に基づいているにしては、子どもが言語をあまりに早く正確に学びすぎるという事実にあります。子どもは発話に関して創造的になることがあり、しばしば突然聞いたこともないような文をつくりだします。行動主義の理論は明らかに、複雑な文法規則の急速な発達を説明することができません。周知のように、親は子どもが「文法を形成する」ことに多くの時間をかけませんが、それでも子どもは驚くべき速さで文法を会得していくのです。

最も関連があると思われ、注意深く研究されているのは、母と子の相互作用です。母親の多くは、毎日の出来事やなじみのある対象のことを、わが子に語りかけます。そしてしばしば自分の独白の話題を、その子が注意を向けているごく具体的なものに移し変えたりもします。

母親はまず、「マザーリーズ」から口にしはじめます。これは短く単純で、ごく記述的な文です。わが子が大きくなるにつれ、その文の長さや複雑さが増していき、母親はつねに子の「先に立って」教えたり励ましたりしようとします。こうした助けや特定あるいは非特定の強化があるとはいえ、この過程が子どもの言語の発達を、世界中のあらゆる言語を通じてつねに説明できるものかどうかは定かでありません。

チョムスキーと深層構造

50年以上も前にノーム・チョムスキーは、行動主義による説明に対し、明確できわめて影響力の大きな異議申し立てを行いました。彼が提唱した「生得」論によれば、子どもは人間の言語の構造についての知識をもって生まれてくる。あらゆる文化のあらゆる人間が生得の言語獲得装置をもっている、というのです。

チョムスキーは、深層構造と表層構造を区別しました。表層は実際の語句を指し、深層はその意味を指します。つまり、「彼があなたのために仕事をするとしたら、あなたは幸運だ」という文は、つぎの2つの意味をもちうるのです。「彼があなたの組織で仕事をすることを選ぶとしたら、あなたは幸運だ」あるいは「彼に少しでも仕事をさせられたとしたら、あなたは幸運だ」。同様に、文としては異なる（表層構造が異なる）けれど、同じ意味をもつ（深層構造が同じ）2つの文も存在します。つまり「老教授が講義を行った」と「講義が老教授によって行われた」はまったく同じ意味になるのです。

関連する概念に、やはり生得的なものと考えられる、**変形文法**があります。これは人が言葉の正しい意味を伝えることを可能にする仕組みです。チョムスキーは言語の**普遍性**を示すことで、自らの理論を支援しました。つまり、人間の言語はすべて、母音と子音、名詞、動詞、副詞など、共通のさまざまな特徴を備えているということです。このことから、子どもが自分の周囲で聞かれる言語を、それが親の母語かどうかであるかとは関わりなく、すぐに習得する理由が説明できます。

生得論による説明は、言語学習は生物学的な成熟に左右されるというものです。しかし批判者たちは、このアプローチは説明というよりは記述にすぎないと主張します。これはつまり、言語の習得が実際にどのように行われるかを詳細かつ正確に説明するものではないということです。また、子どもの個人的な経験が言語の発達に影響を及ぼすことも明らかです。言語の普遍性は、人はすべての文化で同じ要求に直面するということ、そして言語を形成するのは生得の装置ではなくその同じ要求によるものであることを示しているのかもしれません。

専門知識

多くのプロたちは、じつに見事な種々のスキルを身につける。ウィンブルドンの水準に合わせたテニスのプレイをマスターするといった「知覚運動」スキル、チェスのグランドマスター級のテクニックを「学ぶ」、などがその例だ。これらのスキルの習得には、つぎのように明確な段階があるとされる。まず、**認知**あるいは理解の段階。つぎに**実践**あるいは連合の段階。そして**自律**の段階。この段階で、人はより速く、より正確にスキルを駆使できるようになる。

心理学者は、専門家たちを初心者と比較して研究してきた。専門家は過去に起きた、そして今後も起こりうる事象／義務／状況に関し、きわめてよくまとまった知識あるいはテンプレートの蓄積をもっている。さまざまな状況をごく効率的に、ほぼ無意識的に走査、調査、評価することを明確に学んでいるのだ。専門知識を身につけることは、単なる才能や実践よりも役に立つ。それは物事をきわめて首尾よく行うのに使われる手続き上の知識の蓄えをつくりあげることだ。

まとめの一言

高レベルでの学習には、条件づけ以上のものが必要

CHAPTER 46 骨相学

知ってる?

骨相学はまゆつばなのか?

いかなる生理学者も、この問題(骨相学の真偽)をひそかに考えずにはいられない……大脳の異なる部位が異なる種類の精神活動を促しているという考えにいつまでも抵抗しつづけることはできないだろう。

── ハーバート・スペンサー 1896年

timeline

1810
ガルがこの学説を唱える

1824
『骨相学ジャーナル』が創刊される

1838
S・スミス『骨相学の原理』

骨相学は、現在もある単純な発想に基づいています。つまり、脳が「精神の器官」であり、そのさまざまな部位がさまざまな機能を司っているという考えです。したがって、さまざまな機能を制御する脳のさまざまな部位は、頭の形に反映されるのです。しかし骨相学者は、以下のことを信じていました。第1に、ある特定の機能に「専念する」脳の部位の大きさは、その精神機能の「重要性」と大きさに比例している。第2に、頭蓋骨測定法（頭蓋骨の大きさや輪郭を測る）は脳の形を表すもので、したがってすべての人間の機能がそこに現れてくる。そして第3に、道徳的能力、知的能力はともに生得的なものである。

歴史

骨相学の起源は、少なくとも古代ギリシャまで遡れますが、実際の歴史はさらに古いものでしょう。開業医の多くは、対象の形からその性質を読みとるという意味で、基本的に人相学者といえます。特に17、18世紀には、芸術および科学の書物に、人相学的な考え方をもとに描かれた絵画やシルエット、線画が多く現れるようになりました。現在のシステムを開発したのはフランツ・ガルで、彼は1819年に自らの論文を発表しました。器官と呼ばれる脳の各部分を機能と呼ばれる特定の働きに結びつけた脳地図を考案したのです。

1896年にはサイザーとドレイトンが、『頭と顔、およびその研究』と題する骨相学の入門書を発表しました。この本には、愚か者と詩人を見分ける方法のほか、犯罪的な気質と道徳的気質をもった人間の見分け方が図示されています。現代人の目から見れば、それはいくぶん空想的で変わった書物に映るでしょう。

ヴィクトリア朝の人々は実際に、骨相学を真剣に受けとめていました。骨相学を反映した胸像、石膏像、雑誌、カリパス、機械類が今

1902
ホランダー『科学的骨相学』

2000
ロンドン・フレノロジー社の
磁器製の胸像がいまだに売れる

でも残っています――特にロンドン・フレノロジー社が製作した白い磁器の胸像は精巧なものです。ヴィクトリア朝時代には骨相学の医院、骨相学の学校、骨相学的食物があり、骨相学の医師がいました。そうした人々が熱心に頭を測定したのです。頭の大きさは脳の大きさを意味し、ひいては知能と気質を意味すると彼らは信じていました。平均的な男性は見たところ頭の大きさが22インチで、女性はそれより1/2インチから3/4インチ小さいことがわかりました。頭の大きさは、脳形成不全性水頭症などを別にすれば、脳の容量や知能と直接関係します。しかし、大きさよりも重要なのは形でした。頭骨視診の結果がよければ、それは特別な才能を表すと、彼らは信じていました。骨相学者は動機、能力、気質について診断と予測を行いました。要するに、頭はその人の精神と魂の現れだったのです。

ヴィクトリア朝の骨相学者は、今でいうタレント・スカウトのようなまねをしていました。中には国を超えた比較を行い、イギリス人とフランス人の違いに注目した研究者もいたほどです。骨相学者たちはさまざまな骨格を、トマス・ベケット大主教の頭骨や骨を調べるような熱心さで調べました。ヴィクリトア女王は自分の子どもたちを「読みとらせ」ました。骨相学者たちは、骨相学は自己の認識だけでなく、発達上、道徳上、職業上の成功の鍵にもなると公言していたためです。

さまざまな人たちや集団が、骨相学に熱中しました。そうした中には、自分たちの集団の優越性を示すために骨相学を使おうとするナチスや植民地主義者の存在もあり、それ以降の骨相学に汚名を着せる結果となりました。

頭を読みとる

伝統的な「頭の読みとり」は、頭の全体的な形を見ることから始まります。丸みをおびた頭は、強く、自信があって、勇敢で、ときには落ち着きのない性質を示すとされます。角張った頭は、実直で、信頼でき、思慮深く、意志の固い性質を表します。横幅の広い頭は、精力的で外向的な性質を、横の狭い頭は、内気で内向的な性質を示します。そのあとで骨相学者は、頭骨の上にやさしく、しかししっかり

賢人の言葉

神経科学者の間では、骨相学は今やフロイト流の精神医学より高い評判を得ている。骨相学は大ざっぱな意味で、脳電図の前触れのようなものだからだ。

――トム・ウルフ（1997年）

と指を這わせ、頭骨の輪郭を触診します。個々の機能を示す箇所の大きさを測り、頭の他の部分と比較するのです。脳は2つの半球から成っていて、それぞれの機能が再現されうるため、頭蓋骨の両側の大きさを調べます。

他のと比べて十分に発達していない機能は、その人のパーソナリティにおいてその特定の資質が欠けていることを示しています。一方、よく発達している機能はその資質がかなりの程度で存在していることを示します。つまり「滋養」の器官が小さければ、少食で食べ物にうるさいか、絶対禁酒主義者であるかもしれません。この箇所がよく発達していれば、食べ物やワインを楽しむ人であることが示されます。そして発達しすぎの場合は、大食家で、酒も飲みすぎということになります。

骨相学によると、頭には40以上の部位がありますが、どのリストもしくは方式に従って読みとるかによってちがいます。かなり古風な概念を示すものもあり、例えば、20の「尊敬」は、社会とその規則、制度への敬意であり、26の「陽気」は快活さやユーモアのセンス、24の「崇高」は雄大な構想への愛です。1は「好色」(性的魅力)、3は「多産」(親の子への、子の親への愛)、10は「滋養」(食欲、食べ物への愛)、31は「偶発性」(記憶)、5は「定住性」(家への愛)となります。

批判

骨相学は人気を博したものの、科学の主要分野はつねに、骨相学をいんちきな偽科学として切り捨ててきました。頭の「隆起」がパーソナリティ構造や道徳的発達に関連しているという考え方は、たわ言として片づけられました。その根拠が評価された結果、現実には当てはまらないとされたのです。

神経科学の勢いが盛んになり、骨相学の主張の多くがいかがわしいものであることを示しました。しかし他にも、脳にまつわる一般的な神話は残っています。私たちは日々の暮らしの中で脳を10パーセントしか使っていないという考えなどは、その一例でしょう。骨相学に劣らずもっともらしいものに、脳のエネルギー、ブレインチューナー（脳波をコントロールすることで、特定の意識状態を作り出そうとする考え方のようです)、健脳剤に関する神話もあります。

しかし骨相学の一部の側面は、現在の問題とも関連があるようです。例えば私たちは、脳の大きさと知能テストの点数に正の相関関係があることを知っています。また、頭の大きさは脳の大きさと相関関係があることもわかっています。実際に心理学者たちはほぼ100年前から、頭の大きさ(長さと横幅）とIQにゆるやかな相関関係があることを実証してきました。しかし体の大きさに合わせて補正すれば、この関係はぐっと小さくなり、あるいは消えてしまう可能性があります。精巧な脳スキャニングを使用して、科学者たちは脳の大きさとIQの関係を示す証拠を探しています。その結果もそれほどはっきりとはしていません。

新しい技術はたしかに、私たちの認知神経心理学と精神医学の知識と関心を増大させています。今では、脳の電気的、代謝的な地図をつくることもできます。「正常な」人々だけでなく事故の被害者の両方を調べることで、脳の新しく詳細な地図をつくり、どの「部分」が主にどんな機能に関わっているかをつきとめようとしています。しかしこの「電気骨相学」は実験に基づくもので、骨相学の創始者たちの古い、前科学的、道徳的な考え方とはなんの関係もありません。

賢人の言葉

頭蓋骨の隆起が脳の発達しすぎた箇所に対応しているという考えは、もちろんたわ言であり、ガルの科学者としての評価は、その骨相学によって大いに損なわれた。

――R・ホーガンとR・スミザー（2001年）

感情と性質

頭の領域はさらに、8つの情緒もしくは性質に分類されると説明されていた。

- 「家族的」は、人にも動物にも共通する特性で、基本的に対象や事象に対する感情や本能的反応に関わっている。
- 「利己的」性質は、人の欲求を規定し、自己防衛および自己保存の助けとなる。
- 「自尊的」性質は、自己の利益とパーソナリティの表現に関わっている。
- 「知覚的」機能は、周囲の状況の感知に関わっている。
- 「芸術的」性質は、芸術や芸術的創造における感性や才能を生じさせる。
- 「半知覚的」能力は、文学、音楽、言語といった分野において、文化的環境の理解に関わっている。
- 「内省」「推論」「直観」機能は思考のスタイルに関わっている。
- 「道徳的」情緒は、宗教的能力も含まれ、気質を人間的にし、高める。

まとめの一言

骨相学のいくつかの側面は、まだ意義を失っていない

CHAPTER 47 簡単には分けられない

右脳と左脳の区別は正しいか?

ほとんどの人たちは、自分が冷静かつ合理的で、客観的な人間だと思いたがります。そしてデータに基づいた、分析的な論理を歓迎しようとします。自分は一生を通じて、よく考えたすえに賢明な決定を下せるだろうと思い、自分は「理知的な人間」だと考えることを好みます。理性を感情に支配させてはいけないと、私たちはよく釘を刺されます。そして大きな決定を行うときは、「ひと晩じっくり考える」ことを勧められます。私たちは当然ながら、「心の動物」でもあるのです。

timeline

1888
手の形(指の長さの比率)の性差が初めて論文に記される

1960
最初の分離脳手術

1970年代
左脳、左の「思考、管理、創造性」にまつわる大衆的な本が発表される人のパーソナリティや行動に2面があるというのは、非常に魅力的な考えです。なにしろ人には2つの目、2本の手、2本の脚、2つの耳、2本の腕、そして2つの乳房あるいは2つの睾丸があるのですから。人の最も重要な器官の2つも、分離した、また分離可能な2つの片割れをもっています。左脳と右脳の構造や機能が非常に身近な話題となっているのは、そのためでしょう。これは何百年も前から続いている傾向です。人々がラテラリティ（大脳半球の機能差）にひかれる傾向は、多くの奇妙な考えや実践を生み出してきました。2つ1組の脳が2つのパーソナリティをもたらすという見方もあります。善と悪に分ける見方もあります。つまり右は左よりも劣っていて、原始的で野蛮で、残忍である。そして左は創造的、女性的、先進的な側で、横柄な右に痛めつけられている、というのです。

こうした神話の一部は、言語とも結びついています。「左」を指すラテン語、アングロサクソン語、フランス語はすべて、ぶざまな、ぎごちない、役立たずな、弱い、といった否定的な特徴を意味しています。いっぽう右と結びつけられているのは、その逆の、利口な、正しい、器用な、といった意味です。

神話

基本的な考え方は以下のとおりです。左脳は論理的な脳である。左側の半球は、事実、知識、秩序、パターンを処理する。数学や科学を扱う。細部を重視する抽象的思考および処理の中心となる。左脳の代名詞は、「論理的」「順次的」「合理的」「分析的」「客観的」「部分志向」です。ほとんどの教育機関や企業は、左脳型の人間が左脳的なやり方で左脳的な事柄を生み出すことによってつくられています。世界の大部分の人たちが右利きですが——もちろん左脳に制御されている——中にはごく少数派の、右脳に制御された左利きの人たち（約10パーセント）がいます。

1996
学術誌『ラテラリティ』
が創刊される

2002
マクマナス『非対称の起源』
（大貫昌子訳、講談社）

その一方で、右脳はいささかあいまいだとされています。感情、象徴、イメージの座であり、哲学や宗教がつくりだされる領域、全体像や空想、可能性が宿る領域です。右脳の代名詞は「無作為」「直観的」「全体論的」「統合的」「主観的」です。右脳型の生徒は全体の見取り図を好み、細部よりも大まかな概要を優先します。しかし順序立った計画や校正や綴りや……その他のささいな細部には関心がありません。彼らは抽象的な記号は好みませんが、直観にはすぐれています。首尾一貫したものや意味を好みますが、それらは現実ではなく空想に基づいたものです。

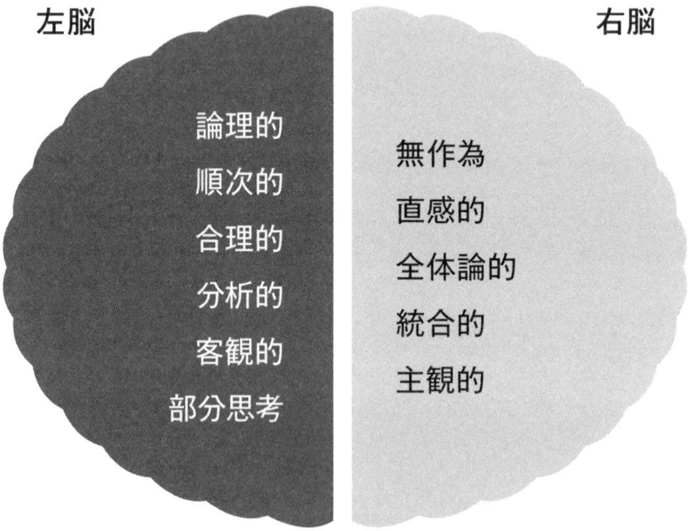

「左脳－右脳」理論を信じるコンサルタントやトレーナー、教育者たちは、しばしば分離脳の実験を話題にします。これは脳の両半球をつなぐ経路、つまり脳梁を切断するものです。彼らはまた、人の顔の右半分の画像2つ、または左半分の画像2つを使って顔を「組み立てなおす」研究についても口にします。しかし彼らは、こうした左脳右脳の理論から、せっかちで（右脳的な）想像たくましい、証拠に基づかない飛躍を行っているにすぎません。

賢人の言葉

脳の両半球が、合理的思考と直感的思考、あるいは分析的過程と芸術的過程、あるいは西洋の人生哲学と東洋の人生哲学の区別に対応すると、そう信じられる理由はない。

――H・グライトマン（1981年）

分離脳の研究

分離脳手術が最初に行われたのは1960年代で、難治性てんかんの軽減が目的でした。この手術によって、左右それぞれの側が、他方の側からの干渉なしにどのように機能するかが調べられるようになりました。それにより左脳の働きには、右脳にはできない内容（例えば言語）がいろいろあることがわかってきました。ごく重要な言語処理の多くは左脳で起きているようですが、それがもし子どものときに損傷を受けた場合、その機能の一部は右にとってかわることができるようです。この分野の研究は今も続けられており、脳の機能を調べるために新しく登場した技術が大いに役立っています。

現実的な脳科学者たちは、この左脳右脳の理論の多くが、単なる比喩という程度のものでしかないことを知っています。人間に左脳型、右脳型というものは存在しません。しかし、脳の特定の部位が――左半球の場合も、右半球の場合もある――たしかに異なる機能を制御していることもわかっています。

ラテラリティ

厳密にいえば、ラテラリティとは好みにまつわるものです。右利きと左利きは、手や足にも見られます。全体のおよそ85～90パーセントの人たちは、手と足が右利きですが、目や耳が右利きである人の割合は、それよりも低くなります。動物にも右利きと左利きはあり、本当の両利きはきわめてまれです。交差利きは、さまざまな作業（書く、テニスをする、バイオリンを弾く）を行うときに、どちらかの手のほうが他方の手よりもらくに、また正確にできる人たちのことですが、これは両利きよりも多く見られます。

この世界は右利きが優勢であるため、右利きのために造られているように見えます。缶切りやはさみは、左利きの人には非常に使いにくくなっています。一部の文化では、右手でものを食べることが求められるし、きわめて複雑で美しい中国の書体は、左手では書きにくいものです。しかし左利きは、ある種のスポーツでは有利になることがあり、特に右利き同士が対戦することの多い個人競技ではその傾向は顕著です。また決闘では、不意打ちの要素を利用できることもあり、左利きはきわめて有利になります。

利き手の大きな違いを説明しようとする理論は、広範囲にわたっています。そのいくつかは他のものに比べ、経験的にはるかに説得力があります。進化論による理論は、左利きは闘いにおいて有利だったので生き残ってきたと主張します。左利きと誕生時のストレスを関連づける、環境理論もあります。社会学や文化人類学による理論は、左利きに関する社会的不名誉や、左利きの子どもが教師や親からかけられる圧力について指摘します。

しかし、現在合意されていることは、遺伝学的、生物学的な理論によって利き手が家族で受け継がれることがごくはっきりと示されています。こうした理論では、生まれついての左利き、学習された左利き、病理学的な左利きが明確に区別されます。きわめて疑わしいものも含め、あらゆるデータは、左利きが知的障害から創造性といった肯定的なものまで、ごく特定的な心理学的問題と関連づけられることを示しています。これはいくつかの根拠のない理論や、さらなる神話の形成をもたらしています。

賢人の言葉

私は自分が以下のことを証明できると信じる
1．それぞれの脳はまぎれもなく、完結した1個の思考の器官である。
2．思考や推論の明確に分離した過程は、それぞれの脳で同時に起こる。
——ウィガン（1844年）

身体の非対称性

身体の非対称性についても、研究が進められてきた。足首と手首の幅、耳の長さ、手と足の指の長さ、肘の幅を測定し、その個人差を書きとめることで、いわゆる「対称性のゆらぎ」を測れるようになる。さまざまな研究から、対称性の欠如が健康障害に関連していることがわかっている。身体のどこかが非対称になるほど、広い範囲にわたって問題が起こりやすくなるのだ。しかしこの分野の研究は、まだ緒についたばかりである。

同様に、対称性の性差への関心も高まっている。とりわけ、このあと述べる人差し指と薬指の比率の差は、一貫した性差を示していて、多くの能力や好みと結びつけられる。仕事の選択、音楽の好みや興味といったものから、両手の2本の指の長さの違いといったごく単純な数値まで、あらゆるものが注目されてきた。最も物議をかもすのは、それが性的な志向性、魅力、攻撃性などに結びつけられていることだ。

男性では人差し指と薬指の長さの比率が、女性に比べてつねに小さくなっている。これはつまり、指の長さは「胎内でテストステロンに洗われた」(出産前にアンドロゲンの影響を受けた)ことの帰結だと考えられる。そのことは多少なりとも男性化の原因となり、攻撃性から同性愛あるいは異性愛のパートナーの好みまであらゆる点に現れてくる。

こうした事実はゆうに100年以上も前から知られていたが、この分野の研究が実際に始まったのは、せいぜいここ10年のことだ。活発ではあるものの、多くの不確かな発見が相次ぐ、きわめて争点の多い分野といえるだろう。

まとめの一言

右脳人間や左脳人間は存在しない

CHAPTER 48 失語

脳と心

知ってる？

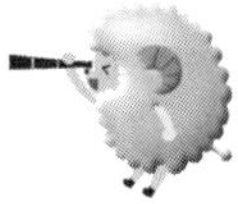

言葉はなぜ失われる？

人はひどく疲れたり、ひどく動揺したり、
軽く酔ったりすると、よく知っている事柄を表す
「正しい言葉が見つからない」ということがあります。
また同様に、これといった理由もなく、
人が自分たちの言語で話しているのに
理解できないように感じることがあります。
そうしたとき、人は一時的な軽い
失語に陥っているのかもしれません。

timeline

B.C.300
プラトンが発話の障害を指すのにこの用語を使う

1864
トルソーがこの用語を復活させる

1865
最初の分類

特殊な問題

「失語」という用語はしばしば、かなり広範囲なコミュニケーション障害の一群を指し、主に話し言葉、あるいは書き言葉に関係しています。例えば、脳に損傷を受けた患者は、読むことの困難だけでなく、書くことの困難といった、ごく特定的な問題を抱えるようになることがあります。質問に無関係な、不適切なことを答えたり、勝手にこしらえたさまざまな言葉で答えたりする（造語症）場合もあります。

つまり失語とは、言語に関する多様な問題を表す包括的用語なのです。10をゆうに超える症状（例えば、いろいろな物体の名前を言えない、ある句をくり返すことができない、自発的に話したり、読んだりすることもできない）を列挙することも可能ですが、そのすべてが一般に認められた失語の症状とされます。

特に言葉の音や意味に限って記憶を失う人たちもいれば、舌と唇の動かし方を忘れてしまったように言葉をうまく発音できない人たちもいます。文字どおり、ある言葉を言おうとすると「舌がうまく回らなく」なるのです。

失語症患者の初期の研究は、大脳半球優位性の発見をもたらしました。脳の損傷と関連しているのが左半球（右ではなく）であることがわかったのです。実際のところ、失語はつねに、あの脳地図をつくることに関心をもつ心理学者たちを興奮させてきました。脳の中のごく特定的な損傷／病変のある箇所と、ごく特定的なコミュニケーション上の問題とを図に表そうとしている人たちです。

失語の特定

失語は通常、脳の言語中枢の損傷（病変）の結果として起こります。そうした領野はほぼ必ず左半球の中に特定できますが、ここはほと

賢人の言葉

話す能力は、人間の最も重要な、最も際立った達成である。
——N・ウィーナー（1950年）

1868
ブローカが逸脱した言語に関わる脳の箇所について記述する

2002
ヘイル『言葉をなくした男』

んどの場合、言葉を生み出し理解する能力の見つかる場所です。しかしごく少数の人たちでは、言語能力が右半球に見つかることもあります。どちらの場合でも、卒中や脳外傷のために、そうした言語領野の損傷が引き起こされるのです。失語はまた、脳腫瘍の場合のように、ゆっくりと進展することもあります。

さまざまなタイプの失語が、さまざまな領野で脳損傷が生じたときに引き起こされます。最も一般的な2つが、非流暢性失語と受容性失語です。これは損傷がブローカ野、あるいはウェルニッケ野に生じることで引き起こされます。

非流暢性失語の特徴は、ゆっくりとした困難な、非流暢的な発話です。そこから心理学者たちは、左前頭葉の運動連合野にあるブローカ野は、運動記憶、つまり発話に必要な一連の筋運動によく関わっていることを発見しました。それだけではなく、ブローカ野の損傷はしばしば文法錯誤を生み出します――これは複雑な統語上の規則を理解できない（例えば、機能語がほとんど使えない、など）という症状です。

ウェルニッケ野は発話の認知を司る場所と思われ、受容性失語は発話の理解の乏しさ、無意味な造語といった特徴をもちます。その患者は通常、自分の障害に気づかず、自分自身の発話も十分かつ正確には理解できません。ウェルニッケ野は言葉を構成する音の連なりの記憶が蓄えられる場所である、という仮説が立てられています。

入ってきた言語は一次聴覚皮質によって受容され、理解のためにウェルニッケ野に送られる、という言語モデルがあります。応答が必要な場合は、メッセージがブローカ野に送られたあと、また一次運動皮質に送られ、筋肉が調整されて応答の言葉を発音します。

失語への取り組みは、心理学者による言語理解の一助となったのに加え、局在性原理――脳のある領野が特定の機能のために使われる――の現代的な研究の基礎ともなりました。

賢人の言葉

あたしは文法のことなんて
話したくないし、レディみたいに
話したくもないわ。
――G・B・ショー『ピグマリオン』（1912年）

ウェルニッケ野・ブローカ野の働き方

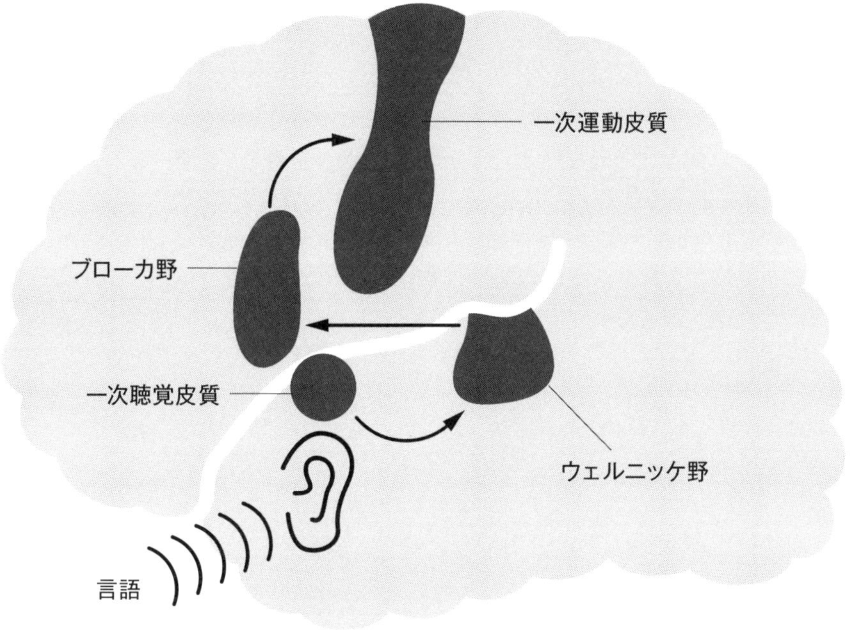

失語のタイプ

分類は科学の始まりです。ある心身の問題をつきとめようというときには、亜類型やグループを同定しようとする試みも必ず伴います。失語の研究も例外ではありません。失語症患者の数だけ失語があり、分類しようとしても不毛だ、と考える臨床医たちがいます。患者たちの際立った類似性を重視し、ごく特定的な症状が下位グループの患者たちに共有されるとする研究者たちもいます。

分類法には、発話の欠陥に基づくもの（記号学的）もあれば、心の仕組みに基づくもの、脳の損傷箇所に基づくものもあります。最良の分類法は、あらゆる事例の3分の1がひとつのグループにすっきりと無理なくまとめられ、雑多な3分の2があとに残るというものでしょう。

初めての心理学的、あるいは行動学的な分類に入れられたのは、言語の一般的機能のうち、書くことではなく発話のみが損なわれる失語でした。その後、発話ができない人と、話すことはできても誤りの多い人との区別がつけられるようになりました。

さまざまなタイプの分類法があります。観念連合主義の分類は、脳の特定の部位に関連する特定の言語の困難に注目するもの。神経回路網の一部を損なう損傷は、特定の言語に影響を及ぼします。初期の研究者たちは、運動失語（動作感覚の記憶）、感覚失語（発音された発話を復号するための聴覚の記憶）、伝導性失語（上記2つの両方）について語りました。

連合主義者は、失語の多くの区別とタイプを考え出しましたが、その中には皮質下、皮質性、皮質間のタイプ分けも含まれていました。研究者の名前にちなんだ、ブローカ失語、ウェルニッケ失語といったタイプ分けもあります。

他にも分類法は数多くあり、特定の理論に基づいたものもあれば、観察に基づいたものもあります。フロイトは自らの3つの分類を考案しましたが、一部の研究者はより統計学的なアプローチを試しながら、さまざまなテストに患者がどう反応するかに注目しています。何よりも発話の言語特性を重視する研究者たちもいます。しかしこの分野では、まだ統一見解は得られていません。

セラピー

声を出すこと、つまり発話を妨げる失語は、言語音声病理学として知られるようになりました。言語音声病理学はもともと教育上の問題と考えられていましたが、適応の問題にもつながるものとして、心理学者や精神医学者だけでなく、脳の損傷を研究する生理学者も関心を寄せるようになりました。一部の発話障害は、純粋に身体的な、神経と筋肉の活動の問題に基づくものです。発話障害は言語障害とは異なります。言語障害は、有意味なシンボルや思考のコミュニケーションに関わる問題です。

賢人の言葉

人は脳に衝撃を受けたあと、
話すことはできても、しばしばまちがった言葉が
無秩序に出てくることがある。まるでブローカ領の棚が
ごちゃごちゃになってしまったように。
——W・トンプソン（1907年）

賢人の言葉

よく考え、あまりしゃべらず、あまり書かないことだ。
——ことわざ

あらゆるセラピーは、診断テストから始まります。このテストは、名前を言う、単語や文を読む、口述筆記するといった言語の能力を測定しようとするものです。さまざまな問題のために、さまざまなセラピーが行われます。一部の神経学者たちは、問題の原因にあるものをどう見るかによって、言語療法の価値に疑念を表します。中には、自然な回復を示す証拠も見られます。いかなる形のセラピーも受けていないのに、以前の言語の知識やスキルが全体的あるいは部分的に再構築されるのです。しかしプロの言語聴覚士たちは、失語症患者に多くの時間をかけて、彼らがより効果的に意思疎通できるよう協力しながら、その問題の原因を理解しようと努めています。

定義

失語とは、言語をつくりだす、あるいは理解するという機能を司る脳の領野に損傷が生じたために、そうした能力が失われることだ。典型的な心理学用語では、「有意味な言語要素を決定（解釈）し、記号化（定式化）する能力が減少したために、聞く、読む、話す、言葉にするなどの行為に問題が惹起されること」と定義される。1880年代には、失語はただ言葉が失われるだけでなく、情報を伝えるという目的のために言葉を用いる能力も失われることとされていた。しかしそれは、知覚あるいは知能、精神の機能の欠陥による結果ではないし、筋力の低下や認知障害のせいでもないのだ。

まとめの一言

言葉が妨げられるとき、その土台があらわになる

CHAPTER 49 読字障害

脳と心

知ってる？

なかなか字が読めないのはなぜ？

読む、書くといった課題の適切な達成は、
明らかに現代社会における社会文化の最も重要な
軸のひとつだろう。

—— J・グーディとJ・ワット 1961年

timeline

1887
ドイツの眼科医が最初にこの言葉を使う

1896
小児期の読字障害が最初に記述される

親や教師たちは、同年齢の子どもたちの多くが、その好みや気質だけでなく、スキルの習得においても大いに差があることを知っています。中には「読む」のにひどく苦労し、そのさまざまな面において、同年齢の仲間から大きく遅れている子どもたちがいます。知能はどうやら正常なのに、そのスキルだけが身につけられないのです。読字障害はまもなく悪循環に陥ります。読むのが遅く、ひどく骨が折れ、いらいらする。この行為には楽しみが感じられない。努力してもほとんど進歩が見られず、次第に読むことから遠ざかり、このスキルを習得していく他の子たちから置いていかれる。そのために、読むことに関わる基礎的な仕組みはあっても、自尊感情や社会経済的な順応の低さと結びついた二次的な特徴が生じるのです。

定義

読字障害（dyslexia）とは、言語盲とも呼ばれてきた、特定的な読み書きの障害です。専門家に用いられる、重大かつ持続的な読むことの困難さを示す用語です。十分に教えられ、本人も努力しているのに、正常な読字能力を習得するのが難しいという主な症状があります。従来の読字障害は発達性読字障害とも呼ばれ、スキルの習得の困難さに関わっています。後天性読字障害は通常、読むことを習得したあとで、身体的外傷のために読むことが困難になるものです。

基本的に、この診断の際の主要な問題は、言葉の解読と綴りにあり、主としてその人の言葉の「音」、つまり音韻的処理が原因となります。それが教育機会の不足、聴覚障害や視覚障害、神経障害、社会情緒的な困難などによるものでないのを確かめることが重要です。正確で流暢な読字および綴り字の発達が、ゆっくりとして不完全で、大きな困難が伴うとき、読字障害は明白になります。読字障害は家族で受け継がれる傾向があり、また女の子よりも男の子によく見られる。これはたしかに、遺伝的要因が重要であることを示し

1920
原因に関する最初の理論

1949
国際読字障害協会が創設される

1967
最初の下位グループへの言及

ているように思われます。

解読と理解

読むことには2つの基本的な過程があります。第1の過程は、暗号のような文字の連なりを認識し、解読して言葉にすること。人は文字を学ばなければなりません。それがどのような「音」をもつか、どのように音節がつくられるか。これはゆっくりとした労力の要る作業ですが、結果的に、きわめて多くの人は即座に、自動的に読めるようになります。

第2の過程は、さらに抽象的なものです。テキストに意味をもたせ、経験と結びつける。解読することは、理解できなくても可能です。ただぼんやりと、何も「染みこんいかない」まま、読んでいるということです。読字障害者は、言葉がどう綴られるのか（正字法）、言葉が何を意味するのか（意味論）、文がどのようにつくられるのか（統語論）、単語が語根、接頭辞、接尾辞からどのように組み立てられるか（語形論）といったことに、ごく特定的な困難を抱えています。

心理学者たちが単語解読のテストを考案したおかげで、ある人の能力が平均に対してどれくらいであるかが測定可能になりました。テストを受ける人は、さまざまな単語と、単語でない文字のかたまりを解読させられます。調査の結果では、主な問題は、音韻スキルにあるようでした。読字障害者は、単語の音韻構造をつかむことが難しく、新しい単語、特に名前を覚えることが困難であるようです。複雑な単語や単語でない文字を復唱するのも苦手です。またそれとは別に、ある人の読む力と聞く力とを比較するテストもあります。

下位グループ

ほぼすべての心理学的な問題にいえるように、専門家たちは、この問題を抱える人たちは決して同質の群というわけではなく、識別可能な下位グループにも分類されると指摘します。この下位グループを線引きする過程は、正確な診断や理論の構築に役立つことがあります。こうした区別をつけるときの問題は、各グループや用語の専門家から同意を得ることです。第1の区別は、1960年代に提示され

賢人の言葉

英語の綴り字法は、古めかしくて扱いづらく、効率的でない。その習得には多くの時間と努力が費やされる。習得できなければ、すぐに見つけられる。

——ソースティン・ヴェブレン（1899年）

た、聴覚性読字障害（音素同士の識別と、それをつなぎ合わせ／混ぜ合わせて単語にすることが困難）と視覚性読字障害（文字と言葉のイメージを解釈し、記憶し、理解することが困難）の区別です。聴覚性読字障害は、同じ音をもつ文字、例えばbとpの区別に問題があります。視覚性読字障害は、単語を視覚的な形として識別するのが困難で、例えばmadがdamのように、tapがpatのように見えます。また、綴りを音韻的に書く、例えばwhatをwot、roughをruffと書いたりします。

その後、dysphonetic dyslexia（音韻処理の困難）、dyseidetic dyslexia(単語をまとまりとして認識するのが困難)、alexia（音韻処理の困難と視覚的な処理の困難が混ざりあったタイプ）の区別がつけられました。そして全体のおよそ3分の2がdysphonetic、10分の1がdyseidetic、4分の1がalexiaだと考えられました。

人は読むときに、異なる方法をとることがわかっています。音韻的な方法は、よくある文字のグループ—— ist、ough、th—— を信号化して、いくつかのかたまりに、それから音節にします。この方法をとる人たちは、さまざまな単語を声に出して言うのです。ひとつの単語全体を読む、つまり正字法で読む人たちもいます。そのためにalexia、正字法的alexia、あるいはその混ざりあったタイプがあるという考えが出されました。テストを受ける子どもたちは、frin、weg、sperといった単語ではない文字や、coughやboughといった非音声的な単語を読みあげるように言われます。しかし、ある人の読む能力を診断する最良の方法は、その人が用いる方法をごく注意深く観察し、何が簡単に、正確にできないかを見きわめることです。

自己診断とプロによる診断

読字障害という診断の変わった点は、それを聞いた多くの親や子どもたちがしばしば安心するということです。実際、多くの大人はそのことを自慢げに話し、自分は正しい「診断を下され」ずに、知能やその他の能力に欠けていると思われていたのだと吹聴《ふいちょう》したりします。それは、この診断名が知能の低さではなく(むしろ逆のこともある)、ごく特定的な機能の障害であることを示しているためです。ときどき、まじめな学術論文が読字障害の存在そのものに疑問を投げかけては、読字障害の研究者たちから怒りの声を浴びるといったことが起こります。擁護者たちの指摘によると、読字障害がただ読むのが苦手な人たちと異なるのは、知能が高いとまではいかなくても正常だという証拠があり、従来どおりの教育を受けていながら読字や綴り字のみについて独特かつ特殊な誤りを犯すという点です。

批判者たちは、それは中流階級の理屈であり、裕福な親たちが、わが子があまり聡明でないという事実に向き合おうとせず、自分たちの都合に合わせて教育システムを操作しようとしているのだと主張します。そうした攻撃が中傷的、有害で、不当なものだとみなし、一部の親たちが子どもに多くを期待しすぎることに結びつけようとする声もあります。

重要な論点となるのは、読字障害とIQの関係です。非常に聡明でありながら、読字障害のせいで頭が鈍い、怠け者、不注意、不適応などというまちがったレッテルを貼られる人たちの存在は、広く信じられています。読字障害の重要な概念は、他のスキルの学習能力と比較して、読むことのレベルが予想外に低いことです。つまり、読む能力のテストと、その他のIQの多くの部分試験を比べたとき、結果に不一致が見られるということです。

研究

この分野の心理学者は、あらゆる方式を用いる。まず、特定の個人を集中して徹底的に調べる事例研究。比較方式では、2つの大きな、できるかぎり同一のグループ（年齢、IQ、社会的背景など）が多くのテストにかけられる。縦断研究は、読むことの問題と困難が時間の経過とともに強まることに注目する。実験的研究では、特定の条件下にある人たちがテストされる。脳機能研究には、特定の条件下での脳地図の作成が含まれる。

歴史

1960年代初頭、読字能力の全般的な遅れには3つの主な理由がある、という説が出された。正式な教育／教えることの不足や家庭生活の喪失といった環境要因。感情的な不適応。そして器質的、構造的要因だ。研究者たちの間でよく論争になるのは、通常の読字能力を単純なつり鐘型曲線や連続体—— 平均よりもずっと読む力の高い者が上に、低い者が下にくる——で表すことに意味があるのかどうかだ。読むことの困難は明確に区別できる実体ではなく、尺度上の分割点にすぎないという意見がある。また、これはまったく異なる認知スキルのパターンだとする声もある。

memo

まとめの一言

読字障害には いろいろのタイプがある

あれは誰だっけ？

あなたには、あなた自身の目からは自分にまったく
似ていない他の誰かに見まちがえられた経験はありませんか？
あるいは、その人のことを「たしかに知っている」のに、
顔と名前が結びつかないといったことはないでしょうか？
その人が長距離ランナーか政治家なのはわかっているのに、
どうしても名前だけが思い出せない。同じように、とても
見慣れた顔であるにもかかわらず、その人についてほとんど
何も言えなくなることもあるのではないでしょうか。

timeline

1510
レオナルド・ダ・ヴィンチが
さまざまな鼻の形をスケッチする

18〜19世紀
風刺画家や漫画家の隆盛

賢人の言葉

顔や表情は、人の独自性や個性を定義し、現すだけでなく隠す働きもする。
——J・コール（1977年）

人はよく、自分は「一度見た顔は忘れない」と言います。でも当然のことながら、人はいつも顔を忘れているのです。顔認識の多くの研究から、そうした調査にのぞむ人が自分で予想する結果と、実際の結果とはまったく結びつかないことがわかっています。ある証拠によれば、他の人よりも顔をよく覚えられる人たちは、単純に視覚記憶にすぐれている。つまり絵画、地図、文書を覚える能力が平均より高いということです。そうした人たちは、絵やイメージに関する特別な技量をもっているように見えます。

相貌失認

いろいろな人を認識、識別する能力は、日常生活の基本となる重要なものです。人ごみの中で自分の妻や夫が見分けられない、パーティで自分の親が見つけられない、職場で上司の顔がわからない、といったことを想像してみてください。人の顔を記憶することの重要性は、**相貌失認**という問題に、最も劇的な形で現れます。この問題を抱える人たちは、見慣れた顔が認識できず、ときには鏡に映る自分の顔さえわからなくなります。しかし驚いたことに、相貌失認症患者の多くは、他の似たような物体——自動車、本、さまざまなタイプの眼鏡——は比較的容易に区別がつけられるのです。

心理学の中心的な疑問は、他の物体の識別とはちがった、特別で特定の顔処理メカニズムがあるかどうかです。これには、2つのきわめて特殊で（ありがたいことに）珍しいタイプの人たちの特定および研究が必要とされます。つまり、顔認識は正常なのに、物体認識が苦手な人たち（**視覚失認**）。そしてその逆の、相貌失認症にあたる人たちです。認知神経心理学者に対する疑問は、顔認識および物体認識を専門に司る独立した脳の部位や仕組みを、私たちが特定できるかということです。

1971
モンタージュ写真が導入される

1976
デヴリン判事が、目撃証人の顔認識は信頼できないと主張する

1988
V・ブルース『顔の認知と情報処理』（吉川左紀子訳、サイエンス社）

失顔症の患者で、脳に損傷のある人とない人に関してのこれまでのデータを見たところ、たしかにごく特定的な脳の部位（紡錘状回と後頭回）が顔認識に関わっているのではないかと思われます。

全体と部分

顔の認識と物体の認識の違いを区別するために、二重過程モデルが提唱されています。ひとつの過程は**全体的分析**と呼ばれ、「全体像」、つまり全体の配置および構造の処理に関わっています。これと対照されるのが部分による**分析**で、細部に焦点を当て、それから組み立てようとするものです。顔認識には物体の認識よりも、全体的分析がはるかに大きく関わっていると考えられます。

これはモンタージュ写真の技法に、非常によく示されています。1970年代に考案されたモンタージュ写真は、さまざまな顔の部分から「ひとつの顔を組み立てる」ものです。まず、よく見られる形の鼻がすべて用意されます。口、目、髪なども同様です。そして多くの実験によって、正確性が検証されます。人はちゃんと識別可能な自分の配偶者の顔写真をつくれるのでしょうか？ そのためには、特定の顔の口、目などを知り、選ばなくてはなりません。その結果明らかになったのは、人はこうした断片から全体のパターンを引き出す仕事が非常に苦手であるということでした。

またさまざまな研究から、人のある部分を変えるだけで、その顔認識が著しく低下することもわかりました。犯罪者たちが昔から知っているとおり、かつらやひげ、眼鏡をつけることで、顔認識の著しい低下が生じるのです。「真正面」の顔ではなく、横顔や斜め横の顔を見せるだけでも、劇的な効果が見られます。多くの人は、部分に分けるのではなく、一度見た印象で全体的な顔／パターンを処理しているようです。さらにまた、パーソナリティ特性の観点から処理しているようでもあります。そのために人は、誠実な顔、いかついが善良な顔、繊細な顔、信用ならない顔といった話をするのです。あなたがウィンストン・チャーチルやネルソン・マンデラの顔をどのように描写するか考えてみてください。口の大きさや目の形といった言葉を用いるでしょうか？ まずそんなことはないでしょう。

賢人の言葉

人の心は、顔以上に千差万別だ。
——ヴォルテール（1750年）

この分野での研究には興味深いものが多くありますが、そこには歪んだ画像の作成といったものも含まれます。配置を歪める、例えば目と口を動かしたり、顔全体をさかさまにしたりするものもあれば、各要素を歪める、例えば歯を黒くするといったものもあります。研究によれば、要素の歪曲はほぼつねに感知されますが、配置の歪曲の場合はそうではありません。したがって、相貌失認には全体もしくは配置の処理の障害が関わっているのに対し、視覚失認には全体的と分析的処理の障害が関わっていると考えられます。

要素と過程

顔認識の複雑な過程を理解するために、心理学者たちは、別々の要素が組み合わさって全体のシステムをつくりだすという考えを唱えています。そうした要素には、以下のようなものがあげられます。

1　表情分析

顔の造作や表情から内面の感情の状態を推測するスキル

2　顔発話分析

発話をよりよく理解するための「唇を読む」能力

3　直接的な視覚処理

顔の中の選ばれた特徴、特に目の表情や、明確な顔の表情を処理する能力

4　顔認識ユニット

その人が知っている顔の構造についての情報（長い、丸い、悲しいなど）

5　名前生成処理

ある人の名前を記憶に蓄える

6　人物同定ノード

特定の人物についての詳細（年齢、趣味、仕事など）を記憶に蓄える

7　一般認知または知識システム

人間についての知識の蓄え（例えば、スポーツ選手は頑健、女優は

魅力的、酒好きは赤ら顔といった傾向のこと）

こうした手順のどれかひとつが狂うと、全体の過程に影響が生じます。日常の顔認識に最も重要であると思われる要素は、つぎの2つです。

1　構造的符号化

人が特定の顔の中で目にとめたものと、その特異なノードを記憶に記録すること）

2　名前の生成

顔認識は、応用心理学研究における最も重要で活発な分野であり、セキュリティ重視の世界ではますます重要になりつつあります。実際のところ、コンピューターに人の顔の認識、記憶を教えることは、この研究計画全体で最も理解しやすい応用といえます。

「ひたいの小さな人間は気まぐれだが、丸みがあって
飛び出したひたいの持ち主は怒りっぽい。まっすぐな眉は
気性の穏やかさを、こめかみにかけての曲線はユーモアと
見せかけを表す。じっと見つめる目は厚かましさを、
瞬きは優柔不断を表す。大きくて目立つ耳は、無関係な
話やおしゃべりをする傾向を示す」
――アリストテレス（BC350年）

賢人の言葉

わが領主よ、あなたの顔は、
人がいろいろ奇妙なものを読みとる本のようだわ。
――シェイクスピア『マクベス』（1606年）

処理過程に影響を及ぼす要因

この処理過程に関する研究から、いくつかの興味深い結果が得られた。その一部は他のものと比べて常識的だ。

・顔は長く見るほど、認識しやすくなる。

・目撃者の顔との類似性が少ない顔は、認識しにくい。

・顔認識は、時間がたってもあまり減衰しない。つまり忘れにくい。時間の経過は最小限の影響しか及ぼさない。

・ある人を、別の機会に「生で」見たり、ビデオや写真で見たりしても、あまり影響はない――認識の程度はほとんど変わらない。

・さかさまにした写真は、著しく認識しづらくなる。

・顔が「独特」（普通でない、典型的でない）であれば、認識しやすい。

まとめの一言

顔の記憶は、脳のしくみを解き明かす

用語解説

*日本語版の刊行にあたり、原著をもとに内容・構成を変更しております(編集部)

イド[id]
無意識の本能的な、とくにセックスと暴力にまつわる要求(リビドーと心的エネルギー)。快感原則によってのみ働く。

ADHD(注意欠陥多動性障害)[ADHD]
集中する、人の話を聞く、指示に従うといったことがむずかしい、衝動的、たえずそわそわするなどの特徴をもつ。

S曲線[S-curve]
S字形を描く曲線。最初は急激な右肩上がりで成長し、それから平坦になって飽和状態が起こり、"成長"が止まる。この曲線には、統計学的に興味深い特性がある。

オペラント条件づけ(道具的条件づけ)
[operant conditioning]
ある人物もしくは動物がごく特定的な行為を行ったときだけ、強化子(食物、称賛、金など)が与えられるタイプの学習。

カリフォルニアFスケール
[California F scale]
50年以上前にある社会学者のグループが、ナチスの起源と権威主義を理解しようとして考案した、ファシスト的な信念や態度を計る尺度。

感情的知性(EI)
[emotional intelligence]
自分自身と他者の感情的な状態を感じとって強く意識し、自分あるいは他者の感情的状態を制御、変化させる能力。

気分障害[mood disorders]
以下の障害がふくまれる。気分の落ち込み、不活発、不眠、疲労、体重減、無力感、罪悪感などの特徴をもつ抑うつ障害。うつと躁の時期が交互に起こる双極性障害。

強迫性障害（OCD）
［obsessive-compulsive disorder］
ある思考や衝動、イメージが過度に理由もなくたえずくりかえされ、さらに行動がくりかえされるという特徴をもつ障害。

空間的知能［spatial intelligence］
幾何学図形をもちいて視覚的に考え、固体の視覚表象を把握し、空間における固体の動きから生じる関係を見分ける能力。

ゲシュタルト［gestalt］
各部分を足し合わせたものという以上の、統合された全体のこと。配置、形、パターンあるいは構造、視聴覚刺激。

言語的推論［verbal reasoning］
言葉の意味とそこに関連する考えを理解し、他者に考えと情報を伝えられる心的能力。

行動主義［behaviourism］
観察の可能な行動を、研究の規準として強調する理論。社会環境の役割を、大部分の人間の行動を決定するものとして重視する。

心の知能指数（EQ）
［emotional intelligence quotient］
知能指数（IQ）に似た、ある人物の感情的知性を示す相対的な、信頼性と妥当性のある尺度。

骨相学［phrenology］
現在はほぼ廃れてしまった脳と心の「科学」。頭蓋骨にはその当人の脳の構造が正確に現れていると考える。

古典的条件づけ
［classical conditioning］
条件刺激といわれる中性の刺激が、無条件刺激と組み合わせられるタイプの学習。

サイコパス［psychopath］
他者の権利や感情を、罪悪感なしに完全に無視し、侵害するというパターンが持続する人物。

自我［ego］
自己の意識的な部分、合理的な現実原則。パーソナリティの統括マネージャーであり、利己的なイドと道徳的な超自我とを仲介する合理的な意思決定、とされることもある。

失語［aphasia］
主に大脳皮質の損傷が原因で起きる発話障害。発話を明瞭に、また正確に行えない、あるいは他者の発話を理解できないという状態。

読字障害［dyslexia］
字を読む能力だけに限られる、いまだに論争の絶えない、複雑な障害。

スキーマ［schema］
組織化された心的な枠組み、または知識のまとまり。人や場所、物事についての情報を分類、合成する働きをもつ。

ストレス［stress］
ある個人が、現実または想像上の状況において、危険にさらされる、あるいは脅かされると感じたときに示す、行動的、認知的、生理的反応。

精神疾患［psychosis］
深刻な精神障害を示す広義のカテゴリー。人が正常な心的機能を失い、思考や行動があきらかに常軌を逸している状態。

精神病理学［psychopathology］
幅広い精神障害を研究する学問。

ソシオパス［sociopath］
サイコパス、または反社会的人格障害をもつ人物を指す別の用語。

多重知能 [multiple intelligence]
独立したさまざまな、たがいに関連のない知的能力が存在するという考え方。証拠によって裏づけられてはいない。

タブラ・ラサ [tabula rasa]
文字どおりには、何も書かれていない書板。経験が書きこまれる以前の、幼児の心の状態を表す。

知能指数(IQ) [intelligence quotient]
ある人物の知能年齢(MA)が生活年齢(CA)を上回っているか下回っているかを表す、比率による尺度。

超自我 [superego]
ある人物の良心からなる道徳的価値の貯蔵庫。道徳的ルール、社会の是認と要請、また当人の内に内面化された個人的目標である自我の理想など。

電気ショック療法(ECT) [electro-convulsive therapy]
主に慢性的なうつに使用される、身体的、精神医学的な治療法。脳に短時間だけ強い電流を流し、短い痙攣の発作を起こさせる。

統合失調症 [schizophrenia]
妄想、幻覚、支離滅裂な発話と行動、起伏のない感情のほか、社会的、職業的に機能しないといった特徴をもつ障害。

認知行動療法(CBT) [cognitive behaviour therapy]
現代的できわめて一般的な「談話療法」。人が自分に起きた事柄に対して、どのように考え、認識し、何を原因とするかを知り、それを変えようと努めることに焦点を置く。

認知的不協和 [cognitive dissonance]
自らの姿勢、信念、感情の経験のあいだに不快な不一致あるいは矛盾が生じていると感じること。

ヒューリスティクス [heuristics]
過去にうまくいったことがあり、未来の問題解決にも役立ちそうな経験則、手続き、または定石。

不安障害 [anxiety disorders]
心配や不安やパニック発作などのストレス反応、あらゆる種類の恐怖症、急性の心的外傷後ストレス障害、物質誘発性の不安といった特徴をもつ、幅広い諸問題。

プラシーボ [placebo]
医学的、科学的には効力をもたないが、当事者(患者だけでなく、施療者の場合もある)は効き目があると信じている薬物または手技。科学的な研究で、実際の治療効果を判定するためにもちいられる。

フリン効果 [Flynn effect]
多くの国で国民のIQの点数が上昇しつづけているという事実。

ベル曲線 [bell curve]
正規分布とも呼ばれる。多くの人の点数を図示した場合、その曲線はベルのような形になる。大部分の人の点数は中央／平均か、その周辺に集中し、両端は比較的少ない。

ポリグラフ [polygraph]
嘘発見器として言及されることの多い器具。さまざまな生理的反応を測定する。

妄想 [delusion]
ごく理にかなった変化に対する、非実体的、非客観的な、誤った持続的な見解あるいは思い込み。尾行されている、愛されている、騙されている、汚染されている、毒を盛られているといったものが多い。

妄想性人格障害
[paranoid personality disorder]

他者の行動と動機をつねに悪意あるものに解釈し、不信と疑いにとらわれる状態。

薬物障害 [substance disorders]

薬物依存のなかで以下の特徴をもつもの。耐性（同様の効果を得るのに必要な薬物の量が増えていく）、離脱症状、多大な労力を払って薬物を入手しようとする、社会活動や職業活動、レクリエーション活動の低下、薬物の消費を抑えようとして失敗する。

レム睡眠 [REM sleep]

急速眼球運動（REM）、動的睡眠ともいう。人が夢を見ているとされる状態で、この間の脳活動は覚醒時と非常によく似ている。

索引

あ

＊日本語版の刊行にあたり、原著をもとに
内容・構成を変更しております(編集部)

た

な

は

ま

や

ら

わ

エイドリアン・ファーナム ――― Adrian Furnham
ユニバーシティ・カレッジ・ロンドン心理学教授、英国心理学会フェロー、国際個人差学会元会長、ヘンリー・マネジメント・カレッジ経営学客員教授。『サンデー・タイムズ』『デイリー・テレグラフ』紙に定期的に寄稿しており、650の科学論文と55冊の本を執筆している。

[翻訳] 松本剛史 ――― まつもと・つよし
東京大学文学部卒業。主な訳書に『サバイバーズ・クラブ』(B・シャーウッド著 講談社インターナショナル)『言いにくいことをうまく伝える会話術』(D・ストーン他著　草思社)『1421』(G・メンジーズ著 ヴィレッジブックス) などがある。

知ってる? シリーズ
人生に必要な 心理 50

2010年5月31日初版発行

著者 ――― エイドリアン・ファーナム
翻訳 ――― 松本剛史

発行者 ――― 千葉秀一
発行所 ――― 株式会社 近代科学社
〒162-0843 東京都新宿区市谷田町2-7-15
TEL 03-3260-6161　振替 00160-5-7625
http://www.kindaikagaku.co.jp

装丁・本文デザイン ――― 川上成夫＋宮坂佳枝
キャラクターイラスト ――― ヨシヤス
編集協力 ――― 藤井哲之進

印刷・製本 ――― 三秀舎

 ISBN978-4-7649-5013-9
定価はカバーに表示してあります。